La formation des éducateurs en contexte de diversité ethnoculturelle: une perspective comparative Québec-Brésil

Sous la direction de

Corina Borri-Anadon
Gustavo Gonçalves
Sivane Hirsch
et Juliane di Paula Queiroz Odinino

DEEP
EDUCATION PRESS

Blue Mounds, Wisconsin, USA

Deep Institute Online !

www.deepinstitute.org
www.deepapproach.com
Certificate in Deep Education

ISBN   978-1-939755-39-1 (Paperback)

Library of Congress Cataloguing-in-Publication Data

1. Education, formation des enseignants, diversité ethnoculturelle

Mots clés: formation des éducateurs, diversité ethnoculturelle, Québec,
Brésil

Public: décideurs, chercheurs, formateurs, gestionnaires, intervenants et
étudiants

Couverture: Storyblock, background graphic vector.

Deep Education Press
Collection "Education Inclusive et Partenariats"
Editeur de la collection: Danielle Zay

Remerciements

Notre reconnaissance va d'abord à celles et à ceux qui ont contribué à cet ouvrage. Sans leur aide précieuse, ce livre n'aurait pu prendre forme.

Nous souhaitons également remercier Sirléia Rosa et Marco Antônio Diniz pour la traduction du portugais au français, de même que Marilyne Boisvert et Marie-Claire Légaré pour la relecture attentive du manuscrit.

Cet ouvrage a bénéficié de la contribution financière du Conseil de recherche en sciences humaines du Canada, du Centre d'études ethniques des universités montréalaises ainsi que du Fonds d'animation de la recherche de l'UQTR.

UQTR
Université du Québec
à Trois-Rivières
Savoir. **Surprendre.**

Ceetum
Centre d'études ethniques
des universités montréalaises

Social Sciences and Humanities
Research Council of Canada

Conseil de recherches en
sciences humaines du Canada

TABLE DES MATIÈRES

COMMENTAIRES

Cet ouvrage est une contribution importante aux débats contemporains sur la diversité culturelle et l'éducation inclusive, à la fois dans ses aspects conceptuels et dans ses aspects d'application dans la formation des éducateurs. Centré, dans une perspective comparative, sur deux pays, le Québec et le Brésil, il est remarquablement documenté, avec des références originales précises, parfois peu connues, qui vont des contextes historiques et culturels spécifiques à ces deux pays, aux cadres théoriques soulevés par les notions utilisées, puis aux questions de formation et d'innovation. Le caractère novateur de l'ouvrage tient, d'une part, à cette perspective comparative qui ne néglige ni les convergences ni les divergences entre le Québec et le Brésil et, d'autre part, à l'utilisation de travaux peu diffusés au niveau mondial. Si bien qu'il apporte, au-delà des situations propres à ces deux pays, de très riches pistes de discussion pur d'autres pays, car on sait que la diversité culturelle (mais aussi ethnique et sociale) et les politiques inclusives (sous l'angle social et scolaire) sont au cœur de fortes polémiques qui nécessitent de prendre du recul pour l'analyse. Aussi est-ce un public très large au niveau international qui peut bénéficier de ces éclaircissements fondamentaux pour des politiques et des pratiques qui puissent s'engager résolument et en toute connaissance de cause, dans le cadre d'une démocratie moderne.

Dr. Éric Plaisance
Centre de recherches sur les liens sociaux
Université Paris Descartes (Sorbonne Paris Cité)
France

Cette publication enrichit la discussion sur la diversité, concept important pour le débat concernant l'éducation inclusive, en faisant un bilan des questions concernant la formation d'enseignants. En outre, les chapitres valorisent surtout les discussions sur les populations autochtones et d'origine africaine, leurs impacts sur la formulation de politiques publiques et les expériences émergentes des dernières décennies.

Plusieurs chapitres apportent les notions d'inclusion et d'interculturalité, en les mettant en question et en indiquant leurs pertinences et limites. Je considère cet aspect important, car il s'agit des notions de différentes origines, ce qui nous mène à des analyses sur la question de la diversité, surtout dans le domaine de politiques publiques. L'ouvrage apporte des contributions très importantes pour le thème de la formation d'enseignants dans la contemporanéité, car les modèles de formation initiale, traditionnellement mis en oeuvre, s'avèrent insuffisants en ce qui concerne les questions de l'enseignement, de l'apprentissage et des relations interpersonnelles.

Dr. Mônica Maria Farid Rahme
Departamento de Ciências Aplicadas à Educação e do Programa de Pós-Graduação em Educação, Conhecimento e Inclusão Social
Universidade Federal de Minas Gerais, Brasil

A educação intercultural é um tema fundamental na atualidade e esse livro oferece uma importante contribuição ao apresentar uma coletânea de artigos de autores do Brasil e do Quebec, sobre questões referentes a identidade, etnicidade, gênero, raça, religião, e saberes em ambos contextos. Os artigos vinculam essas questões com a escola, com o currículo, alunos, professores e gestores escolares, ou seja, com o pensar e com o fazer pedagógico. A importância do livro está não só na diversidade de enfoques, mas na riqueza conceitual apresentada: somos desafiados a refletir e a nos posicionar perante as questões tratadas, o que é urgente nos dois contextos. Brasil e Quebec vivem um momento que exige a construção de novos pactos e debates sobre a interculturalidade. Leitura indispensável a todos interessados no tema, principalmente pesquisadores, professores e estudantes do campo da educação, que buscam uma formação mais crítica.

Dr. Kelly Russo, Directrice,
Centre d'études de l'interculturalité en éducation,
Programme gradué en Éducation, Culture et Communication en
Périphérie Urbaine, Faculté d'éducation de Baixada Fluminense,
Universidade do Estado do Rio de Janeiro, Duque de Caxias, Brésil

INTRODUCTION

Corina Borri-Anadon
Gustavo Gonçalves
Sivane Hirsch
Juliane di Paula Queiroz Odinino

Caractéristique de longue date de la plupart des sociétés, la diversité ethnoculturelle résultant des migrations, de la conquête ou de la colonisation et s'incarnant sous des marqueurs divers – notamment la langue, la culture et la religion – s'est récemment intensifiée avec l'augmentation des mouvements migratoires à l'échelle de la planète. Malgré son apport indéniable au dynamisme social et à l'identité collective, elle n'en pose pas moins des défis aux États qui se veulent à la fois démocratiques, pluralistes et équitables. Ces derniers doivent en effet préserver le cadre commun qui permet le vivre ensemble tout en luttant contre les inégalités qui touchent souvent les groupes minoritaires définis par l'un ou l'autre des marqueurs associés à la diversité, en assurant ainsi leur pleine inclusion.

Sur le plan international, la nécessité d'articuler les politiques éducatives autour du paradigme unificateur de l'« éducation inclusive » est aujourd'hui de plus en plus saillante (UNESCO, 2017). Malgré ce consensus, le rapport à la diversité ethnoculturelle diffère selon les contextes sociaux et politiques, notamment en ce qui concerne les politiques formelles d'immigration et d'éducation encadrant la formation initiale et continue des éducateurs. Les sociétés n'ont pas toutes épousé de manière formelle une approche d'éducation inclusive face à la diversité ethnoculturelle; elles s'inspirent également de courants différents pour orienter leurs pratiques, leurs formations et leurs politiques: éducation inter- ou multiculturelle, antiraciste, à la citoyenneté, etc. (Potvin, 2014). À l'origine, le concept d'éducation inclusive a été défini dans le contexte restrictif de son association à la problématique du handicap; toutefois, il s'est graduellement élargi à tous les marqueurs pouvant engendrer de l'exclusion (Borri-Anadon, Savoie-Zajc et Lebrun, 2015; Carlson-Berg, 2014; Zay, 2012). Tout particulièrement, l'éducation inclusive interpelle l'école non seulement par sa fonction de socialisation, qui polarise souvent les débats, mais surtout par son rôle dans la réduction ou le maintien des inégalités (Felouzis, 2009). La formation et l'accompagnement des éducateurs, c'est-à-dire l'ensemble des acteurs du monde de l'éducation, et tout particulièrement des enseignants, constituent donc une condition essentielle à l'établissement d'une école inclusive et occupent une place centrale dans les agendas politiques et sociaux de divers pays (Mc Andrew, Potvin, Borri-Anadon, 2013).

Face à la mondialisation de ces préoccupations et à la variété de leur prise en compte dans les réalités locales, les études comparatives se révèlent nécessaires (Ramel, Vienneau, Pieri et Arnaiz, 2016), « à des fins cognitives mais aussi pragmatiques » (Groux et Porcher, 1997, dans Perez, Groux et Ferrer, 2002, p. 58), c'est-à-dire à la fois pour mettre de l'avant les différences intersociétales, mais également pour mettre l'accent sur la comparabilité et la transférabilité d'initiatives, sans occulter la spécificité des contextes (Mc Andrew et Weinfeld, 1997). À cet égard, Ball (2012) rappelle qu'aujourd'hui, les politiques éducatives nationales peuvent difficilement être appréhendées sans considérer les réseaux opérant au niveau transnational qui font la promotion de conceptions particulières des problèmes sociaux ainsi que des paramètres politiques permettant d'y répondre. Nous faisons l'hypothèse que l'éducation inclusive et la place accordée aux éducateurs quant à la gestion de la diversité des effectifs scolaires n'y sont pas étrangères. Néanmoins, actuellement, la vaste majorité des travaux portant sur la prise en compte de la diversité dans une perspective comparative se limitent à la mise en parallèle de systèmes éducatifs de sociétés occidentales dites développées et à la diversité issue de l'immigration (Dubet, Duru-Bellat et Vérétout, 2010;

Mc Andrew, Milot et Triki-Yamani, 2010; Mc Andrew, Singh et Parent, 2013; Sanchez-Mazas, Changkakoti et Broyon, 2014).

Les textes réunis dans le présent ouvrage sont issus d'une série de collaborations entre chercheurs québécois et brésiliens, dont plusieurs sont contributeurs au présent ouvrage, ayant mené à la tenue de trois séminaires, l'un à l'*Universidade do Estado de Santa Catarina*, Florianopolis, Brésil, en 2015; l'autre, à l'Université du Québec à Trois-Rivières, Québec, en 2016 et plus récemment, à l'*Universidade Federal do Sul da Bahia*, Porto Seguro, Brésil, en août 2017. Ces réalisations ont permis de constater l'intérêt et le caractère novateur des travaux de recherche québécois et brésiliens de même que l'importance de mieux les faire connaitre dans ces deux contextes par le biais d'une lecture contrastée. Organisées en cinq parties visant à rendre possible cette lecture, les contributions réunies dans cet ouvrage sont agencées selon les principes de parité et d'alternance.

La première partie « Les contextes respectifs en matière de diversité » vise à caractériser les contextes québécois et brésilien à partir des groupes associés à la diversité ethnoculturelle, linguistique et religieuse, des politiques éducatives générales ou s'appliquant de façon spécifique à certains de ces groupes ainsi que des aménagements éducatifs et structures scolaires qui les concernent. Cette partie rassemble la contribution de Mc Andrew et Audet et celle de Borges et Mendes, qui présentent les contextes québécois et brésilien marqués par des rapports ethniques complexes. Ces deux chapitres montrent comment la diversité a été traitée dans l'agenda politico-éducatif, et ce, par une lecture historique qui permet de caractériser la composition plurielle de ces espaces sur les plans culturel, ethnique et linguistique et la construction des rapports ethniques qui les marquent. Ce faisant, cette première partie fournit les repères nécessaires pour soutenir la perspective comparative. En effet, les différences liées à la nature de la diversité dans les deux contextes constituent un atout pour la fécondité de la comparaison. Gazibo et Jenson (2004), qualifient ce type de comparaison de contrastante dans la mesure où les deux contextes présentent « un maximum de contrastes » et que ces contrastes « éclairent l'originalité des aires politiques définies par des traits systémiques » (p. 62).

En raison des différences entre les deux contextes à l'étude, mais également de la complémentarité des champs d'expertise qui s'y sont développés, centrés sur l'expérience des groupes racisés et autochtones au Brésil et de l'immigration récente au Québec, la seconde partie s'attarde plus particulièrement aux débats conceptuels quant à la formation des éducateurs à la diversité, permettant ainsi d'identifier un « dénominateur commun à la comparaison » (Gazibo et Jenson, 2004, p. 54). Ainsi, les contributions de Potvin et de dos Santos traitent des convergences et divergences entre les paradigmes interculturel et inclusif, à la base des cadres normatifs québécois et brésilien. En clarifiant la terminologie utilisée dans chacun des contextes étudiés, cette seconde partie, tout comme la première, représente donc une condition favorable à la lecture contrastée, puisque ces paradigmes de la formation en contexte de diversité sont mobilisés dans le reste de l'ouvrage.

Dans ce sens, la troisième partie s'intéresse à établir le portrait de la situation en matière de formation des éducateurs en contexte de diversité, dans les deux contextes à l'étude. Les contributions de Larochelle-Audet, Magnan, Potvin et D'Arrisso, pour le contexte québécois, et de Santiago et Fleuri, pour le contexte brésilien, dressent un bilan critique de la place accordée à la diversité dans l'effectif des enseignants et gestionnaires scolaires ainsi que dans les orientations de la formation de ces derniers. Les défis quant à la formation du personnel éducatif sont abordés, notamment dans un contexte de pressions émanant d'une logique managériale du travail éducatif.

La quatrième partie porte plus spécifiquement sur les pratiques de formation des enseignants centrées sur des marqueurs ou des publics spécifiques dans chacun des deux contextes à l'étude. D'une part, les contributions de Hirsch et de Cecchetti et Fleuri traitent des enjeux de la formation des enseignants à la prise en compte de la diversité religieuse. D'autre part, les contributions de Ouellet et de Orço et Dill se penchent sur des dispositifs destinés à la formation des enseignants autochtones des nations atikamekw, dans le cas du Québec, et kaingang, dans le cas du Brésil. Ces contributions témoignent de dispositifs de formation mis en œuvre afin de rendre compte de la diversité dans une perspective large, dans le premier cas, et de valoriser des savoirs et expériences spécifiques, dans le second.

La dernière partie intitulée « Pistes d'action novatrices pour une formation intersectionnelle et interdisciplinaire » est composée de deux contributions visant à élargir la réflexion quant à la formation des éducateurs en contexte de diversité. Ainsi, Borri-Anadon, Prud'homme, Ouellet et Boisvert ainsi que Odinino et Gonçalves s'attardent à situer les pratiques de formation de leur contexte respectif dans une perspective plus large questionnant le rapport aux savoirs sur lequel elles reposent.

En conclusion, la lecture contrastée sur la question de la formation d'éducateurs en contexte de diversité a permis de constater que cette problématique traverse les frontières et qu'elle pose des défis importants aux États qui se veulent à la fois démocratiques, pluralistes et équitables. Elle a permis de dégager trois axes potentiellement heuristiques des enjeux communs quant à la formation des éducateurs en contexte de diversité. Ces enjeux sont présentés dans la conclusion de l'ouvrage.

Il nous semble crucial de rappeler ici que les textes abordant le contexte brésilien ont d'abord été rédigés en portugais puis traduits au français. Cet exercice a, en lui-même, permis de faire ressortir certains décalages épistémologiques quant aux postures adoptées par les chercheurs, formateurs eux-mêmes. Nous espérons qu'ils demeurent visibles tout au long de l'ouvrage et qu'ils permettront de poursuivre les efforts de comparaison.

Nous espérons que cet ouvrage saura intéresser un large public, issu des milieux universitaire, gouvernemental, scolaire et communautaire qui prennent part à la formation initiale et continue des éducateurs et aux décisions en la matière. En effet, les décideurs, les chercheurs, les formateurs, les gestionnaires, les intervenants et les étudiants soucieux d'approfondir les défis et enjeux liés à la diversité en éducation et en formation trouveront des pistes de réflexions tant sur les questions théoriques que sur des questions relevant de la pratique permettant d'avancer vers une meilleure compréhension de la formation en contexte de diversité.

Références

Ball, S. J. (2012). *Global education Inc.: new policy networks and the neo-liberal imagery*. Londres: Routledge.

Borri-Anadon, C., Savoie-Zajc, L., & Lebrun, M. (2015). Pratiques évaluatives des orthophonistes scolaires à l'égard des élèves de minorités culturelles: différenciation, uniformisation et normalisation. *Recherches & Éducations, 14*, 81-92.

Carlson-Berg, L. (dir.). (2014). *La francophonie canadienne dans toutes ses couleurs et le défi de l'inclusion scolaire*. Québec: Presses de l'Université Laval.

Dubet, F., Duru-Bellat, M., & Vérétout, A. (2010). *Les sociétés et leurs écoles*. Paris: Le Seuil.

Felouzis, G. (2009). Systèmes éducatifs et inégalités scolaires: une perspective internationale. *Sociologies*. Repéré à : http://sociologies.revues.org/2977

Gazibo, M., & Jenson, J. (2004). *La politique comparée: fondements, enjeux et approches théoriques*. Montréal: Les Presses de l'Université de Montréal.

Mc Andrew, M., Milot, M., & Triki-Yamani, A. (Dirs.). (2010). *L'école et la diversité: perspectives comparées. Politiques, programme, pratiques*. Québec: Presses de l'Université Laval.

Mc Andrew, M., Potvin, M., & Borri-Anadon, C. (Dirs.) (2013). *Le développement d'institutions inclusives dans un contexte de diversité. Recherche, formation, partenariat*. Montréal: Presses de l'Université de Montréal.

Mc Andrew, M., Singh, P., & Parent, É. (2013). Repenser l'équité en Inde et au Québec: vers des sociétés inclusives. *Diversité canadienne, 10*(1), 4-10.

Mc Andrew, M., & Weinfeld, M. (1997). L'intégration sociale des immigrants et la réaction des institutions. Dans M. Lombardi (Dir.), *Metropolis. Première conférence internationale. Milan. 13-15 novembre 1996* (pp. 56-81). Paris: Éditions Quaderni.

Perez, S., Groux, D., & Ferrer, F. (2002). Éducation comparée et éducation interculturelle: éléments de comparaison. Dans P. R. Dasen et C. Perregaux (Dirs.), *Pourquoi des approches interculturelles en sciences de l'éducation* (pp. 49-65). Paris: De Boeck Supérieur.

Potvin, M. (2014). Diversité ethnique et éducation inclusive: fondements et perspectives. *Éducation et sociétés. Revue internationale de sociologie de l'éducation, 33*(1), 185-202.

Sanchez-Mazas, M., Changkakoti, N., & Broyonm M. A. (Dirs.). (2014). *Éducation à la diversité. Décalages, impensés, avancées.* Paris: L'Harmattan.

Ramel, S., Vienneau, R., Pieri, M., & Arnaiz, P. (2016). Des fondements sociologiques de l'inclusion scolaire aux injonctions internationales. Dans L. Prud'homme, H. Duchesne, P. Bonvin et R. Vienneau (Dirs.), *L'inclusion scolaire: ses fondements, ses acteurs et ses pratiques* (pp. 153-166). Bruxelles, Belgique: De Boeck Supérieur.

UNESCO. (2017). *A guide for ensuring inclusion and equity in education.* Paris: UNESCO. Repéré à : http://unesdoc.unesco.org/images/0024/002482/248254E.pdf

Zay, D. (2012). *L'éducation inclusive: une réponse à l'échec scolaire?* Paris: L'Harmattan.

PARTIE I

Les contextes respectifs en matière de diversité

CHAPITRE I

DIVERSITÉ ET ÉDUCATION AU QUÉBEC: CONTEXTE ET ENJEUX

Marie Mc Andrew

Geneviève Audet

1. Introduction: Une histoire marquée par des rapports ethniques complexes

Comme la plupart des sociétés du continent américain, le territoire que l'on appelle aujourd'hui le Québec a été marqué par une importante présence des populations autochtones dont l'arrivée est évaluée, selon les experts, entre 14000 et 10000 avant l'ère chrétienne, à l'exception des Inuits, dont l'arrivée est relativement récente (5000 avant l'ère chrétienne). Comme on le verra plus loin, les populations autochtones étaient elles-mêmes diversifiées et leurs rapports n'ont pas toujours été exempts de tensions ou de préjugés[i]. Cependant, avec la colonisation européenne qui débute au XVIe siècle, les rapports de pouvoir et les inégalités interethniques allaient s'accentuer et prendre diverses formes opposant, d'une part, les allochtones et les autochtones et, d'autre part, divers sous-groupes allochtones, tels les deux groupes colonisateurs – francophones et anglophones – entre eux, et ces derniers aux communautés issues de l'immigration.

On peut diviser l'histoire du Québec en quatre grandes périodes. De 1534 à 1763, la Nouvelle-France, qui, comme son nom l'indique, est une colonie française, voit se développer une présence européenne majoritairement issue de l'Ouest de la France mais plus diversifiée que ce que l'historiographie traditionnelle a retenu, dont les rapports avec les populations autochtones sont complexes, conjuguant des alliances initiales étroites et partenariales à une domination et une marginalisation croissantes à travers le temps.

De 1763 à 1867, le Québec, dont le nom changera à plusieurs reprises, est une colonie britannique où le pouvoir économique et politique est largement aux mains d'une minorité anglophone issue des colonisateurs. Malgré des concessions relativement importantes quant au respect de la langue française et de la religion catholique en 1774[ii], les tensions entre francophones et anglophones culmineront lors de l'insurrection de 1837-1838. Quant aux autochtones, s'ils avaient pu jouir d'un statut d'alliés lors de la période française, ils seront définitivement marginalisés lorsque le commerce du bois aura remplacé celui des fourrures comme industrie principale, ce qui correspond aussi au remplacement du colonialisme commercial par le colonialisme de peuplement (Lacoursière, Provencher et Vaugeois, 2000).

À partir de 1867, le Canada moderne, tel que nous le connaissons, est établi et le Québec coïncide désormais avec le territoire et la personnalité juridique qu'il a aujourd'hui. La marginalisation des autochtones se poursuit par l'adoption de la Loi sur les Indiens (sur laquelle nous reviendrons plus loin) et les tensions entre francophones et anglophones perdurent, entre autres autour d'enjeux tels que la participation aux deux guerres mondiales et les droits des minorités francophones en dehors du Québec. Largement à l'écart de ces grands débats, les immigrants, majoritairement européens, dont l'importance ne cesse de grandir, s'insèrent généralement, du moins à la deuxième génération, à la communauté anglophone dominante, même si les minorités racisées vivent des situations de marginalisation et d'exclusion.

À partir des années 1960, une importante ère de changement et de modernisation, qu'on nomme la Révolution tranquille, bouleverse la culture traditionnelle de la société québécoise. Elle sera marquée à partir des années 1970 par un néonationalisme territorial à composante d'émancipation sociale. La redéfinition des rapports ethniques passe très largement par le système d'éducation alors que la loi 101, adoptée en 1977, oblige les nouveaux arrivants à scolariser leurs enfants en français et que le Québec obtient la mainmise sur la sélection des immigrants provenant désormais très largement de sociétés non occidentales. Ce mouvement remet en question la domination traditionnelle de l'anglais au sein de la société québécoise ainsi que les importantes inégalités qui marquaient les rapports entre francophones et anglophones. Le renouveau autochtone est également notable durant cette période. Amorcé par le jugement Malouf sur la Baie James qui donnera lieu au premier Traité de l'ère moderne[iii], il culminera lors de la Crise d'Oka de 1990[iv].

2. La question autochtone

Les quelques 104 000 autochtones du Québec, qui représentent un peu plus de 12 % de la population, sont regroupés en onze nations caractérisées par leur diversité. On y compte trois grandes familles linguistiques, qui correspondent également à des modes de vie: les Iroquoiens sédentaires (regroupant deux nations, les Hurons-Wendats et les Mohawks), les Algonquiens nomades (regroupant huit nations, les Abénaquis, les Algonquins, les Attikameks, les Cris, les Malécites, les Micmacs, les Innus et les Naskapis) et les Eskaleut nomades, nommés également Inuits (Secrétariat aux affaires autochtones, 2015). Ces trois groupes ont des profils différents quant à l'histoire de leurs relations avec les colons blancs. D'une part, plus une nation demeure au nord du Québec, plus ces contacts, et conséquemment la déculturation et l'assimilation, sont récents et, d'autre part, parmi les groupes ayant été en relation avec les puissances coloniales dès le XVIIe siècle, selon qu'ils étaient alliés avec la France ou avec la Grande-Bretagne, leurs descendants ont respectivement adopté le français ou l'anglais comme langue seconde. Les nations diffèrent aussi par leur statut juridique, la principale division étant celle qui oppose les Amérindiens (qui incluent les Iroquoiens et les Algonquiens), qui sont soumis à la Loi sur les Indiens, et les Inuits qui ne jouissent pas d'un statut particulier. Mais, même parmi les Amérindiens, la situation des Cris est distincte car, comme les Inuits, ils font partie des « nations conventionnées » en vertu de la Convention de la Baie James de 1975, ce qui a d'importantes conséquences en éducation (Commission des droits de la personne et des droits de la jeunesse [CDPDJ], 2009). La situation des communautés diffère également selon qu'elles vivent dans des zones urbaines, comme c'est le cas pour l'essentiel de la communauté iroquoienne et de certaines communautés algonquiennes ou, au contraire, dans des régions isolées, comme c'est le cas de la majorité des Algonquiens et de l'ensemble des Inuits.

Malgré ces importantes différences, tous les peuples autochtones du Québec ont vécu, même si c'est à des degrés divers, des rapports d'oppression à travers l'histoire et connaissent aujourd'hui une situation socioéconomique problématique (Sioui, 2016). Sous le Régime français, les nations autochtones sont considérées comme des « alliés de Sa Majesté très chrétienne » et une tentative de métissage est menée, entre autres par l'éducation donnée aux jeunes filles amérindiennes par les communautés religieuses dans le but d'en faire de bonnes épouses pour les colons français. En fait, ce métissage se produira plutôt dans l'autre sens, le mode de vie amérindien attirant fortement les jeunes Français qui deviennent des « coureurs des bois » (Hackett-Fisher, 2011). Le réseau d'alliances avec les peuples autochtones amorcé par Champlain est en effet absolument vital, d'une part, pour le commerce des fourrures et, d'autre part, pour le maintien d'un très vaste empire français dans l'ensemble du continent nord-américain, alors que la Nouvelle-France elle-même est très peu peuplée. Cependant, le contact avec les missionnaires et avec la civilisation occidentale a eu des conséquences négatives dès cette époque, tant au plan physique (multiplication des maladies, intensification des guerres entre peuples autochtones) qu'au plan culturel. Tel que mentionné plus haut, le Régime anglais a beaucoup moins besoin de ces alliés, puisque l'objectif est d'occuper le territoire, un processus qui culmine avec l'adoption par le gouvernement fédéral de la Loi sur les Indiens de 1876, qui établit un régime juridique de ségrégation (système des réserves) et de droits inégaux (Beaulieu, Gervais et Papillon, 2013). Si les populations autochtones peuvent parfois sembler (du moins aux yeux des Blancs) bénéficier de privilèges[v], ils sont définis par cette Loi comme des mineurs sous la tutelle du gouvernement fédéral. Cette situation était considérée comme transitoire (en attendant qu'ils s'émancipent et deviennent des « Canadiens comme les autres »), mais elle a perduré du fait de la résistance à l'assimilation des peuples autochtones. La Loi sur les Indiens a aussi servi à assurer l'appropriation des terres par la signature de traités, aujourd'hui dénoncés par les tribunaux comme illégaux[vi] (CDPDJ, 2009). La tentative d'assimilation du gouvernement fédéral, par des moyens tels que l'affranchissement imposé aux Indiens « civilisés », par exemple ceux qui obtenaient un diplôme universitaire, et surtout les pensionnats, où les jeunes autochtones ont été enlevés à leur famille et ont subi un traitement dénoncé aujourd'hui comme un génocide culturel, s'est avérée un échec. Au contraire, à partir des années 1960, un renouveau autochtone voit le jour, axé sur la lutte pour l'autodétermination et l'accroissement des revendications territoriales. Il donnera lieu à la négociation des traités modernes, comme la Convention de la Baie James, basés sur la reconnaissance des droits autochtones et sur un partenariat plus égalitaire, ainsi qu'à l'émergence d'un leadership politique et économique moderne au sein des communautés, qui sont plusieurs à voir leurs conditions s'améliorer.

Puisque les autochtones sont sous la tutelle du gouvernement fédéral, le gouvernement québécois a été peu présent jusque dans les années 1970 auprès des populations autochtones. Mais depuis ce temps, on note une présence croissante, entre autres dans le domaine de l'éducation, en complémentarité, mais souvent en compétition, avec le gouvernement fédéral. Donc, après une longue période d'indifférence, les rapports entre autochtones et Québécois ont oscillé durant les 30 dernières années entre le conflit, entre autres lors de la Crise d'Oka en 1990 et lors des deux référendums sur l'indépendance du Québec (1981, 1995), et la coopération, par exemple lors de la Paix des Braves avec les Cris en 2002, la célébration du 300ᵉ anniversaire de la Grande Paix de Montréal en 2003 ou, plus récemment, la signature de diverses ententes de nation à nation (Secrétariat aux affaires autochtones, 2014).

Malgré les développements des 30 dernières années, les indicateurs socioéconomiques des populations autochtones demeurent inférieurs à ceux des non-autochtones, en ce qui concerne le revenu moyen, la présence sur le marché du travail ou les taux de chômage et surtout la scolarisation (Statistique Canada, 2015). En effet, les Amérindiens sont deux fois plus nombreux que les non-autochtones à n'avoir aucun diplôme et les Inuits, trois fois plus nombreux. À l'inverse, les Amérindiens sont trois fois moins nombreux et les Inuits, huit fois moins nombreux à avoir un diplôme universitaire. Il faut toutefois garder à l'esprit que, pour les Amérindiens du moins, ces indicateurs masquent d'importants écarts reflétant les différences décrites plus haut.

Il existe trois grands modèles de scolarisation (Hot, 2010) pour les autochtones qui présentent chacun des forces et des faiblesses. La très grande majorité des jeunes fréquentent une école gérée par leur communauté au primaire et, dans les communautés plus importantes sur le plan démographique, au secondaire. Ces établissements sont financés par le gouvernement fédéral, sous-financés font valoir, preuves à l'appui, les leaders autochtones[vii]. La communauté y jouit d'une grande liberté en ce qui concerne le choix des programmes et des méthodes: elle n'est pas assujettie au programme scolaire québécois, mais peut, selon ses affinités, souvent géographiques, utiliser une partie du matériel didactique ou des éléments de programmes élaborés par d'autres provinces canadiennes ou mêmes par certains États américains. Ces écoles sont souvent isolées les unes des autres et manquent de ressources, et les élèves, qui ne sont pas en contact avec la société majoritaire, ont souvent de la difficulté à s'intégrer lorsqu'ils les quittent pour fréquenter des établissements non autochtones (Conseil en Éducation des Premières Nations, 2009).

Un second modèle, dont jouissent les deux nations conventionnées en vertu de la Convention de la Baie James, les Cris et les Inuits, est celui de commissions scolaires qui gèrent les écoles de ces communautés, comme c'est le cas ailleurs au Québec et au Canada pour les non-autochtones. Ces commissions scolaires sont financées par le gouvernement québécois: les établissements qui font partie de ces réseaux ont donc des ressources équivalentes, parfois même supérieures, à celles qu'on trouve dans les établissements non autochtones (Hot, 2010). L'organisation en commission scolaire permet également, en théorie, la concertation entre les écoles et le développement de programmes novateurs et d'approches originales. Cependant, ce modèle touche essentiellement deux communautés vivant dans des régions éloignées du Grand Nord, ce qui peut expliquer que, malgré ses promesses, il ne s'est pas avéré une panacée en ce qui concerne les résultats scolaires. Une autre explication pourrait résider dans le fait que les deux nations conventionnées ont insisté, du moins durant les 30 premières années de la Convention, pour adopter les approches prévalant dans le sud et qu'elles n'ont amorcé la réflexion sur l'adaptation des contenus et des approches pédagogiques qu'à partir des années 2000.

Finalement, il faut signaler le nombre grandissant d'élèves autochtones qui fréquentent des écoles publiques québécoises, surtout au secondaire, soit parce qu'ils vivent en ville ou que leur communauté n'a que des écoles primaires, mais souvent aussi parce que les parents font ce choix volontairement, dans un objectif de mobilité sociale. Ces élèves ont accès à des ressources de meilleure qualité et sont plus à même de développer des habiletés d'intégration et des réseaux dans la société dominante. Cependant, leurs besoins n'y sont pratiquement pas pris en compte, puisque la prise de conscience de leur présence croissante, tant par le ministère que par les autorités scolaires, est extrêmement récente[viii].

De façon générale, l'enjeu principal relatif à l'éducation qui se pose aujourd'hui au sein des populations autochtones est celui de concilier la culture et l'éducation traditionnelles avec la scolarisation moderne (Sioui, 2016; Hot, 2010). En effet, les différences à cet égard sont marquées et la manière de les combler n'est pas toujours évidente. Les peuples autochtones valorisent un apprentissage non formel axé sur la vie quotidienne et sur l'observation ainsi que des relations non hiérarchisées axées sur la coopération et l'entraide. Bien que ces valeurs soient souvent promues au sein des établissements scolaires de la société dominante, dans les faits, ce ne sont pas celles qu'on y trouve le plus fréquemment, d'où un hiatus entre les deux mondes auxquels participe le jeune autochtone. Les communautés peu urbanisées et dont le contact avec les populations blanches est relativement récent ont souvent une conception subjective du temps et des échéanciers basés, par exemple, sur le rythme des saisons, ce qui rend difficile une fréquentation scolaire régulière. Il existe aussi de nombreux débats au sein des communautés sur la légitimité ou non d'enseigner les langues autochtones. En principe, une majorité veut les préserver ou même les faire renaître mais, sur le terrain, nombre de parents privilégient plutôt l'apprentissage du français et de l'anglais et craignent que leurs enfants ne prennent du retard si on leur enseigne d'abord en langue autochtone. D'autres défis sont liés aux problèmes socioéconomiques des communautés. Les jeunes ont généralement une mauvaise santé physique et psychologique, tels qu'en témoignent les taux de suicide élevés qui les touchent. La consommation d'alcool et de drogue, autant par les adultes que par les jeunes, influe également sur les relations familiales, dans un contexte où la plupart des adultes manquent de modèles parentaux puisque, sous l'effet des pensionnats, ils n'ont pas été élevés eux-mêmes par leurs propres parents. Les jeunes connaissent souvent peu leur culture d'origine et sont soumis à une déculturation massive sous l'effet des moyens de communication modernes, ce qui crée chez eux une certaine anomie (Commission royale sur les peuples autochtones, 1996; Commission de vérité et réconciliation du Canada, 2015).

En réponse à ces problématiques, on a assisté à une mobilisation significative des communautés ces dernières années pour favoriser la réussite éducative et l'adaptation des programmes et des approches pédagogiques à la réalité autochtone. Diverses initiatives novatrices en ont résulté telles l'éducation artistique basée sur la transmission de l'art autochtone actuel (Laurier et Bouchard, 2015) ou la mise à profit des nouvelles technologies pour préserver l'héritage ancestral (Mollen et St-Onge, 2015). Dans le système scolaire formel, on a aussi pris conscience de l'importance de sensibiliser les élèves allochtones à l'apport des autochtones à la société québécoise, à la richesse de leurs traditions et de leurs cultures ainsi qu'à leurs réalités actuelles afin de contrer divers stéréotypes et préjugés. Le programme d'histoire nationale mis en œuvre en 2005 leur accorde une place significative, même si des améliorations s'imposent encore. Diverses initiatives encore plus concrètes de rapprochement, telles le programme *Sous le Shaputuan: rencontre Québécois-Autochtones* de la Commission des droits de la personne et des droits de la jeunesse connaissent également une grande popularité dans les écoles secondaires, les cégeps et les universités (CDPDJ, 2009).

3. Les rapports entre francophones et anglophones

À partir de la Conquête de 1763 jusqu'à la Révolution tranquille, les relations entre francophones et anglophones québécois sont marquées par l'isolement et par les inégalités. Les anglophones sont très fortement concentrés à Montréal où ils dominent le monde des affaires et de la finance, puisque Montréal est alors non seulement la métropole du Québec mais également celle du Canada. Malgré l'existence d'une élite de type traditionnel plutôt qu'économique (notaires, avocats, médecins, etc.), les francophones sont plus souvent ruraux ou, lorsqu'ils vivent en ville, sont surreprésentés au sein de la classe ouvrière. Il n'est donc pas étonnant que l'anglais domine dans le monde du travail et, dans une grande mesure, dans l'espace public, surtout à Montréal (Levine, 1990). Étant donné le pouvoir politique important des francophones, la situation québécoise ne peut être caractérisée de diglossique. En effet, le français est la langue presque exclusive en dehors de la grande région montréalaise et, à Montréal, elle n'est pas confinée à l'espace privé, comme en témoigne le fait que la scolarisation jusqu'aux études supérieures a toujours été assurée en français. Cependant, il est clair que les francophones font face à une double discrimination linguistique et ethnique, puisque même en contrôlant les différences dans la scolarité qui désavantagent les francophones, les anglophones unilingues ont des revenus moyens bien supérieurs à ceux des francophones bilingues (Commission d'enquête sur la situation de la langue française et des droits linguistiques au Québec, 1972).

L'origine de ces inégalités ne fait pas l'objet d'un consensus. Au sein de la communauté anglophone, l'explication dominante a longtemps été celle de la dominance du clergé et des élites traditionnelles qui empêchaient les Canadiens français d'accéder pleinement aux « bienfaits » du capitalisme et de la vie moderne (Éthier, Lanthéaume, Lefrançois et Zanazanian, 2008). À l'inverse, dans les années 1970, s'est développée, chez les intellectuels et les politiciens francophones, une rhétorique autour de l'oppression vécue par les Canadiens français décrite comme une « eth-classe » (Rioux, 1965) ou encore comme les « Nègres blancs d'Amérique » (Vallières, 2011). Aujourd'hui, on considère plutôt que ces deux éléments, rapports de pouvoir et culture traditionnelle, se conjuguaient et se renforçaient mutuellement.

À partir des années 1960, les anglophones vont passer de « majorité à minorité » (Caldwell, 1982) à travers deux phases de transformation des rapports ethniques. Dans un premier temps, la Révolution tranquille crée un État québécois moderne qui joue un rôle important dans le développement économique et dans la promotion de la majorité francophone. La société et l'ensemble des institutions publiques se sécularisent, alors que sur le plan personnel, les individus connaissent une transformation majeure de leurs normes de comportement et de leurs valeurs. Ces développements ont pour effet de rendre les francophones plus similaires aux anglophones. Cette modernisation fait donc l'objet d'un large consensus, les anglophones considérant que la *Priest Ridden Province* s'est enfin décidée à entrer dans le monde moderne. Cependant, la promotion collective de la communauté francophone se heurte assez rapidement au plafond de verre des rapports linguistiques et, à partir des années 1970, s'amorce une seconde phase axée sur la promotion du français et la lutte contre les inégalités. L'identité de la communauté francophone connaît également à cette époque une redéfinition majeure passant d'une minorité canadienne, les Canadiens français, à une majorité québécoise, les Québécois (Jedwab et Maynard, 2008). Pour la communauté anglophone québécoise, cette transformation est vécue comme un choc, tout particulièrement la loi 101 qui fait du français la langue officielle du Québec, amorce la francisation du monde du travail et des entreprises et, surtout, dirige les immigrants vers l'école francophone, ce qui limite le développement des institutions scolaires anglophones qui reposait traditionnellement sur l'attraction de cette clientèle (Mc Andrew, 2010). Contrairement au vieux nationalisme canadien français basé sur le maintien et la préservation de l'homogénéité ethnique, linguistique, religieuse et culturelle, le nouveau nationalisme a clairement une visée civique, du moins en ce qui concerne les immigrants, comme on le verra dans la troisième section. Cependant, il a beaucoup plus de difficulté à inclure dans cette nouvelle identité l'« Autre » majoritaire autrefois dominant, une situation qui perdure encore, comme en témoigne l'absence des anglophones des politiques et des discours publics sur l'interculturalisme et le vivre-ensemble (Mc Andrew, 2016).

En 2011, les Québécois qui se déclarent de langue maternelle anglaise représentent 8 % de la population (Office québécois de la langue française [OQLF], 2016). L'avantage dont ils jouissaient en termes économiques et éducatifs face aux francophones est aujourd'hui presque inexistant. De façon générale, les bilingues gagnent davantage que les unilingues. On note même un certain renversement des rapports de pouvoir puisque les francophones bilingues ont désormais de meilleurs revenus, une fois tous les autres facteurs contrôlés, que leurs pairs anglophones bilingues, ce qui a incité certains analystes à déplorer l'existence du linguicisme au Québec [ix]. De même, en ce qui concerne la scolarité, si les écoles primaires et secondaires anglophones continuent d'être légèrement plus performantes que les établissements francophones, il n'y a plus de différence dans l'accès à la scolarisation obligatoire entre les deux groupes et seule une légère différence dans l'accès aux études universitaires persiste.

La communauté anglophone est donc en pleine transformation (Sénat Canada, 2011). Elle a investi massivement dans l'apprentissage du français, entre autres par des mesures novatrices telles que l'immersion, ce qui fait que les jeunes anglo-québécois sont aujourd'hui les plus bilingues du Québec et, conséquemment, du Canada. Mais du fait de l'exode vers les provinces anglophones, d'abord des adultes unilingues mais aussi des jeunes bilingues qui sont très recherchés dans le reste du Canada, c'est une communauté vieillissante et de plus en plus constituée de personnes issues de l'immigration. Contrairement à sa situation privilégiée du passé, elle présente aussi d'importantes poches de défavorisation, même si ses indicateurs demeurent globalement favorables. La vitalité des institutions anglophones est donc moins forte que par le passé, entre autres en région où la communauté est plus dispersée et moins favorisée (Bourhis, 2012).

En matière d'éducation, cette communauté jouit cependant d'une forte complétude institutionnelle qui a été relativement peu touchée par l'évolution des 40 dernières années, puisque tant la Constitution de 1867 que celle de 1982 lui assurent le contrôle de ses propres commissions scolaires et une certaine autonomie dans les choix qui y sont effectués. De plus, malgré l'impact de la loi 101, le pourcentage d'élèves scolarisés en anglais au Québec (11 %) est légèrement plus élevé que le pourcentage que représentent les anglophones dans l'ensemble de la population québécoise et a connu une légère croissance ces dernières années. Cependant, on note que de plus en plus de parents font le choix d'envoyer leurs enfants dans le secteur français plutôt que dans de simples écoles d'immersion, afin de leur assurer une meilleure maîtrise de la langue et surtout, de leur permettre de développer des réseaux sociaux avec les jeunes francophones et de favoriser ainsi leur rétention au Québec (Mc Andrew, 2010).

En effet, les relations des communautés francophones et anglophones sont complexes au Québec. Dans le quotidien, pour un observateur étranger, la coexistence apparaît paisible et harmonieuse. Cette tendance est d'ailleurs confirmée par les études en psychologie sociale qui révèlent des attitudes réciproques positives et une distance sociale minimale, en contraste avec les réponses des deux groupes face à certaines communautés immigrantes (Pagé et Olivier, 2012). Cependant, la scolarisation parallèle des deux communautés fait en sorte qu'elles ont peu de contacts à l'âge où se définissent les identités et les appartenances. Les francophones et les anglophones vivent dans des univers très distincts: ils ne connaissent généralement pas les chanteurs, comédiens, humoristes qui sont populaires dans l'autre groupe. En fait, le sport constitue l'un des seuls forums symboliques qu'ils partagent. Le clivage politique est également important et les sujets contentieux, telles les causes de la situation qui prévalait au Québec avant les années 1960 ou la légitimité des mesures de promotion du français et de transformation des rapports ethniques mises en place ces 40 dernières années, sont largement évités. Par ailleurs, si la communauté anglophone revendique aujourd'hui pleinement son appartenance au Québec, elle est souvent confondue dans le discours public francophone avec la menace que représente pour le français l'importance de l'anglais à l'échelle du continent (Mc Andrew, 2010).

En contraste avec le dynamisme relatif aux rapports avec les populations immigrantes, que nous abordons plus loin, l'éducation a été peu sollicitée pour combler le fossé qui sépare les deux communautés dont la ségrégation scolaire est considérée comme un facteur d'équilibre sociétal plutôt que de repli sur soi. Les rapports entre francophones et anglophones sont timidement mentionnés dans le volet de la Politique de 1998 qui traite de l'éducation interculturelle mais aucune mesure spécifique du Plan d'action ne vient appuyer cet objectif. L'apport de la communauté anglophone à la société québécoise est peu mis en valeur dans le programme d'histoire nationale, où elle est souvent mal distinguée du reste des anglophones canadiens. Cependant, quelques initiatives novatrices de jumelage entre élèves et écoles des deux secteurs linguistiques ont été mises en place dans les années 2000 (Côté, 2009) et l'idée d'étendre ce jumelage par un programme général et accessible à un nombre accru d'élèves est actuellement débattue.

4. L'intégration des immigrants et les relations interculturelles

L'immigration et la diversité sont des réalités constitutives de la société québécoise. Durant tout le XIXe siècle et la première moitié du XXe siècle, le Québec a été marqué par des vagues migratoires importantes provenant surtout de l'Europe du Nord, de l'Est et du Sud et, dans une moindre mesure, puisque les politiques canadiennes d'immigration étaient alors discriminatoires, de l'Asie. Étant donné la dynamique des rapports inégalitaires entre francophones et anglophones qui prévalait au moment de leur insertion, la forte majorité de ces immigrants, qui se concentraient à Montréal, ont adopté l'anglais comme langue seconde. Ainsi, ils se sont largement assimilés à la communauté anglophone, bien qu'à des degrés divers, selon leur appartenance religieuse ou « raciale » et les barrières qu'ils rencontraient. Le gouvernement québécois n'a pris conscience que relativement récemment de l'importance de ces enjeux, dans la foulée du déclin démographique des francophones et de ses conséquences appréhendées sur l'équilibre démolinguistique à Montréal, mais aussi de la redéfinition territoriale du nationalisme qui ouvrait la voie à une ouverture accrue aux personnes d'autres origines (Juteau, 2000; Mc Andrew et Audet, 2016).

Depuis 1978, le gouvernement québécois s'est donc engagé de façon marquée dans la sélection des immigrants, qui est un domaine de compétence partagée avec le gouvernement fédéral, où il poursuit quatre objectifs complémentaires: le redressement démographique, le développement économique, la vitalité du français et la solidarité internationale. Une augmentation graduelle des niveaux afin d'assurer le maintien du poids du Québec dans la Confédération canadienne est également visée. En 2014, le Québec a reçu 50 275 immigrants, soit 20 % de l'immigration totale au Canada. Près de 60 % de ces immigrants connaissaient déjà le français, mais ils provenaient de pays d'origine extrêmement variés[x] où les sources non traditionnelles (autre que l'Europe et l'Amérique du Nord) dominent, avec une présence particulièrement importante de l'Afrique du Nord. Ces développements ont accentué la présence et la visibilité des religions non judéo-chrétiennes, même si plus de 60 % de la population immigrée est chrétienne, alors que des confessions qui ont fait l'objet d'une couverture médiatique importante, comme l'Islam ou le sikhisme, ne regroupent respectivement que 3,15 % et 0,12 % des Québécois. Du fait du caractère sélectif de la Politique, les caractéristiques socioéconomiques et éducatives des nouveaux arrivants sont généralement plus favorables que celles de la population d'accueil, mais on note des différences intergroupes marquées à cet égard. Par ailleurs, bien que le gouvernement québécois poursuive une politique de régionalisation depuis une trentaine d'années, la concentration des immigrants sur l'île de Montréal continue d'être élevée. Cependant, les villes qui appartiennent à la grande région métropolitaine ou aux régions connexes reçoivent de plus en plus d'immigrants (Ministère de l'Immigration, de la Diversité et de l'Inclusion [MIDI], 2015).

La clientèle scolaire est donc de plus en plus diversifiée. En 2011-2012, les élèves qui n'ont ni le français, ni l'anglais, ni une langue autochtone comme langue maternelle, qu'on nomme au Québec les allophones, comptaient pour 14,2 %, alors que ceux qui sont nés à l'étranger ou dont l'un des deux parents est né à l'étranger, qu'on désigne au Québec comme issus de l'immigration, comptaient pour 23,2 %[xi]. Ces élèves sont inégalement répartis sur le territoire, même si l'évolution à cet égard reflète une régionalisation accrue de l'immigration. L'île de Montréal continue à recevoir la majorité des élèves issus de l'immigration, mais elle est de plus en plus talonnée par les banlieues alors que dans les autres régions, cette présence est marginale. Par ailleurs, quelques 40 ans après l'adoption de la loi 101, 93 % des élèves de 1re et de 2e générations sont inscrits dans une école du secteur français désormais davantage pluriethnique que le secteur anglais, même si ce dernier continue d'être marqué par la diversité culturelle[xii] (Ministère de l'Éducation, du Loisir et du Sport [MELS], 2014a).

Pour la réception de ces nouveaux arrivants, le gouvernement québécois a développé depuis 1978 un modèle original, dit interculturel, qui tente de répondre aux limites, réelles ou imputées, des deux modèles d'influence que représentent respectivement le multiculturalisme canadien et le républicanisme jacobin (Mc Andrew, 2016)[xiii]. Contrairement au multiculturalisme canadien, l'inter-culturalisme ne jouit pas d'une reconnaissance juridique ou institutionnelle au Québec. C'est un modèle qu'il faut dégager à travers de nombreux documents complémentaires, et parfois même contradictoires, qui l'ont réitéré depuis près de 40 ans. Parmi ceux-ci, le « contrat moral » de l'*Énoncé de politique sur l'immigration et l'intégration* constitue probablement la référence la plus consensuelle. Il s'appuie sur trois principes. Le premier statue que le Québec est « une société dont la langue commune de la vie publique est le français » et met l'accent sur la complémentarité de la promotion de l'usage du français et du respect des langues d'origine. Le second rappelle que c'est « une société démocratique où la participation et la contribution de tous sont attendues et favorisées » et insiste sur la lutte à la discrimination et à l'isolement interethnique. Finalement, le troisième le présente comme « une société pluraliste et ouverte aux apports multiples dans les limites qu'imposent le respect des valeurs démocratiques fondamentales et la nécessité de l'échange intercommunautaire » et prend position en faveur d'une « reconnaissance critique » de la diversité, qui se distingue à la fois du multiculturalisme et du jacobinisme (Ministère des Communautés culturelles et de l'Immigration du Québec [MCCI], 1990). Depuis le début des années 2000, l'interculturalisme a aussi été décliné en fonction de la nouvelle diversité religieuse à travers un modèle de « laïcité ouverte » qui privilégie la neutralité des institutions publiques dans leur fonctionnement et leur ethos. Toutefois, elle ne prétend pas étendre cette obligation aux individus qui les fréquentent, dont le droit à exprimer leur appartenance religieuse et à la prise en compte par les institutions est reconnu dans les limites du raisonnable (Taylor et Maclure, 2010).

Malgré des progrès significatifs, ces énoncés continuent d'être insuffisamment relayés sur le terrain (Mc Andrew et Arcand, 2013). On note entre autres une progression remarquable de la connaissance et de l'usage du français mais cette progression est généralement mal reconnue dans le débat public qui continue d'être dominé par l'insécurité linguistique. La redéfinition pluraliste de l'identité québécoise est encore largement inachevée et marquée entre autres par le clivage entre Montréal et les régions. Les attitudes face à l'immigration et à la diversité ethnoculturelle sont généralement favorables, mais celles qui concernent la diversité linguistique et surtout religieuse sont nettement plus négatives. Le Québec a ainsi vécu de nombreux dérapages ethnicisants lors d'une succession de débats sur la place de la religion dans l'espace public qui ont débuté avec la « Crise des accommodements raisonnables » en 2007-2008 et se sont poursuivis lors de la proposition d'une Charte des valeurs québécoises par le Parti Québécois en 2014. Mais le principal problème que rencontrent les immigrants et leurs descendants est celui de l'intégration socioéconomique, nettement plus problématique au Québec que dans d'autres provinces canadiennes, avec des taux de chômage et de déqualification élevés. Bien que les causes de ce phénomène soient multiples, il est clair que la discrimination directe et systémique y joue un rôle important et que les pouvoirs publics ne semblent pas vouloir l'aborder. Cette insertion socioéconomique difficile fait en sorte que la réussite scolaire des élèves issus de l'immigration est un enjeu extrêmement important pour leurs parents (Mc Andrew, Balde, Bakhshaei et al., 2015).

À cet égard, le bilan est plutôt favorable. Les élèves issus de l'immigration présentent un taux de diplomation secondaire et un taux de décrochage sensiblement équivalents à ceux de leurs pairs d'implantation plus ancienne et leur connaissance et leur maîtrise du français, telles que révélées aux examens ministériels, est appréciable. La loi 101 a aussi eu un impact significatif sur les usages linguistiques à l'école et sur les orientations linguistiques futures des jeunes issus de l'immigration, même si le plurilinguisme continue d'être la norme en dehors de l'école. Ce constat positif masque cependant d'importantes différences intergroupes, tant en ce qui concerne la réussite que l'intégration linguistique. Dans les deux cas, le rapport avec la langue de scolarisation et sa connaissance préalable jouent un rôle essentiel. Les jeunes issus de communautés francophones ou francophiles ont un profil beaucoup plus favorable que ceux qui appartiennent à des communautés anglophones ou anglophiles. Le statut générationnel joue aussi généralement dans le sens attendu. Ainsi, les élèves nés au pays ont des taux de réussite supérieurs et une maîtrise du français plus élevée que leurs pairs immigrants. Cependant, en ce qui concerne la réussite scolaire, la région d'origine des élèves, qui correspond en tout mais non totalement à leurs caractéristiques socioéconomiques, est un indicateur encore plus important. Les élèves originaires des Antilles, de l'Amérique Latine et de l'Asie du Sud ont un profil beaucoup plus négatif que leurs pairs de l'Asie de l'Est, de l'Afrique du Nord et de l'Europe. À plus long terme, les élèves issus de l'immigration se révèlent très résilients dans leur accès à l'enseignement collégial et universitaire, qui est presque équivalent à leur taux de diplomation secondaire et collégial (Mc Andrew, Ledent et Murdoch, 2011).

Par ailleurs, diverses recherches ont montré que les élèves issus de l'immigration ont un rapport globalement positif avec la scolarisation au Québec et un fort sentiment d'appartenance à l'école et qu'ils vivent généralement un développement identitaire harmonieux. Cependant, les élèves qui connaissent des difficultés académiques, arrivent avec un grand retard scolaire ou poursuivent leurs études à l'éducation des adultes ainsi que ceux qui appartiennent à des groupes marginalisés ou objets de stéréotypes, entre autres les jeunes des communautés noires et musulmanes, vivent une expérience nettement plus négative que les autres jeunes issus de l'immigration (Mc Andrew et al., 2015).

Ces résultats globalement positifs tiennent dans une large mesure au caractère sélectif de la Politique d'immigration et au capital culturel élevé qu'il génère au sein de nombreuses familles immigrées. Mais il faut aussi reconnaître le dynamisme du ministère et des milieux scolaires québécois à s'adapter à la nouvelle réalité pluriethnique à partir du début des années 1980, en contraste avec l'engagement limité décrit plus haut relativement aux autochtones ou aux rapports entre francophones et anglophones.

L'encadrement principal à cet égard est la *Politique d'intégration scolaire et d'éducation interculturelle* adoptée par le ministère de l'Éducation en 1998 (Ministère de l'Éducation du Québec [MEQ], 1998; MELS, 2014b). Elle s'articule autour de trois principes d'action qui reflètent étroitement les trois principes du « contrat moral », soit la maîtrise du français langue commune, la promotion de l'égalité des chances et l'éducation à la citoyenneté démocratique dans un contexte pluraliste. Huit orientations normatives sont mises de l'avant. Les trois premières concernent l'intégration scolaire, respectivement la responsabilité de l'ensemble du personnel à l'égard de l'intégration des élèves nouvellement arrivés, la nécessité d'une intervention immédiate et appropriée, ainsi que l'importance du partenariat avec la famille et la communauté. Deux autres orientations portent sur la maîtrise et la valorisation du français comme langue commune de la vie publique et comme véhicule de culture. Les trois dernières viennent préciser les actions en matière d'éducation interculturelle, entre autres l'équilibre entre les valeurs communes et la promotion de la diversité, dans le programme et la vie scolaire ainsi que dans le recrutement, la formation et le perfectionnement des intervenants. Pour les milieux pluriethniques, surtout montréalais, qui recevaient des immigrants depuis la fin des années 1970, cette Politique venait réitérer un ensemble de principes qui avaient déjà été mis en œuvre et actualisés par des mesures concrètes. Cependant, la Politique visait aussi à étendre la préoccupation de l'éducation interculturelle aux régions qui recevaient encore peu d'immigrants. Malheureusement, implantée au même moment qu'une réforme scolaire ambitieuse qui mobilisait l'essentiel des énergies, elle a eu peu d'impact dans ces régions considérées homogènes. L'intérêt pour ces enjeux s'y est en effet développé essentiellement lorsqu'elles ont commencé à recevoir des élèves issus de l'immigration sous l'effet de la régionalisation décrite plus haut.

La Politique s'incarne dans un ensemble de programmes et d'interventions, généralement bien reçus mais dont certains suscitent des débats, tant au sein du milieu scolaire que dans la société élargie (Mc Andrew, 2010). Le pilier de l'intégration scolaire des immigrants est clairement le soutien à l'apprentissage du français par le biais de classes d'accueil qui permettent aux nouveaux arrivants allophones de bénéficier d'un enseignement intensif du français dans une classe bénéficiant d'un ratio réduit, théoriquement pour un an. La recherche montre que ce modèle est particulièrement efficace pour les élèves qui intègrent l'école québécoise au primaire et au début du secondaire. Par contre, il répond mal à la réalité des élèves sous-scolarisés qui immigrent à l'adolescence et dont les besoins de formation professionnelle doivent être pris en compte ainsi qu'à celle des élèves nés au Québec ou qui intègrent le système scolaire québécois au préscolaire ou au début du primaire et qui pourraient bénéficier d'un apprentissage plus rapide par une insertion directe en classe régulière (De Koninck et Armand, 2012). Depuis 1998, le ministère privilégie donc la diversification des modèles d'accueil, tant en ce qui concerne le degré d'intégration des élèves à la classe régulière que le rôle qu'y jouent leurs langues d'origine. Il y a cependant des résistances à cet égard. Elles sont généralement de type corporatiste en ce qui concerne le premier enjeu[xiv], alors que, dans le cas du second, il s'agit plutôt d'une opposition de type sociopolitique. En effet, même si le Québec a mis de l'avant un programme d'enseignement des langues d'origine depuis 1978 et qu'on expérimente de plus en plus d'activités de valorisation du multilinguisme en classe, plusieurs enseignants doutent encore que les langues d'origine puissent être un atout favorisant l'apprentissage du français et craignent même que le plurilinguisme en milieu scolaire ne vienne éroder l'impact de la loi 101 (MELS, 2008).

En ce qui concerne l'éducation interculturelle, en plus d'une révision des manuels scolaires pour assurer le traitement adéquat des personnages appartenant à des minorités et représentatifs de la diversité, qui remonte au début des années 1980 et de l'énoncé d'objectifs transversaux sur le vivre-ensemble lors de la Réforme de 2000, deux programmes jouent un rôle essentiel. D'une part, le programme d'Histoire et d'éducation à la citoyenneté au secondaire[xv] s'est graduellement éloigné du récit narratif unique pour insister sur la compétence à interroger les réalités historiques et met un accent accru sur l'apport de l'immigration à la construction du Québec. Cette évolution, que nombre d'enseignants, de chercheurs et de citoyens ont saluée parce qu'elle représente bien la réalité pluraliste québécoise, a été dénoncée par d'autres comme un complot des « multiculturalistes » visant à éradiquer la mémoire collective des francophones (Éthier et al., 2008). D'autre part, le programme d'Éthique et de culture religieuse, qui a remplacé l'enseignement confessionnel, vise à favoriser la reconnaissance de chacun des élèves dans leur appartenance ou leur non-appartenance à une tradition religieuse et à soutenir le partage de valeurs et de projets collectifs dans une société pluraliste. Il est contesté par les laïcs purs et durs qui y voient une réintroduction de l'enseignement religieux « par la bande » et par certains parents, surtout chrétiens, qui font valoir que la présentation équilibrée de toutes les religions représente une atteinte à leur droit de transmettre leurs croyances religieuses à leurs enfants, surtout au primaire. À l'inverse, ses partisans le perçoivent comme une voie d'avenir pour le vivre-ensemble, entre autres parce qu'il concilie de manière équilibrée la transmission des traditions religieuses historiquement dominantes au Québec à la sensibilisation et à l'ouverture aux religions récemment installées sur son territoire (Estivalèzes, Tremblay et Milot, 2013).

La prise en compte de la diversité ethnoculturelle passe aussi par le curriculum réel, comme en témoignent les deux objectifs de la Politique de 1998 visant respectivement la présence d'un personnel multiethnique et la prise en compte de la diversité dans les normes et les pratiques des écoles. Sur ces deux dossiers, les progrès sont à géométrie variable (Mc Andrew et Audet, 2010). Depuis une dizaine d'années, on a noté un accroissement significatif de la présence d'enseignants d'origines diverses dans l'ensemble des écoles québécoises et plus spécifiquement à Montréal. Cependant, malgré les efforts des facultés des sciences de l'éducation et du ministère de l'Éducation pour promouvoir ce choix de carrière auprès des élèves issus de l'immigration entièrement scolarisés au Québec, cette augmentation résulte plutôt de la présence de personnes très récemment arrivées qui étaient soit enseignants dans leur pays d'origine ou qui se recyclent à cause des problèmes socioéconomiques évoqués plus haut. Cette nouvelle présence, même si elle contribue à l'existence d'une diversité de modèles pour les élèves de toutes origines, n'est pas sans susciter des défis sur le plan pédagogique, puisque ces personnes ont souvent des valeurs et des approches différentes de celles qui dominent au Québec, ainsi que sur celui de la gestion des ressources humaines, puisque les relations interculturelles entre le personnel suscitent parfois des frictions.

En ce qui concerne les normes et les pratiques des écoles, plusieurs recherches illustrent un foisonnement d'activités qui visent à mieux adapter les établissements à leur clientèle, plus particulièrement en milieu pluriethnique, comme le jumelage entre les parents francophones et les parents allophones, la traduction des codes de vie, l'adaptation des travaux scolaires lors du Ramadan ou encore l'accès de tous les élèves à un local pour se recueillir (Mc Andrew, 2010). Lorsque ces adaptations résultent d'un consensus des acteurs de l'école, ces « ajustements volontaires » sont généralement bien perçus et considérés comme des moyens d'actualiser la mission d'égalité des chances et d'éducation interculturelle de l'établissement. Cependant lorsqu'elles résultent de contraintes juridiques, ce qui est souvent le cas pour les demandes liées à la diversité religieuse, fortement protégée par les Chartes des droits québécoise et canadiennes, certains « accommodements raisonnables » suscitent d'importantes résistances[xvi] (Comité consultatif sur l'intégration et l'accommodement raisonnable en milieu scolaire [CCIARMS], 2007). Partisans et opposants de telles mesures ont des perceptions très différentes de leur impact tant sur l'intégration harmonieuse ou sur la ghettoïsation des élèves concernés que sur leur compatibilité avec d'autres droits, entre autres l'égalité des sexes (Bouchard et Taylor, 2008).

Conclusion

Les rapports ethniques au Québec associent des groupes définis à partir de marqueurs différents et dont les situations historiques sur le plan de l'organisation scolaire sont fortement distinctes. L'éducation a contribué significativement à une évolution marquée de ces rapports depuis les 50 dernières années, même si le bilan demeure beaucoup plus positif en ce qui concerne la scolarisation des élèves issus de l'immigration et leurs relations avec les francophones d'implantation ancienne que pour les anglophones et surtout les autochtones, qui connaissent une situation scolaire extrêmement problématique.

Plusieurs des défis que nous avons identifiés sont spécifiques au Québec ou y prennent des formes particulières qui reflètent son caractère minoritaire en Amérique du Nord, son statut linguistique ou constitutionnel complexe ou encore l'héritage d'isolement entre divers groupes qui y a longtemps prévalu. Toutefois, d'autres semblent davantage inscrire le Québec dans la dynamique de l'ensemble des sociétés pluriethniques et de leur système de formation, confrontés à la nécessité de l'ouverture dans un contexte international, et parfois même local, où les inégalités, les tensions et les replis identitaires sont en croissance.

Face à toutes ces questions, et même à celles qui semblent marquées par la spécificité québécoise, des échanges accrus d'un contexte national à un autre sur les problématiques et les pratiques gagnantes s'imposent et, à cet égard, malgré leurs différences, le Brésil et le Québec auraient intérêt à intensifier leur dialogue.

Références

Beaulieu, A., Gervais, S., & Papillon, M. (Dirs.). (2013). *Les Autochtones et le Québec. Des premiers contacts au Plan Nord.* Montréal: Presses de l'Université de Montréal.

Bouchard, G., & Taylor, C. (2008). *Fonder l'avenir, le temps de la conciliation.* Québec: Commission de consultation sur les pratiques d'accommodement reliées aux différences culturelles.

Bourhis, R. Y. (2012). Psychologie sociale des relations entre les communautés francophones et anglophones du Québec: de la vitalité au linguicisme. Dans R. Y. Bourhis (Dir.), *Déclin et enjeux des communautés de langue anglaise du Québec* (pp. 337-404). Ottawa: Patrimoine Canada, Institut canadien de recherche sur les minorités linguistiques.

Bureau du directeur parlementaire du budget. (2016). *Dépenses fédérales en matière d'éducation primaire et secondaire dans les réserves des Premières Nations.* Ottawa: Gouvernement du Canada.

Caldwell, G. (1982). *The English of Quebec: from majority to minority status.* Québec: Institut québécois de recherche sur la culture.

Comité consultatif sur l'intégration et l'accommodement raisonnable en milieu scolaire (CCIARMS). (2007). *Une école québécoise inclusive: dialogue, valeurs et repères communs.* Rapport présidé par B. Fleury et présenté à la ministre de l'Éducation du Loisir et du Sport.

Commission d'enquête sur la situation de la langue et des droits linguistiques au Québec (1972). *Rapport de la Commission d'enquête sur la situation de la langue et des droits linguistiques au Québec.* Québec: Gouvernement du Québec.

Commission de vérité et réconciliation du Canada (2015). *Honorer la vérité, réconcilier pour l'avenir.* Rapport. Winnipeg: Commission de vérité et réconciliation du Canada.

Commission des droits de la personne et des droits de la jeunesse (CDPDJ). (2009). *Mythes et réalités sur les peuples autochtones.* Montréal: Commission des droits de la personne et des droits de la jeunesse.

Commission royale sur les peuples autochtones (1996). *Volume 1 -Un passé, un avenir.* Ottawa: Gouvernement du Canada.

Conseil en Éducation des Premières Nations. (2009). *Soutenir un cadre financier complet et équitable.* Repéré à: http://www.cepn-fnec.com/PDF/etudes_documents/Soutenir_cadre_financement.pdf

Côté, B. (2009). *PELIQ-AN 2008-2009.* Rapport de recherche soumis au ministère de l'Éducation, du Loisir et du Sport. Université de Sherbrooke.

De Koninck, Z., & Armand, F. (2012). *Portrait des services d'accueil et d'intégration scolaire des élèves issus de l'immigration.* Rapport déposé au Ministère de l'Éducation, du Loisir et du Sport.

Estivalèzes, M., Tremblay, S., & Milot, M. (2013). *Le cours d'Éthique et culture religieuse: un révélateur des tensions entourant la place de la religion à l'école?* Repéré à: http://www.ceetum.umontreal.ca/documents/capsules/2013-enjeux/est-tre-mil-enj-2013.pdf

Éthier, M.-A., Lanthéaume, F., Lefrançois, D., & Zanazanian, P. (2008). L'enseignement au Québec et en France des questions controversées en histoire: tensions entre politique du passé et politique de la reconnaissance dans les curricula. *Éducation et francophonie, 34*(1), 65-86.

Hackett-Fisher, D. (2011). *Le rêve de Champlain.* Montréal: Boréal.

Hot, A. (2010). *L'école des Premières Nations au Québec.* Cahier DIALOG no 2010-01. Montréal: DIALOG et INRS.

Jedwab, J., & Maynard, H. (2008). Politics of Community: The Evolving Challenge of Representing English-Speaking Quebecers. Dans R. Y. Bourhis (Dir.), *The Vitality of the English-Speaking Communities of Quebec: From Community Decline to Revival* (pp. 165-184). Montréal: Université de Montréal.

Juteau, D. (2000). Du dualisme canadien au pluralisme québécois. Dans M. Mc Andrew & F. Gagnon (Dirs.), *Relations ethniques et éducation dans les sociétés divisées: Québec, Irlande du Nord, Catalogne et Belgique* (pp. 17-38). Montréal: L'Harmattan.

Lacoursière, J., Provencher, J., & Vaugeois, D. (2000). *Canada-Québec: 1534 à 2000.* Québec: Septentrion.

Laurier, D., & Bouchard, C. (2015). Regard sur une expérience de terrain en éducation artistique basée sur la transmission de l'art autochtone actuel. *Revue de la persévérance et de la réussite scolaires chez les premiers peuples, 1*, 88-91.

Levine, M. (1990). *The Reconquest of Montreal: Language Policy and Social Change in a Bilingual City.* Temple University Press.

Mc Andrew, M. (2010). *Les majorités fragiles et l'éducation: Belgique, Catalogne, Irlande du Nord, Québec.* Montréal: Presses de l'Université de Montréal.

Mc Andrew, M. (2016). Interculturalism in Québec: Competing visions and current debates. Dans Cooke (Dir.), *New Work on Immigration and Identity in Contemporary France, Ireland and Quebec,* numéro spécial, *Comparative Literature and Culture, 18*(4).

Mc Andrew, M., & Arcand, S. (2013). La politique québécoise d'immigration, d'intégration et d'interculturalisme: un bilan critique/Quebec immigration, integration and interculturalism policy: A critical assessment. *Diversité canadienne/Canadian Diversity, 10*(1), 16-21.

Mc Andrew, M., & Audet, G. (2010). Trente ans d'adaptation institutionnelle à la diversité en milieu scolaire: bilan et défis. *Nos diverses cités,* (7), 129-135.

Mc Andrew, M., & Audet, G. (2016). La diversité ethnoculturelle et les rapports ethniques au Québec: le contexte historique et social. Dans M. Potvin, M.-O. Magnan & J. Larochelle-Audet (Dirs.), *Éducation et diversité ethnoculturelle, religieuse et linguistique: théorie et pratique* (pp. 2-18). Montréal: Fides Éducation.

Mc Andrew, M., Balde, A., Bakhshaei, M., Tardif-Grenier, K., Audet, G., Armand, F., Guyon, S., Ledent, J., Lemieux, G., Potvin, M., Rahm, J., Vatz Laaroussi, M., Carpentier, A., & Rousseau, C. (2015). *La réussite éducative des élèves issus de l'immigration. Dix ans de recherche et d'intervention au Québec.* Montréal: Presses de l'Université de Montréal.

Mc Andrew, M., Ledent J., & Murdoch, J. (coll. R. Ait-Saïd). (2011). *La réussite scolaire des élèves issus de l'immigration au secondaire.* Rapport final au ministère de l'Éducation, du Loisir et du Sport du Québec.

Ministère de l'Éducation (MEQ). (1998). *Une école d'avenir: La politique d'intégration scolaire et d'éducation interculturelle.* Québec: Gouvernement du Québec.

Ministère de l'Éducation, du Loisir et du Sport (MELS). (2008). *Évaluation du Programme d'enseignement des langues d'origine.* Québec: Gouvernement du Québec.

Ministère de l'Éducation, du Loisir et du Sport (MELS). (2014a). *Cadre de référence. Accueil et intégration des élèves issus de l'immigration au Québec: Portrait des élèves – Soutien au milieu scolaire.* Gouvernement du Québec.

Ministère de l'Éducation, du Loisir et du Sport (MELS). (2014b). *La politique d'intégration scolaire et d'éducation interculturelle (1998)*. Rapport d'évaluation. Québec: Gouvernement du Québec.

Ministère de l'Immigration, de la Diversité et de l'Inclusion (MIDI). (2015). *Portraits statistiques: L'immigration permanente au Québec selon les catégories d'immigration et quelques composantes 2010-2014*. Québec: Gouvernement du Québec.

Ministère des Communautés culturelles et de l'Immigration (MCCI). (1990). *Au Québec pour bâtir ensemble. Énoncé de politique en matière d'immigration et d'intégration*. Québec: Gouvernement du Québec, Éditeur officiel.

Mollen, Y., & St-Onge, H. (2015). Préserver l'héritage de nos ancêtres par les nouvelles technologies. *Revue de la persévérance et de la réussite scolaires chez les premiers peuples, 1*, 92-93.

Office québécois de la langue française (OQLF). (2016). *Indicateurs de suivi de la situation linguistique au Québec: portrait démolinguistique 1996-2011*. Québec: Gouvernement du Québec.

Pagé, M., & Olivier, C.-E. (2012). *Importance et priorité du français pour la population québécoise: étude exploratoire*. Québec: Conseil supérieur de la langue française.

Rioux, M. (1965). Conscience ethnique et conscience de classe au Québec. *Recherches sociographiques, 6*(1), 23-32.

Secrétariat aux affaires autochtones (2014). *Moments marquants*. Repéré à: http://www.autochtones.gouv.qc.ca/relations_autochtones/moments-marquants.htm

Secrétariat aux affaires autochtones (2015). *Statistiques des populations autochtones du Québec 2015*. Repéré à: http://autochtones.gouv.qc.ca/nations/population.htm

Sénat Canada. (2011). *L'épanouissement des communautés anglophones du Québec: du mythe à la réalité*. Rapport. Ottawa: Comité sénatorial permanent des langues officielles.

Sioui, B. (2016). Portrait historique des Premières Nations au Québec, de leurs caractéristiques actuelles et de la scolarisation des jeunes Autochtones. Dans M. Potvin, M.-O. Magnan & J. Larochelle-Audet (Dirs.), *Éducation et diversité ethnoculturelle, religieuse et linguistique: théorie et pratique* (pp. 41-50). Montréal: Fides Éducation.

Statistique Canada. (2015). *Un aperçu des statistiques sur les Autochtones. Deuxième édition*. Repéré à: http://www.statcan.gc.ca/pub/89-645-x/89-645-x2015001-fra.htm

Taylor, C., & Maclure, J. (2010). *Laïcité et liberté de conscience*. Montréal: La Découverte.

Vallières, P. (2011). *Nègres blancs d'Amérique* (première éd. 1968). Montréal: Typo.

[i] En témoigne par exemple le nom *eskimos* (mangeurs de viande crue) que donnaient les populations autochtones du sud à ceux que l'on désigne désormais comme *inuits*.

[ii] Liées en grande partie à l'insurrection appréhendée dans les colonies britanniques du sud qui allaient devenir les États-Unis.

[iii] Le jugement Malouf de 1973, donnant gain de cause à la nation crie, ordonne l'arrêt des travaux de développement hydroélectrique de la Baie James et mènera deux ans plus tard à la Convention de la Baie James qui leur accorde un statut distinct.

[iv] À l'été 1990, la Crise d'Oka oppose des manifestants de la nation mohawk au Gouvernement du Québec à propos d'un projet immobilier et de l'agrandissement d'un terrain de golf sur des terres en litige où se trouve un cimetière mohawk.

[v] Entre autres, s'ils vivent sur la réserve, ils ne paient pas d'impôts, le gouvernement fédéral pourvoit à nombre de leurs besoins, etc.

[vi] Cependant, il est important de noter que le Québec fait exception à cet égard. Les peuples autochtones n'y ont en effet jamais signé de renonciation sur leurs droits territoriaux.

[vii] La dépense moyenne du Fédéral par élève autochtone est de 30 à 50% inférieure à celle des gouvernements provinciaux, dont le Québec, par élève (Bureau du directeur parlementaire du budget, 2016).

[viii] Signalons par exemple l'absence de statistiques ministérielles fiables sur leur présence et leur cheminement qui contraste avec le développement des indicateurs relatifs à la population immigrante.

[ix] Il se manifesterait une discrimination axée sur l'accent ou sur le simple fait qu'on considèrera qu'un anglophone est moins en mesure de remplir un emploi demandant la maitrise du français qu'un locuteur natif (Bourhis, 2012).

[x] Les cinq plus importants de 2010 à 2014, la Chine, la France, l'Algérie, Haïti et le Maroc ne comptent que pour 38% de l'immigration.

[xi] La différence entre ces deux pourcentages illustre bien l'importance de l'immigration francophone.

[xii] Il est fréquenté essentiellement par des élèves de 2e et de 3e générations ayant droit à l'enseignement à l'anglais en vertu de la loi parce que leurs

parents fréquentaient ce secteur avant 1977, ainsi que par des élèves de 1re génération qui correspondent à quelques exceptions qu'elle prévoit.

[xiii] En ce qui concerne le premier, on veut éviter l'effet de ghettoïsation et le maintien de pratiques traditionnelles non démocratiques. En ce qui concerne le second, on questionne le manque de réalisme de prétendre confiner la diversité à l'espace privé et surtout l'impact potentiel d'une telle position sur l'actualisation de l'égalité des chances.

[xiv] Les enseignants du régulier craignent de recevoir trop d'élèves à besoins particuliers sans les ressources nécessaires.

[xv] Nommé au primaire univers social.

[xvi] L'exemple le plus visible à cet égard est l'autorisation du port du kirpan par un élève sikh en 2006 par la Cour suprême, sous certaines restrictions, qui a été à l'origine de la « crise des accommodements raisonnables » mentionnée plus haut.

CHAPITRE II

DIVERSITÉ ET ÉDUCATION AU BRÉSIL: CONTEXTE ET ENJEUX

Martha Kaschny Borges
Geovana Mendonça Lunardi Mendes

1. Introduction - Les relations ethniques, sociales et historiques au Brésil: quelques jalons

Nous nous construisons à travers la lutte pour devenir une nouvelle civilisation, métisse et tropicale, fière d'elle-même. D'autant plus joyeuse qu'elle a souffert. Meilleure, parce qu'elle intègre en elle, encore plus d'humanité. Plus généreuse, parce qu'ouverte au vivre-ensemble entre toutes les races et les cultures et parce qu'elle se trouve dans le plus beau et le plus lumineux lieu de la Terre. (Ribeiro, 1995, p. 455)

Le Brésil est un pays multiracial composé de personnes de cultures différentes avec des identités différentes, ce qui lui donne une riche diversité culturelle, mais qui révèle, en même temps, des conflits et des inégalités. Le but de ce chapitre est de présenter une brève discussion sur la formation de la société brésilienne au cours des cinq derniers siècles, sur les mouvements sociaux issus de cette diversité ethnique et culturelle et sur la façon dont l'école, en particulier par le biais des politiques d'éducation de la dernière décennie, a pris en compte cette diversité.

La société brésilienne s'est construite à partir de la confluence des sujets de différentes origines ethniques et raciales: les peuples autochtones qui habitaient le territoire brésilien avant l'arrivée des explorateurs portugais en 1500, les Africains amenés comme esclaves à partir de 1550, les colons portugais venus pendant la période où le Brésil était une colonie, les mouvements migratoires constitués d'Européens, d'Arabes et d'Asiatiques principalement pendant la fin du XIXe siècle et après la première guerre et, plus récemment, les immigrants en provenance des pays sud-américains ainsi que des Haïtiens et des Sénégalais.

Le processus de métissage, commencé au XVe siècle et encore présent aujourd'hui, constitue un phénomène étudié par de nombreux historiens ainsi que par des anthropologues et par des sociologues qui tentent de définir et de comprendre la complexité et la diversité du peuple brésilien. Parmi eux, on trouve Gilberto Freyre, Sérgio Buarque de Holanda, Fernando de Azevedo, Florestan Fernandes, Darcy Ribeiro, et plus récemment, Roberto da Matta. Ces auteurs sont unanimes à dire que la richesse de la diversité culturelle du pays est l'une des caractéristiques les plus frappantes de la culture brésilienne, et qu'elle résulte d'un long processus sociohistorique et ethnique, diversifié et intense. Par ailleurs, ce processus d'interaction, d'intégration et de métissage se produit dans un pays aux dimensions territoriales continentales, qui maintient une même langue nationale, héritée de la colonisation portugaise et coexistant avec plus d'une centaine de langues autochtones.

En ce sens, nous ne pouvons pas parler d'une seule « culture brésilienne », mais plutôt de plusieurs « cultures brésiliennes », en raison de cette pluralité culturelle et ethnique et, par conséquent, sociale et culturelle. L'anthropologue Darcy Ribeiro (1995), dans son important travail intitulé *O povo Brasileiro: a formação e o sentido do Brasil* (*Le peuple brésilien: la formation et le sens du Brésil*), mentionne:

Nous avons émergé de la confluence, du choc et du métissage de l'envahisseur portugais avec les autochtones et les Noirs africains, les uns et les autres traités comme des esclaves. (...) La société et la culture brésilienne sont été formées par des variantes de la version portugaise de tradition civilisatrice de l'Europe occidentale et par l'héritage coloré des Indiens d'Amérique. (p. 20)

Afin de comprendre le processus de constitution des « cultures brésiliennes », nous présentons ci-dessous un bref aperçu de l'évolution historique qui a abouti à la composition de la population brésilienne actuelle.

2. La constitution de la population brésilienne et les relations intergroupes

En résumé, le territoire brésilien a été formé à partir de cinq grandes vagues migratoires. D'abord, nous avons des indices de la présence des peuples autochtones descendants de groupes humains présents depuis 12 000 ans. Ensuite, en 1500, arrivent des navigateurs portugais qui commencent la conquête et la colonisation du territoire. Les Portugais ont dû rivaliser pour l'espace avec les Espagnols, qui voulaient eux aussi conquérir la « nouvelle terre ». Puis, de 1530 à 1850, ce sont les Africains qui sont amenés comme esclaves dans le pays. Enfin, de la fin du XIXe siècle au début du XXe siècle, survient une autre vague migratoire, constituée d'Européens, d'Asiatiques et de peuples du Moyen-Orient.

2.1 L'identité, le territoire et le métissage pendant la période coloniale: les populations autochtones et quilombolas

Des études archéologiques montrent que le territoire brésilien actuel présente des preuves de l'occupation par les populations paléo-indiennes. L'archéologue américaine Anna Roosevelt, citée dans l'œuvre d'Oliveira et Freire (2006), a étudié des indices trouvés en Amazonie brésilienne qui révèlent l'existence de sociétés complexes et sophistiquées en matière de développement technologique (céramique) et d'organisation sociale.

Selon les travaux de l'ethnologue Curt Nimuendaju, au moment de la « découverte » du territoire par les Portugais dans les années 1500, il y aurait eu environ 1 400 peuples autochtones répartis sur le territoire correspondant au Brésil de l'époque. Ces peuples appartenaient à de grandes familles linguistiques, telles que les langues tupi-guarani, jê, karib, aruák, xirianá, toucans etc., réparties à différents endroits avec différentes formes d'organisation sociale (Oliveira et Freire, 2006).

Il existe différentes estimations sur la taille de la population autochtone au moment de la « découverte », selon la méthode anthropologique de calcul (zone occupée par le village, densité de la population, etc.). Ces variations sont également attribuables au manque de registres précis. Toutefois, les estimations montrent qu'à cette époque, la population autochtone se situait entre deux et cinq millions d'individus, distribués en diverses « nations ». Dans un document préparé pour les célébrations du 500ᵉ anniversaire de la « découverte » du Brésil, l'*Instituto Brasileiro de Geografia e Estatística* (Institut brésilien de géographie et de statistique, IBGE) mentionne que les groupes les plus représentatifs et qui occupaient les extensions territoriales les plus grandes étaient les Jê et les Tupi-Guarani (IBGE, 2000).

Selon les données officielles du recensement de 2000, environ 350 000 personnes qui se reconnaissent comme autochtones, vivent actuellement dans la région alors définie comme faisant partie du Brésil. Cette population se répartit en 220 peuples et déclare environ 170 langues (IBGE, 2010). Nous constatons, par conséquent, que la population autochtone brésilienne actuelle ne représente qu'une fraction de la riche et diverse population autochtone qui existait au Brésil au moment de la « découverte ». Ce processus est le résultat d'un intense génocide et ethnocide commis contre ces peuples au cours des cinq derniers siècles (Oliveira et Freire, 2006).

Dans une visée de conquête et d'expansion de celle-ci à travers l'occupation du territoire, les Portugais ont non seulement exercé une forte exploitation des autochtones, mais ont également amené des Africains comme esclaves sur le territoire conquis. Malgré le manque de données précises, on estime qu'entre le XVIe siècle et le milieu du XIXe siècle « plus de 11 millions d'hommes, de femmes et d'enfants africains ont été transportés vers les Amériques » (Albuquerque et Fraga Filho, 2006, p. 39).

Le Brésil est de loin le pays qui a reçu le plus d'esclaves dans le monde. Entre les années 1501 et 1866, environ cinq millions et demi d'Africains ont fait la traversée de l'Afrique vers le Brésil, dans ce que l'on a appelé les « navires négriers ». Si un peu plus de quatre millions d'Africains sont arrivés en vie au pays, on estime que plus d'un million et demi de personnes ont péri pendant le voyage (IBGE, 2000). Il est important de rappeler que ces hommes ont été emmenés de force de leurs terres dans des conditions inhumaines et qu'ils ont vécu sur le territoire brésilien comme des esclaves pendant plus de trois siècles. Les conditions de vie et de travail d'esclave auxquelles ils ont été soumis les assimilaient au statut de marchandise, leur imposant, par la force et par la loi, l'obéissance totale à leurs maitres avec l'obligation de travailler du lever au coucher du soleil.

Dans la seconde moitié du XVIe siècle, la traite des esclaves est devenue une grande entreprise générant d'énormes profits sur les côtes du Brésil et de l'Afrique. Elle fut même considérée comme l'activité la plus lucrative dans l'Atlantique Sud. Pour les conquérants européens, la traite était justifiée par l'évangélisation des Africains païens, qui avaient ainsi la chance d'obtenir le salut des âmes des esclaves. Pour le Père Antonio Vieira, une référence dans la catéchèse et le système d'éducation au Brésil colonial, la traite des Africains dans le pays serait considérée comme un « grand miracle » de Notre-

Dame-du-Rosaire. Au XVIIIe siècle, en complémentarité avec cette justification religieuse, la traite des esclaves dans l'Atlantique a été fondée sur le concept de civilisation, sur l'idée d'une sorte de « croisade » contre la barbarie et la sauvagerie africaine (Albuquerque et Fraga Filho, 2006).

L'arrivée des Africains en tant qu'esclaves a joué un rôle important dans le processus de colonisation portugaise du Brésil. Sans la participation des Africains, les Portugais n'auraient pas été en mesure d'occuper, de maintenir et d'étendre les terres occupées au moment de la « découverte » et de faire face aux autres pays colonisateurs qui voulaient, eux aussi, occuper, coloniser et exploiter les richesses trouvées dans les pays « découverts ». Cela s'explique du fait qu'au XVIe siècle, la population portugaise ne suffisait pas à assurer l'occupation de la colonie et l'expansion maritime.

> *Ce sont les Africains et leurs descendants, avec les Indiens esclaves, qui ont exploré les bois, érigé les villes et les ports, traversé les rivières, ouvert des routes menant aux régions les plus reculées du territoire. Dans cette marche vers l'intérieur, ils se sont battus avec les peuples autochtones opposés à la conquête du colonisateur ou ils se sont joints à ces derniers dans leur fuite dans les bois pour former des quilombos. Ce sont aussi les esclaves qui conduisaient les troupes et le transport de charges ayant rendu possible l'échange entre l'intérieur et les villes côtières. (Albuquerque et Fraga Filho, 2006, p. 42)*

En 1888, lorsque l'abolition de l'esclavage a été adoptée, l'ensemble des esclaves africains représentait une portion importante de la population brésilienne. Les estimations montrent que le Brésil avait une population de 3 818 000 habitants, dont 1,93 million d'esclaves. Cela signifie qu'à la fin du XIXe siècle, près de la moitié de la population était constituée d'Africains et de leurs descendants. Plus encore, en 1850, quand le commerce des esclaves a été interdit au Brésil, la plupart de ces derniers étaient nés en Afrique, ce qui démontre l'intensité de la traite.

La période d'esclavage a séparé les familles des esclaves et a dispersé les individus appartenant à divers groupes ethniques à l'échelle du pays. Du XVIᵉ au XIXᵉ siècle, certains esclaves qui réussissaient à s'échapper des plantations esclavagistes se sont réfugiés dans les bois et se sont regroupés pour former des villages appelés *quilombos*, afin de résister et de survivre. Selon *l'Associação Brasileira de Antropologia* (Association brésilienne d'anthropologie), les *quilombos* sont des communautés noires rurales qui regroupent des descendants d'esclaves ainsi que quelques réfugiés autochtones et blancs. Ces communautés possédaient une organisation économique et sociale particulière, basée sur l'agriculture de subsistance et sur une vie culturelle entretenant de forts liens avec le passé, en particulier avec les traditions culturelles africaines. Habituellement, les *quilombos* cherchaient à s'intégrer à la région où ils se trouvaient et pouvaient compter sur la solidarité des commerçants locaux, des captifs des fermes voisines, des petits agriculteurs, des riverains et même de certains fermiers (IBGE, 2000). Les *quilombos* ont été créés dans diverses régions du pays et avaient des tailles différentes en termes de population, pouvant aller de 5 000 à plus de 20 000 personnes.

L'existence des *quilombos* a constitué une forme de lutte et de résistance contre l'esclavage et une façon, pour leur population, de préserver les liens familiaux et culturels avec leurs groupes d'origine. Les manifestations religieuses, ludiques, comportant des danses, des chants et des rituels, étaient fréquentes. Depuis plus de trois siècles, les *quilombos* se sont constitués comme lieux de la résistance africaine et de ses descendants.

Le plus célèbre *quilombo* créé du Brésil, est le *Quilombo de Palmares*. Situé dans la région de la Serra da Barriga, aujourd'hui dans l'État d'Alagoas, il a connu son apogée pendant la seconde moitié du XVIIᵉ siècle. Vers l'an 1670, ce *quilombo* abritait environ 20 000 personnes (Carneiro, 1966). Encore aujourd'hui, son chef Zumbi est un important symbole de la lutte des Afro-Brésiliens contre l'oppression et la discrimination.

À l'heure actuelle, on estime que plus de 2 000 communautés *quilombolas* sont vivantes et actives. Aujourd'hui, leurs luttes se concentrent sur la légalisation de leurs terres qui ont été reconnues dans la Constitution fédérale de 1988 et, surtout, sur le maintien de leur culture et de leurs traditions africaines. Les communautés *quilombolas* se trouvent dans tout le Brésil et sont présentes dans presque tous les États. Comme d'autres mouvements sociaux paysans, elles ont obtenu des gains en matière d'éducation comme le droit d'accès à une éducation de base adaptée, qui tient compte de leurs caractéristiques culturelles.

Outre les mouvements de résistance qui se sont développés dans les *quilombos* à l'échelle de tout le pays, des mouvements de lutte initiés par des esclaves afin de se libérer des conditions inhumaines auxquelles ils ont été soumis ont également eu lieu dans les villes. Parmi ces soulèvements, un des plus importants est la *Revolta dos Malês*, qui a eu lieu dans la ville de Salvador, Bahia, du 25 au 27 janvier 1835 et qui a impliqué environ 1500 noirs islamiques exerçant librement des activités comme celles de tailleurs, de petits commerçants, d'artisans et de charpentiers. Bien que libres, ces derniers étaient victimes de discrimination du fait d'être noirs et adeptes à l'Islam et poursuivaient plusieurs objectifs, dont l'abolition de l'esclavage, la lutte contre le catholicisme, une religion qui a été imposée aux Africains dès leur arrivée au Brésil, l'expropriation des avoirs des blancs et mulâtres ainsi que la mise en place d'une république islamique. La révolte a été fortement réprimée par les forces officielles, près de soixante-dix rebelles ont été tués dans les combats et plus de 200 ont été arrêtés et jugés par les tribunaux. Les dirigeants du mouvement ont été condamnés à mort et d'autres ont été soumis à des travaux forcés, à la torture ou ont été déportés en Afrique (Ferretti, 1988).

Plus d'un siècle après l'abolition de l'esclavage au Brésil, la contribution des populations autochtones et afrodescendantes dans la construction de l'histoire et de la culture brésiliennes est toujours ignorée ou minimisée. En raison du processus de colonisation, et en particulier des processus de conquête territoriale du pays au cours des siècles, la forte influence de la culture portugaise, ibérique et, plus largement, européenne est une réalité encore aujourd'hui. Cependant, elle ne peut pas être considérée comme la seule culture dominante au Brésil, car elle n'a pas réussi à effacer les cultures autochtones et africaines, malgré les nombreux et difficiles conflits qui ont eu lieu jusqu'à présent. Au contraire, de l'époque du Brésil colonial jusqu'à aujourd'hui, les différents groupes ethniques ont été, et sont toujours, fortement influencés par la richesse de la diversité culturelle des autochtones et des Noirs. Cependant, comme l'a déclaré Fernandes (2005): « Quand il s'agit d'aborder la culture de ces minorités, on la voit de façon folklorique et pittoresque, ou comme un simple héritage laissé par les autochtones et les Noirs, mais en donnant aux Européens la condition de porteurs d'une "culture supérieure et civilisée" » (p. 380, traduction libre).

2.2 Les trajectoires historiques des différents groupes pendant la période postabolition: dissiper le mythe de la démocratie ethnique

Parallèlement aux mouvements de rébellion et de lutte pour la liberté entrepris par les esclaves africains, les premières contestations de l'esclavage par certains secteurs de la société brésilienne portés par des idées abolitionnistes ont lieu dans la seconde moitié du XIXe siècle. Ainsi, de plus en plus d'esclaves sont libérés par les seigneurs qui soutiennent la cause abolitionniste ou qui, simplement, ne sont plus en mesure de les garder dans leurs propriétés. Il faut se rappeler que le Brésil a été le dernier pays indépendant à abolir l'esclavage en Amérique et que la Loi d'or (Loi impériale n° 3353, adoptée en 1888) a été le résultat de pressions internes et externes et le fruit d'un long mouvement abolitionniste, conflictuel et intense (Carvalho, 2002). En outre, si cette loi a apporté la liberté aux Noirs et aux mulâtres, elle ne leur a pas accordé le droit d'accès à la terre et au logement, ni une certaine protection en termes de travail. Au contraire, l'absence de lois garantissant les droits fondamentaux des anciens esclaves et de leurs familles a condamné ces populations à l'exclusion sociale, un problème qui s'est aggravé considérablement au fil du temps.

C'est à cette époque qu'apparaissent les premières idées du soi-disant « racisme scientifique », une théorie qui cherchait à expliquer biologiquement les caractéristiques humaines, dans une perspective évolutionniste, positiviste et déterministe, reposant sur de fortes influences européennes, en particulier le positivisme comtien et le darwinisme social (Costa, 1967). Cette théorie, fondée sur la sociologie, sur l'histoire et sur l'anthropologie est devenue le point d'ancrage de l'idée voulant que les populations noires étaient synonymes de retard, d'impureté et de dégénérescence. Ainsi, le racisme scientifique a renforcé l'idée d'infériorité biologique de cette population d'origine africaine, récemment libérée de l'esclavage.

Une réinterprétation brésilienne de cette théorie raciste européenne voit toutefois le jour: le métissage est présenté comme le seul moyen de résoudre les problèmes du pays, imputés à la population noire. Cette réinterprétation est basée sur la conviction que le sang « blanc » va purifier le sang « africain », considéré comme primitif et sauvage, par un processus sélectif de blanchiment de la population visant à former progressivement un peuple homogène, blanc et civilisé. Ainsi, l'idéal de blanchiment se présente comme une idéologie brésilienne qui émerge dans la période postabolition, avec des arguments nettement racistes, partagés par l'intelligentsia et l'élite nationale. Entre la fin du XIXe siècle et la première moitié du XXe siècle, le pays encourage l'immigration, mais pas de n'importe quelle origine, seulement la population européenne et blanche. En plus de considérer le métissage comme un projet de construction de la nation brésilienne à travers le blanchiment et la purification des populations africaines et métissées, cette idéologie prêchait l'assimilation des valeurs et de la culture des Blancs comme un moyen d'intégrer les Noirs dans cette population. L'objectif était d'inculquer à la population qu'il n'existe pas de différences raciales dans le pays et que tous vivent en harmonie et sans conflit, à savoir que le Brésil est une démocratie raciale (Moura, 1982).

À cette époque, les législateurs et les politiciens brésiliens mettent en œuvre une politique basée sur l'idéologie de l'*embraquecimento* (du blanchissement), qui commence par l'interdiction de l'immigration des populations noires, qui établit des quotas pour l'immigration des populations asiatiques et qui encourage l'immigration des Européens, à la condition qu'elle soit blanche. Cette politique voit le jour au moment de l'abolition de l'esclavage, alors que les Noirs nouvellement libérés n'ont pas accès à un système assurant leur intégration effective dans la société. Au contraire, cette immense population se trouve abandonnée, sans une législation qui la protège. Ainsi, les anciens esclaves survivent dans des conditions d'extrême pauvreté, caractérisées par des taux élevés de mortalité infantile, par la présence de maladies et par l'absence de droits sociaux minimaux, alors que les immigrants européens encouragés à s'installer au Brésil reçoivent habituellement à leur arrivée des terres et des ressources pour favoriser leur établissement sur le territoire.

Or, la politique du blanchiment de la population brésilienne a stimulé le développement, au sein de la population blanche, d'un sentiment de supériorité et, en conséquence, d'un sentiment d'infériorité chez les Noirs. Cette même politique a également favorisé l'intensification et le renforcement du racisme.

Selon les propos d'Akkari et de Santiago (2010), les inégalités qui existent actuellement au sein de la population brésilienne ne constituent pas seulement des inégalités sociales et culturelles. Elles sont aussi liées aux catégories ethnoraciales, qui ont été déterminantes dans le processus historique de constitution de la population brésilienne et, plus particulièrement, dans le processus d'exploitation des Noirs et des autochtones depuis la colonisation. À propos des inégalités encore subies aujourd'hui par la population brésilienne afrodescendante, les auteurs affirment que:

> *On peut considérer que les inégalité raciales au Brésil sont apparues avec l'esclavage et qu'elles se sont consolidées après cette période, sur la base des thèses d'infériorité biologique des Noirs et de l'idéologie du blanchiment de la population, ce qui a entraîné des conséquences sociales et politiques, notamment la difficile insertion de l'ancien esclave au marché du travail, la préférence accordée à la main d'œuvre d'origine européenne et, au final, la faible participation des Noirs dans l'espace politique. Cependant, la croyance en l'homogénéité culturelle répandue à partir de l'idée d'un Brésil sans différences, formé, à l'origine, par le mélange de trois races (autochtone, noire et blanche), a occulté les pratiques discriminatoires reposant sur ces différences, sous le couvert d'une égalité, qui, en ce qui concerne la participation et la représentation dans des positions sociales de prestige de la population noire, ne s'est jamais actualisée. (Akkari et Santiago, 2010, p. 10)*

Ainsi, entre la fin du XIXe et le milieu du XXe siècle, le Brésil connait une importante immigration européenne, surtout des Italiens, des Allemands et des Espagnols, qui sont attirés par le pays. La classe dirigeante de l'époque se sert de la pénurie de la main-d'œuvre, en particulier dans les plantations et dans les fermes à la suite de l'abolition de l'esclavage, comme argument en faveur de l'immigration européenne. Mais cet argument s'est montré fallacieux puisque les anciens esclaves auraient pu être intégrés à ces activités.

Selon l'IBGE (2000), entre les années 1884 et 1954, le Brésil a reçu environ 4,5 millions d'immigrants européens, dont plus de 1,5 million d'Italiens, plus de 1 300 000 Portugais, 700 000 Espagnols et plus de 250 000 Allemands. Au début du XXe siècle, le pays reçoit aussi un grand flux d'immigrants en provenance d'Asie, en particulier des Japonais et des Syro-Libanais. Ces immigrants arrivent pour travailler dans les plantations de café situées dans le sud-est du pays, en particulier dans l'État de São Paulo, mais également pour développer des activités commerciales dans les grands centres urbains tels que les villes de São Paulo et de Rio de Janeiro.

Plus récemment, dans les années 1960, ce mouvement s'est inversé. Les Brésiliens commencent à quitter le pays en raison des persécutions politiques pendant la dictature militaire et, à partir des années 1980, compte tenu du manque de travail et des perspectives économiques. Selon le *Ministério das Relações Exteriores* (ministère des Relations extérieures) (2012), environ 2,5 millions de Brésiliens ont émigré vers d'autres pays, principalement aux États-Unis (environ un million); au Japon (environ 210 000); au Paraguay (environ 200 000), dans les pays de l'UE (environ 700 000) et en Argentine (environ 42 000).

On observe aussi à l'heure actuelle une nouvelle vague migratoire, notamment avec l'arrivée d'immigrants en provenance de la Bolivie, d'Haïti et du Sénégal, en quête de travail et de meilleures conditions de vie que dans leur pays d'origine. En chemin, ils traversent plusieurs États, et beaucoup finissent leur route au sud du Brésil où les perspectives d'emploi sont accrues.

L'absence d'une politique d'immigration, d'accueil et d'intégration bien définie et le manque de données officielles sur cette immigration récente font en sorte que ces populations sont reçues par des institutions non gouvernementales qui cherchent à les intégrer et à les aider dans leur processus d'insertion au marché du travail et à la société. Ils finissent souvent par être reçus par des institutions religieuses, comme les archidiocèses dans plusieurs villes brésiliennes. Par exemple, à Florianópolis, la Pastorale des Migrants a enregistré, jusqu'en octobre 2015, l'entrée de 768 immigrés dans la ville (Losso et Borges, 2016).

La croyance en une supposée homogénéité culturelle, c'est-à-dire l'idée d'un Brésil sans différences, formé par le mélange harmonieux des trois principales catégories ethnoraciales (autochtones, Noirs et

Blancs), vient masquer la discrimination pratiquée sous le voile d'une égalité qui n'a jamais vu le jour. Les idées d'infériorité biologique des Noirs et du blanchiment de la population ont comme conséquences visibles des inégalités sociales et politiques.

2.3 La définition des catégories ethnoraciales et les statuts actuels des différents groupes

Les premières tentatives pour identifier la composition de la population brésilienne ont été effectuées en 1872 par la *Diretoria Geral de Estatística do Ministério de Negócios* (Direction générale de statistiques du ministère du Commerce) d'alors, qui utilisait déjà comme critère pour la classification raciale, le phénotype et la descendance. Aujourd'hui, l'IBGE, organisme responsable de la réalisation à chaque dix ans du recensement de la population brésilienne, considère cinq catégories ethnoraciales, basées sur la *race* et la couleur de la peau: les Blancs, les autochtones, les Noirs, les *Pardos* et les Jaunes. Ce classement est basé sur l'autodéclaration.

Les Brésiliens qui s'autodéclarent blancs sont distribués sur pratiquement tout le territoire, avec une prédominance dans les régions sud et sud-est. Interrogés sur leur origine ethnique, ils déclarent en majorité être d'origine italienne, portugaise, espagnole et allemande, en concordance avec l'histoire migratoire du Brésil.

La population *parda* est composée par tous les Brésiliens qui s'autodéclarent comme ayant des origines raciales mixtes. Le terme « *pardo* » a été utilisé lors du recensement de 1872 dans de but de comptabiliser, de façon séparée, les Noirs (métissés ou non) toujours captifs de ceux nés libres ou libérés (*pardos*). Toutefois, depuis cette époque, le terme est utilisé en tant que catégorie ethnoraciale ou bien comme synonyme de métissage (IBGE, 2010). Les plus grandes concentrations de *pardos* se situent dans les régions du nord et du nord-est du pays, mais ces derniers sont aussi présents, dans une moindre mesure, dans les autres régions.

Bien que les Noirs autodéclarés soient répartis sur tout le territoire brésilien, la majorité, de descendance africaine, se trouve dans le nord-est et le sud-est. Toutefois, il convient de noter que tous les afrodescendants du Brésil ne se reconnaissent pas comme Noirs, certains se déclarant *pardos* ou même blancs. Ce fait peut être attribué à diverses formes de discrimination qui proviennent de l'esclavage et du processus d'abolition qui a marqué toute l'histoire du pays (Costa et Amado, 1994).

Les Brésiliens autodéclarés autochtones représentent 0,4% de la population brésilienne et sont distribués dans tout le territoire, même si plus de la moitié se trouve dans la région amazonienne du nord et du centre-ouest. Sont considérés comme autochtones tous les descendants des Premières Nations du Brésil et/ou ceux qui vivent dans l'environnement culturel traditionnel de ces peuples.

La population qui s'autodéclare jaune est composée d'individus d'origine orientale et est concentrée principalement dans deux États brésiliens: Sao Paulo et Paraná, même si elle se retrouve sur l'ensemble du territoire brésilien. La grande majorité de cette population est composée de personnes d'origine japonaise ayant immigré au Brésil entre 1908 et 1960, en raison de problèmes économiques. Dans ce sens, c'est au Brésil que se trouve la plus grande communauté japonaise en-dehors du Japon. Les Chinois et les Coréens représentent d'autres communautés qui composent cette population et qui sont en croissance (IBGE, 2010).

Selon le dernier recensement réalisé en 2010 (IBGE, 2010), le pays dispose désormais d'un total de 203 millions d'habitants qui se sont déclarés en fonction des catégories ethnoraciales indiquées au Tableau 1.

Tableau 1. Taux de déclaration des catégories ethnoraciales (IBGE, 2010)

Catégorie ethnoraciale (et couleur de la peau telle que déclarée)	Pourcentage
blanche	47,6 %
noire	7,3 %
parda	43,4 %
jaune	1,1 %
autochtone	0,4 %

Ces données indiquent que les Brésiliens qui se sont déclarés comme Afro-Brésiliens – Noirs et Mulâtres – constituent aujourd'hui, et pour la première fois dans l'histoire du pays, la majorité de la population. En effet, en 1940, la population noire représentait 36% de la population totale, alors que dans le recensement de 2000, elle atteignait 45% de la population. Cette augmentation de la population noire ne s'explique pas par une augmentation de son taux de fécondité, mais plutôt par les effets des politiques et des actions de discrimination positive telles que le système de quotas raciaux dans les secteurs du marché de travail et de l'éducation[i]. Il y a donc là un changement important dans la façon dont les Brésiliens se voient et se déclarent au moment de reconquérir et de valoriser la richesse de la diversité culturelle brésilienne.

En effet, depuis les années 1980, les discussions sur les inégalités raciales se sont intensifiées, surtout pendant le processus de démocratisation du pays et, principalement, avec la promulgation de la Constitution du Brésil, en 1988, appelée la *constituição cidadã* (constitution citoyenne). Des mouvements dirigés par des organisations sociales, en particulier par des jeunes descendants des populations africaines, ont initié un combat contre l'extermination et l'exclusion, en dénonçant la ségrégation raciale, sociale, culturelle dont ils étaient victimes et en affirmant positivement leur identité ethnique. Ce thème est devenu de plus en plus visible et s'est introduit dans l'agenda politique national.

Des institutions reconnues à l'échelle nationale, comme l'IBGE, l'*Instituto de Pesquisa Econômica e Aplicada* (Institut de recherche économique appliquée, IPEA) et l'*Instituto Nacional de Estudos e Pesquisas Educacionais Anísio Teixeira* (Institut national d'études et recherches en éducation Anisio Teixeira, INEP), produisent des enquêtes et des analyses démographiques qui documentent statistiquement les inégalités raciales dans le pays. Elles mettent à nu les conditions inférieures de ces populations, historiquement discriminées, quant à leur participation au marché du travail, aux niveaux de scolarité, à l'accès à l'enseignement supérieur, aux taux de mobilité sociale et d'analphabétisme et au revenu des ménages par habitant. Bref, elles déconstruisent le mythe de la démocratie raciale brésilienne.

Selon l'*Índice de Desenvolvimento Humano* (Indice de développement humain, IDH), calculé par l'*Universidade Federal do Rio de Janeiro* (Université Fédérale de Rio de Janeiro, UFRJ), sur la base de données fournies par les Nations Unies (ONU), le pays occupe la 85e position dans la liste des pays classés en fonction des conditions de vie de la population. Cependant, si nous analysons ces données avec le critère de la couleur de la peau déclarée par la population dans le recensement de 2010 (IBGE, 2010), le pays peut être divisé en deux. Une première partie, composée de la population blanche, atteint des niveaux équivalents aux conditions de vie dans les pays dits développés et se présente en 65e position dans le classement, alors qu'une seconde partie, composée de la population noire et mulâtre, occupe la 102e position parmi les pays analysés et présente des conditions de vie équivalentes à celles des pays dits sous-développés.

Ainsi, les statistiques révèlent des inégalités entre les groupes de la population à l'égard du marché du travail, des taux de rémunération, de l'accès à la santé, de l'accès et de la rétention des Noirs et des Blancs au sein du système d'éducation publique. Par exemple, alors que l'analphabétisme touche environ 8,3 % des Blancs, 20 % des Noirs sont analphabètes. Seulement 2 % des jeunes Noirs ont accès à l'enseignement supérieur contre 98 % des Blancs. Ces données révèlent la taille de l'inégalité raciale qui existe encore aujourd'hui dans le pays, malgré les politiques publiques adoptées au cours des dernières décennies.

En ce sens, le Brésil peut être défini comme un pays multiracial et multiethnique, avec une diversité culturelle riche et intéressante. Cependant, en raison du processus sociohistorique de la colonisation, de l'immigration et de la constitution ethnique culturelle, il se présente encore comme un pays très inégal en termes de conditions socioéconomiques, ce qui discrimine et exclut une grande partie de sa population.

Au milieu des années 1990, et sous l'influence d'importants mouvements sociaux organisés au Brésil et au niveau international, le gouvernement brésilien a reconnu l'existence de pratiques de discrimination raciale et d'énormes inégalités socioéconomiques au sein de sa population. Ainsi des politiques de discrimination positive[ii] ont commencé à apparaitre dans une tentative de réduction de ces inégalités historiques. En ce sens, les politiques d'éducation représentent un domaine important pour leur développement.

3. La diversité et les politiques d'éducation

La diversité est, pour l'éducation, une narration, dans le sens qu'elle constitue une cible pour l'éducation, une façon de permettre son analyse, de comprendre ses buts, d'aborder les contenus curriculaires, les méthodes d'enseignement, l'organisation des institutions et la structure des systèmes éducatifs. Un récit qui doit synthétiser, d'une part, les impératifs éthiques d'individualisation et, d'autre part, la nécessité de réunir les individus dans un réseau d'interdépendances cognitives, des projets et des sentiments qui donnent naissance à une communauté. (Sacristán, 2003 p. 292, traduction libre)

Ainsi, les politiques éducatives inclusives, c'est-à-dire celles qui mettent l'accent sur cette diversité, peuvent être analysées au Brésil à partir de leur développement au sein de l'éducation de base. En effet, l'éducation de base, en tant que concept, a été formalisée par la *Lei de Diretrizes e Bases da Educação Nacional* (Loi des directives et des bases de l'éducation nationale, LDB, n° 9394 du 20/12/1996), qui définissent le système d'éducation brésilien. Depuis lors, un ensemble d'orientations ont été publiées, afin de rendre l'éducation accessible à tous. Comme le souligne Cury (2008), ce concept repose sur l'idée d'une éducation en tant que base, synonyme de structure, de fondation, sur laquelle doit reposer tout le parcours de formation qui mène à la citoyenneté. Dans ses mots:

L'éducation scolaire est, par conséquent, conçue comme un bien public en soi puisqu'elle est fondamentalement citoyenne. Et parce qu'elle implique la citoyenneté dans son exercice conscient, qu'elle permet une qualification pour le monde du travail, qu'elle est gratuite et obligatoire dans l'enseignement primaire, qu'elle devient progressivement gratuite et obligatoire dans l'enseignement secondaire, qu'elle est aussi un droit à l'éducation préscolaire, l'éducation de base est une responsabilité de l'État. Et comme il s'agit d'un droit protégé juridiquement, en particulier en tant que droit public subjectif, il importe que l'éducation de base soit garantie et dotée de toutes les conditions nécessaires à sa réalisation. (Cury, 2008, p. 296, traduction libre)

Ainsi, l'éducation de base en tant que droit s'accompagne de deux dimensions essentielles à sa réalisation: une éducation commune et le respect de la différence. Le terme « commun » dans ce cas est associé à la notion d'universel, en cohérence avec une perspective qui met de l'avant l'apprentissage de connaissances valides pour tous et avec l'idée d'un patrimoine culturel qui mérite d'être partagé. La notion de différence a également été prise en compte, car, fondamentalement, l'éducation est un bien commun et, en tant que tel, un droit universel qui doit être accessible à tous. Par conséquent, son universalité présuppose aussi le respect de la différence. Cette différence est également comprise comme un droit qui doit être respecté.

Dans ce sens, au cours des deux dernières décennies au Brésil, des politiques publiques en matière d'éducation ont été adoptées avec l'intention de réduire les inégalités dans le parcours éducatif des jeunes de tous les segments de la société. Bien que ces questions soient apparues à l'échelle nationale au sein de divers mouvements de réorganisation curriculaire, c'est après l'adoption de la LDB que l'éducation de base, en tant que droit ancré dans le principe du bien commun et du respect de la diversité, voit le jour, représentant une tentative de construire un système national d'éducation. Selon ce que précise cette loi:

> Il devient urgent de mettre au centre du débat les principes et les pratiques d'un processus d'inclusion sociale assurant l'accès et considérant la diversité humaine, sociale, culturelle, économique des groupes historiquement exclus. Ce sont les questions de classe, de genre, de race, d'ethnie, de génération, constituées par des catégories qui sont interreliées dans la vie sociale – les pauvres, les femmes, les afro-descendants, les populations autochtones, les populations rurales, les personnes handicapées, de différentes orientations sexuelles, institutionnalisées, privées de liberté ou vivant dans la rue – donc, tous ceux qui composent la diversité de la société brésilienne et qui commencent à être considérés dans les politiques publiques. (Ministério da Educação [ministère de l'Éducation], 2013, p. 16, traduction libre)

La version initiale de la LDB a été l'objet de modifications afin de s'attaquer davantage à la discrimination raciale existante dans la

65

société brésilienne. La loi n° 10639 du 9 janvier 2003 modifie la LDB en insérant dans le curriculum de l'éducation de base l'obligation d'introduire des disciplines sur l'histoire et les cultures africaines et afro-brésilienne. Cette législation a donné une certaine visibilité à la thématique de la discrimination raciale vis-à-vis des afro-descendants en encourageant notamment la recherche et les programmes de formation initiale et continue des enseignants sur l'enseignement de ces disciplines (De Paula et Guimarães, 2014). Dans le même sens, le 10 mars 2008, la loi n° 11645 a été promulguée en vue d'élargir la loi précédente et d'inclure l'enseignement de l'histoire et de la culture autochtones comme matière obligatoire du curriculum.

De cet encadrement légal, découlent plusieurs documents visant à garantir le droit à la diversité, dont les suivants:

- *Diretrizes Operacionais para o atendimento educacional especializado na Educação Básica, modalidade Educação Especial* (Directives opérationnelles pour l'éducation spécialisée dans l'éducation de base, modalité de l'éducation spéciale);
- *Diretrizes Nacionais para a oferta de educação para jovens e adultos em situação de privação de liberdade nos estabelecimentos penais* (Directives nationales pour l'offre éducative destinée aux jeunes et aux adultes privés de liberté dans les établissements pénaux);
- *Diretrizes Curriculares Nacionais para a Educação Escolar Indígena* (Directives curriculaires nationales pour l'éducation scolaire autochtone);
- *Diretrizes para o atendimento de educação escolar de crianças, adolescentes e jovens em situação de itinerância* (Directives pour la prise en charge de l'éducation scolaire des enfants, des adolescents et des jeunes en situation d'itinérance);
- *Diretrizes Curriculares Nacionais para a Educação Escolar Quilombola* (Directives curriculaires nationales pour l'éducation scolaire quilombola);
- *Diretrizes Curriculares Nacionais para a Educação das Relações Étnico-Raciais e para o Ensino de História e Cultura Afro-Brasileira e Africana*

(Directives curriculaires nationales pour l'éducation aux relations ethnoraciales et l'enseignement de l'histoire et de la culture afro-brésilienne et africaine);

- *Diretrizes Nacionais para a Educação em Direitos Humanos* (Directives nationales pour l'éducation aux droits de l'homme);
- *Diretrizes Curriculares Nacionais para a Educação do Campo* (Directives curriculaires nationales pour l'éducation rurale).

Face à ces orientations nationales, les municipalités, plus petites entités politiques de la Fédération, ont été contraintes à faire des choix afin que les milieux éducatifs sous leur responsabilité puissent répondre à ces directives. À cet égard, il faut également mentionner que, de nos jours, ce sont les municipalités qui interviennent plus intensément dans ce domaine, en compagnie de nombreux agents qui revendiquent l'expansion et la diffusion des politiques éducatives visant à améliorer la qualité de l'éducation de base, tels que les mouvements sociaux, les syndicats, les organisations non gouvernementales et autres agents de l'organisation de la société civile, sensibles aux défis de penser et de faire l'éducation publique. Quoi qu'il en soit, dans ce contexte, la compréhension des contradictions, des limites et des possibilités de l'éducation inclusive dépend de l'analyse de l'enchevêtrement dans lequel ces initiatives s'insèrent.

En outre, ces politiques entretiennent une conception particulière de la diversité, en tant que concept scientifique et politique. À travers l'histoire de l'éducation du Brésil, plusieurs propositions institutionnelles ont été mises en œuvre en regard de certains groupes spécifiques. Par exemple, des lois interdisant aux esclaves, aux Africains et aux esclaves affranchis de fréquenter l'école ont été adoptées dans le passé. Les enfants handicapés ou présentant des différences comportementales et émotionnelles ont été exclus du contact avec d'autres enfants. On a interdit à des groupes ethniques d'utiliser leur langue maternelle, comme ce fut le cas pour les Africains ainsi que pour certains immigrants européens et asiatiques.

67

Le contenu scolaire était guidé par une vision ethnocentrique, masculine et bourgeoise. La « liberté » religieuse était restreinte aux pratiquants de la religion dominante. À travers une neutralité apparente dans le discours et par l'invisibilité de la diversité des contenus, s'est établie une stratégie d'homogénéisation.

Au cours des dernières décennies, les mouvements sociaux ont exigé de l'État brésilien et de ses organismes fédératifs l'élaboration d'une série de politiques publiques dans le domaine de l'éducation. Ces mouvements dénonçaient le fait que la représentation des matières scolaires soit toujours marquée par l'héritage de l'éducation traditionnelle hégémonique. À la suite de ces politiques, ces mouvements, représentant divers groupes minoritaires, espèrent améliorer leurs parcours de formation; la représentation de leurs identités plurielles dans le programme scolaire; le respect de leurs épistémologies; la reconnaissance de leurs différents processus sociohistoriques; leurs conceptions de l'éducation et de l'école ; bref, la remise en question de l'absence de leurs spécificités dans les conceptions universalistes de l'éducation et dans les programmes officiels.

Selon les *Diretrizes Curriculares* (Directives curriculaires générales nationales pour l'éducation de base):

> *L'éducation s'adresse à des sujets multiples et a comme objectif l'échange de savoirs, la socialisation et la confrontation des connaissances, selon différentes approches adoptées par des personnes de différentes conditions physiques, sensorielles, intellectuelles et émotionnelles; de classes sociales, de croyances, d'ethnies, de genres, d'origines, de contextes socioculturels et de milieux différents. Par conséquent, nous devons faire de l'école une institution accueillante, inclusive, bien qu'il s'agisse d'une option « transgressive », car elle rompt avec l'illusion d'homogénéité et provoque, presque à tout coup, une crise d'identité institutionnelle. (Ministério da Educação [ministère de l'Éducation], 2013, p. 25, traduction libre)*

La lutte pour le droit à l'éducation, qui a culminé dans les directives curriculaires nommées ci-dessus, s'est réalisée sur plusieurs fronts. Bien que la défense de l'éducation formelle en ait été la pierre angulaire, les luttes menées par différents groupes sociaux pour le droit à l'éducation et la matérialisation de ce dernier dans les textes écrits, diffèrent notamment selon trois aspects:

• La défense de contenus curriculaires spécifiques ou la modification des perspectives curriculaires afin de rendre l'école plus inclusive et de contribuer à la construction d'une société plus égalitaire;

• La mise en place de droits et de services différenciés, comme des adaptations du processus d'enseignement et d'apprentissage ainsi que des pratiques d'évaluation des modèles pédagogiques;

• La défense d'une autre façon de faire de l'école, avec des temps, des espaces et des structures différenciées, sans lesquels les groupes concernés n'auraient pas leur droit à la différence.

Le premier aspect fait référence à la proposition appartenant aux *Diretrizes Curriculares Nacionais para a Educação das Relações Étnico-Raciais e para o Ensino de História e Cultura Afro-Brasileira e Africana* (Directives curriculaires nationales pour l'éducation aux relations ethnoraciales et l'enseignement de l'histoire et de la culture afro-brésilienne et africaine). Le silence curriculaire sur l'histoire de cette partie de la population du Brésil, et notamment sur sa contribution à la constitution du pays, est l'un des éléments importants à combattre. L'école doit jouer un rôle fondamental dans la déconstruction des stéréotypes et des préjugés discriminatoires, tant par sa fonction de socialisation que par celle de transmission d'un savoir scientifique, crédible et significatif. Dans cette même perspective, les *Diretrizes Nacionais para a Educação em Direitos Humanos* (Directives nationales pour l'éducation aux droits de l'homme) ont contribué de façon importante à provoquer des discussions pour l'avancement de la société brésilienne, pour l'égalité de genre, et pour le respect de la question liée à l'orientation sexuelle.

Le deuxième aspect, lié aux services différenciés, concerne les élèves handicapés aussi bien que les jeunes et adultes en retard scolaire par rapport à leur âge. L'éducation spécialisée constitue une modalité éducationnelle spécifique qui dispose de matériel, de méthodes pédagogiques et d'une organisation particuliers visant à soutenir ou à bonifier les pratiques scolaires.

Le troisième aspect fait particulièrement référence à trois groupes spécifiques: les communautés *quilombolas*, les autochtones et les populations rurales. Ces trois groupes sont porteurs de débats et de revendications pour une école qui reconnaisse leur besoin d'un autre modèle d'école, qui soit dotée des ressources nécessaires et qui prenne en compte leurs identités et leurs particularités culturelles. La reconnaissance de ces différences au sein de l'école rend possible la reconnaissance de l'égalité.

Des recherches récentes ont montré que la législation en vigueur, en particulier la loi n° 11456 du 10 mars 2008, rencontre des difficultés dans sa mise en œuvre. Les principaux éléments invoqués sont: 1) une formation initiale et continue des enseignants incapable de dépasser une vision romantique et naïve des descendants africains et autochtones, alors que la vision eurocentrique de ces populations est encore prévalente; 2) l'absence de matériel didactique qui puisse rompre avec les idées reçues à propos des afro-descendants et des autochtones, et enfin, 3) les préjugés des enseignants à cet égard.

En ce qui a trait à leur opérationnalisation, la façon dont ces directives ont été mises en œuvre dans les écoles varie beaucoup. Dans plusieurs municipalités et États, des mobilisations s'appuyant sur ces directives et visant la réorganisation des programmes ont eu lieu. Cependant, d'un point de vue pratique, ces changements n'en sont qu'à leurs débuts.

4. Conclusion

Thèmes centraux des luttes sociales pour la défense des droits de l'homme, l'accès, le maintien et la réussite scolaires des groupes minoritaires et exclus de l'école ont été et demeurent toujours un défi prioritaire au sein de l'agenda de l'éducation démocratique en Amérique latine, et plus spécifiquement au Brésil. Face aux avancées sur le plan économique et à l'avènement de la stabilité politique en Amérique du Sud, les politiques d'éducation compensatoires et de différenciation ont été utilisées par les gouvernements comme des stratégies permettant de répondre à ces transformations. Malheureusement, ces initiatives n'ont pas été suffisantes pour neutraliser les forces politiques conservatrices qui œuvrent à instaurer des politiques éducatives répondant à leurs propres intérêts. Ainsi, à l'heure actuelle, les politiques d'éducation défendant la diversité ou en faisant la promotion subissent des pressions contraires, s'inscrivant, selon certains chercheurs, dans un « agenda néo-conservateur ». En effet, alors que certaines parties de l'Amérique du Sud vivent présentement un nouveau cycle d'orientation conservatrice, les politiques d'éducation sont devenues des espaces privilégiés de transformation, où l'idée d'une éducation en tant que droit, au centre des discours de la dernière décennie, tend à être remise en question.

À cet égard, face au futur incertain du contexte actuel, nous pouvons conclure que les politiques d'éducation au service de la diversité sont loin de faire consensus et qu'elles subissent, en particulier au Brésil, un revers significatif face auquel, les chercheurs et les acteurs de l'éducation doivent demeurer vigilants.

Références

Albuquerque, W. R., & Fraga Filho, W. (2006). *Uma história do negro no Brasil.* Salvador: Centro de Estudos Afro-Orientais; Brasília: Fundação Cultural Palmares.

Akkari, A., & Santiago, M. (2010). A gestão da diversidade cultural no contexto educacional brasileiro. *Revista Educação em Questão, 38*(24), 9-33.

Brasil. (1996). *Lei de Diretrizes e Bases da Educação Nacional 9394/96.* Brasília.

Carneiro, E. (1966). *O Quilombo dos Palmares.* Rio de Janeiro: Editora Civilização Brasileira.

Carvalho, J. M. de. (2002). *Cidadania no Brasil: o longo caminho.* Rio de Janeiro: Civilização Brasileira.

Costa, J. C. (1967). *Contribuição à História das ideias no Brasil.* Rio de Janeiro: Civilização Brasileira.

Costa, A. de O., & Amado, T. (1994). *Alternativas Escassas - Saúde, Sexualidade e Reprodução na América Latina.* Rio de Janeiro: Editoria Nova Fronteira.

Cury, C. R. J. (2008). A educação básica como direito. *Cadernos de Pesquisa, 38*(134), 293-303.

De Paula, B. X., & Guimarães, S. (2014). 10 anos da lei federal nº 10.639/2003 e a formação de professores: uma leitura de pesquisas científicas. *Educação e Pesquisa, 40*(2), 435-448.

Fernandes, J. R. O. (2005). Ensino de história e diversidade cultural: desafios e possibilidades. *Cad. Cedes, Campinas, 25*(67), 378-388.

Ferretti, S. F.. (1988). Revoltas de escravos na Bahia em inicio do século XIX. *Cadernos de pesquisa São Luís, 4*(1), 65-86.

Gatinho, A. A. (2012). As dificuldades da implementação da educação das relações étnico-raciais no Município de Rio Branco-AC. *XVI ENDIPE - Encontro Nacional de Didática e Práticas de Ensino UNICAMP,* Campinas: Junqueira&Marin Editores. Repéré à: http://www.infoteca.inf.br/endipe/smarty/templates/arquivos_templ ate/upload_arquivos/acervo/docs/2206d.pdf

Instituto Brasileiro de Geografia e Estatística. (2000). *Brasil: 500 anos de povoamento.* Repéré à: http://brasil500anos.ibge.gov.br

Instituto Brasileiros de Geografia e Estatística. (2010). *Censo demográfico: 2010: características gerais da população, religião e pessoas com deficiência.* Rio de Janeiro: IBGE.

Losso, C. R. C., & Borges, M. K. (2016). *Conexões interculturais em redes digitais: a imigração haitiana em Santa Catarina no debate da inclusão. Ação e Reflexão.* Document non publié.

Ministério da Educação (2013). *Diretrizes Curriculares Nacionais Gerais da Educação Básica.* Brasilia: Secretaria de Educação Básica. Diretoria de Currículos e Educação Integral.

Ministério das Relações Exteriores. (2012). *Apêndice: Número e distribuição dos brasileiros no mundo.* Repéré à: http://www.brasileirosnomundo. itamaraty.gov.br/a-comunidade/estimativas-populacionais-das-comunidades/APENDICE%20Diplomacia%20Consular%20-%20Brasileiros%20no%20Mundo.pdf

Moura, C. (1982). *Argila da Memória.* Piauí: Editora Corisco.

Oliveira, J. P., & Freire, A. de R. (2006). *A presença indígena na formação do Brasil.* Brasília: Ministério da Educação, Secretaria de Educação Continuada, Alfabetização e Diversidade; LACED/Museu Nacional.

Ribeiro, D. (1995). *O povo Brasileiro*: a formação e o sentido do Brasil. São Paulo: Cia das Letras.

Sacristán, J. G. (2003). *Educar e conviver na cultura global.* Porto: Edições Asa.

Secretaria de Políticas de Promoção da Igualdade Racial da Presidência da República. (s.d.). *O que são Ações Afirmativas.* Repéré à: http://www.seppir.gov.br/assuntos/o-que-sao-acoes-afirmativas.

Silva, E. (2014). Ensino e sociodiversidades indígenas: possibilidades, desafios e impasses a partir da lei 11.645/2008. *Mneme: Revista da humanidades, 15*(35), 21-37.

[i]Albuquerque et Fraga Filho (2006, p. 302) abordent le système de quotas dans le milieu universitaire: « Sans égard aux politiques gouvernementales, une des mesures qui est de plus en plus adoptée par les universités publiques brésiliennes sont les quotas sociaux et raciaux. Bien que chaque université adopte ses politiques spécifiques en la matière, l'idée générale est de réserver un nombre déterminé de places pour des personnes pauvres, noires, provenant majoritairement des écoles publiques. »

[ii]« Les programmes de discrimination positive sont des politiques publiques gouvernementales ou provenant d'initiatives privées dont l'objectif est de corriger les inégalités raciales présentes dans la société et produites au fil des ans. Une action de discrimination positive vise à offrir une égalité d'opportunités pour tous » (*Secretaria de Políticas de Promoção da Igualdade Racial da Presidência da República* [Secrétariat des politiques de promotion de l'égalité raciale de la Présidence de la République], s.d.,traduction libre, document non paginé).

PARTIE II

Les débats conceptuels quant à la formation des éducateurs en contexte de diversité

CHAPITRE III

DE L'INTERCULTUREL À L'INCLUSION AU QUÉBEC : DES CHANGEMENTS DE PARADIGMES?

Maryse Potvin

1. Introduction

Depuis les années 1970, le Québec a développé un discours normatif inclusif sur la diversité et a mis en œuvre un important dispositif en matière de droits de la personne et d'intégration des immigrants. Après la Charte des droits et libertés de la personne (Québec, 1975) et la Charte de la langue française (Québec, 1977), il adopte un modèle de « convergence culturelle » (Ministère des Communautés culturelles et de l'Immigration [MCCI], 1978, 1981), puis celui du « contrat moral » avec l'*Énoncé de politique en matière d'immigration et d'intégration* (MCCI, 1990) pour tendre en 2000 vers un « contrat civique commun » qui n'a pas abouti (Potvin, 2016). Par la suite, le discours est axé sur la diversité, l'inclusion et l'équité, avec le plan d'action *La diversité. Une valeur ajoutée* (MCCI, 2008). Dans ce processus de transformation terminologique, les groupes ethniques seront successivement des communautés culturelles, des Québécois des communautés culturelles, des citoyens de toutes origines et des minorités et le ministère de l'Immigration deviendra tour à tour celui des Communautés culturelles, des Relations avec les citoyens, puis de la Diversité et de l'Inclusion.

Au cours des 40 dernières années, ces changements terminologiques se sont aussi fait sentir dans le discours normatif en éducation, ainsi que dans les débats scientifiques entre les tenants des courants interculturel, critique/antiraciste, civique et inclusif. On peut caractériser les années 1970 et 1980 par une dominance du paradigme interculturel, en débat avec l'antiracisme, alors que les années 1990 et 2000 ont donné préséance au paradigme civique et à l'éducation à la citoyenneté. Les années 2010, axées sur l'équité et l'inclusion, refondent l'interculturel en milieu scolaire. Ces différents paradigmes sont liés à des impératifs sociopolitiques d'une époque à l'autre et renvoient donc à des conceptions différentes de l'identité collective, de l'ethnicité et de l'égalité.

Le présent texte s'intéresse aux choix terminologiques associés à certains courants sur la diversité ethnique dans le discours normatif québécois d'une décennie à l'autre, en resituant quelques éléments de débats internes à ces courants et du contexte sociopolitique québécois. Il montre comment le discours dominant/institutionnalisé devient de moins en moins critique, occulte la question du racisme et impose une norme discursive légitime pour les milieux éducatifs. Les choix terminologiques mais aussi les « absences » de certains enjeux, comme le racisme, ne sont jamais neutres: ils renvoient à des dynamiques de production de l'autorité, qui montrent ce qui peut être dit, par qui, sur qui et comment (Foucault, 1969).

2. Les changements de paradigmes et les débats d'une époque à l'autre

2.1 Les années 1970-1980: les débats entre interculturel et antiracisme

Au cours des années 1960 et 1970, le Québec connait un fort mouvement d'affirmation nationale. L'arrivée du Parti québécois (souverainiste) au pouvoir en 1976 marquera le passage des francophones (minoritaires au Canada) au statut sociologique de « groupe majoritaire » au Québec, par l'adoption notamment de la loi 101, qui fera du français la langue officielle du Québec. Dans ce changement de statut, le discours public et normatif se dissociera progressivement de ses références anticolonialistes et des anciennes rhétoriques militantes. Il ne s'agira plus de dénoncer les « rapports d'oppression » (dont le groupe francophone se sentait historiquement victime), mais d'intégrer les minorités dans une société majoritairement francophone. Le discours de « libération nationale » de minoritaire fera place à un discours d'affirmation nationale de majoritaire.

Au cours de cette période, le gouvernement du Québec, voyant que l'adoption de la loi 101 en 1977 n'allait pas mener « naturellement » à l'intégration des immigrants, élabore la *Politique québécoise du développement culturel* (MCCI, 1978), qui propose un modèle *interculturel* d'intégration, autour d'une « culture de convergence française », appelée à se transformer par la diversité. Cette politique nait aussi d'une volonté de se démarquer de la « mosaïque » du « multiculturalisme » canadien. En effet, l'adoption de la politique canadienne du multiculturalisme en 1971 sera « presque universellement rejetée » au Québec (Mc Roberts, 1997, p. 135), parce qu'elle était vue comme une manœuvre visant à occulter la réalité nationale du Québec, à reléguer les francophones du Québec à un statut de « groupe ethnique comme les autres », à laminer les différences entre régions et à imposer un bilinguisme fictif (*ibid.*). La politique québécoise entend donc favoriser les « échanges au sein d'une culture québécoise », en mettant l'accent sur l'intégration des immigrants à une culture commune, alors que la politique canadienne du multiculturalisme favorisait selon certains, le relativisme culturel.

En milieu solaire, cette dominance du paradigme interculturel au Québec donnera lieu à de nombreux débats. Deux avis du Conseil supérieur de l'éducation (1983 et 1987) poseront des finalités larges à l'éducation interculturelle, qui reposait, selon Ouellet (1991) sur une

« fusion de perspectives », valorisant à la fois « les cultures dans l'égalité », les contacts et les échanges « entre porteurs de différentes cultures » et la lutte contre les préjugés et le racisme. Fondée sur le relativisme culturel, l'éducation interculturelle mettait alors l'accent sur l'enrichissement mutuel par la célébration de la diversité, l'échange et la construction de rapports interculturels harmonieux, ainsi que sur le renforcement de l'image de soi des élèves des minorités, par la valorisation de leur héritage culturel. À cet égard, le Rapport Chancy (Comité sur l'école québécoise et les communautés culturelles, 1985) préconisait l'adoption de mesures compensatoires, vues comme de l'éducation interculturelle, et postulait qu'un processus d'acculturation mutuelle, au sein des relations et des institutions, allait entrainer une adaptation progressive à la diversité, dans une culture du métissage se généralisant.

Plusieurs auteurs critiques ont montré les limites de l'éducation interculturelle. On lui reproche de favoriser une logique de différenciation au détriment de l'égalité, en considérant les différences des élèves de manière figée et binaire (comme des mémoires et des héritages), ou dans une perspective de « rattrapage » linguistique ou culturel. Dans le matériel et les activités scolaires, l'accent était mis sur les différences plus que sur les ressemblances, et l'on enseignait aux élèves à accepter les « différences » sans remettre en question leur construction sociale par des rapports sociohistoriques de pouvoir, donc en tenant les frontières majoritaire-minoritaires pour acquises (Mc Andrew, 2001). Or, dans une perspective constructiviste, les frontières ethniques se construisent à la fois par les communautés elles-mêmes (frontière interne, rapport à l'histoire et à la culture) et par l'entremise des rapports de pouvoir entre les groupes (frontière externe) (Juteau [1999] 2016), ainsi que par une médiation de ces frontières par le travail de subjectivité du sujet (Mc Andrew, 2000). En négligeant l'impact des barrières systémiques et des rapports de pouvoir dans la construction identitaire des élèves, on lui reproche ainsi de se centrer sur la « frontière interne » (l'autodéfinition groupale) en oubliant la « frontière externe » de l'ethnicité (l'imposition de l'identité par l'autre, découlant des rapports de domination). La diversité est alors vue comme une liste de différences « à gérer », rendant invisible la façon dont les systèmes de domination (racisme, sexisme, classisme) convergent pour créer des expériences de discrimination par l'intersection des identités des individus. Cette perspective essentialiste des identités multiples ne pouvait prétendre à une acculturation réciproque, car le déséquilibre de pouvoirs entre majoritaire et minoritaires obligeait davantage le minoritaire à changer pour s'intégrer à la majorité. Enfin, plusieurs lui ont reproché de ne pas atteindre ses promesses d'égalité et de transformation sociales, car elle visait à combattre les préjugés individuels en ne s'attaquant pas à la racine des inégalités et du racisme (Dei, 1996).

Dans le milieu scolaire anglophone du Québec et dans les associations syndicales, la posture était beaucoup plus critique sur l'école, sur les rapports historiques de domination entre les groupes au Québec et sur les aspects systémiques de la discrimination et du racisme. Le racisme, l'antiracisme et les inégalités étaient plus directement l'objet d'analyses et de perspectives pédagogiques. Dans ses *Cahiers de pédagogie progressiste,* la Corporation des enseignants du Québec (CEQ) abordait ces questions non pas comme des problèmes « interpersonnels » ou découlant des préjugés individuels, mais à travers l'interrelation des systèmes de pouvoir et d'inégalités historiques entre majoritaires et minoritaires, autant dans les rapports internationaux que dans ceux qui définissaient la position des francophones, des minorités immigrantes, des femmes, des ouvriers ou des autochtones au Canada (Mc Andrew, 2004; Potvin, Mc Andrew et Kanouté, 2006). Ces milieux adoptaient le paradigme anti-oppression, qui reste essentiellement préoccupé par les rapports de domination et de pouvoir producteurs de discriminations et d'inégalités, et par la transformation des facteurs systémiques qui les génèrent. L'accent était donc mis sur la frontière externe de l'ethnicité (le rapport de domination), pour faire en sorte que les élèves comprennent le rôle des rapports inégaux de pouvoir et des catégories sociales dans la construction des identités. Au-delà d'un simple rapprochement interindividuel, cette approche remet en question les structures et le rôle de l'école et de la société dans la production des inégalités, ainsi que la responsabilité de tous les acteurs pour combattre les oppressions et les inégalités (systémiques). Par l'éducation antiraciste, il s'agissait de « transformer » autant les attitudes que les pratiques des institutions, ce qui nécessite une analyse de la production des inégalités dans chaque milieu (Dei, 1996). Cette position était en phase avec les développements en cours au Canada anglais. En effet, au même moment, la jurisprudence canadienne évoluait en matière de discrimination systémique, et la Commission Royale sur l'équité en matière d'emploi enquêtait sur « les moyens les plus efficaces, productifs et équitables d'éliminer la *discrimination systémique* et de favoriser l'égalité en matière d'emploi des femmes, des autochtones, des personnes handicapées et des minorités visibles » (Abella, 1984, p. 1). En outre, plusieurs politiques et programmes antiracistes voyaient le jour en milieu scolaire dans d'autres provinces, comme en Ontario.

Cette approche a aussi fait l'objet de critiques négatives. On lui a attribué notamment un caractère idéologique rigide, une conception tombant souvent dans l'essentialisme des identités, ainsi qu'une vision simpliste noirs-blancs qui occultait les rapports linguistiques. Certains lui reprochent son incapacité à articuler les principes et les valeurs des démocraties libérales avec leur déconstruction et une difficulté à susciter l'engagement actif en milieu scolaire, en raison des craintes de subordination de l'éducation à des objectifs politiques et à l'endoctrinement (Potvin et al. 2006). En focalisant trop sur la frontière externe, elle peut aussi occulter la construction d'une mémoire et d'une identité distinctes par les groupes ethniques, de même que l'autonomie et la place du sujet. Cette approche suscitait aussi des résistances chez les personnels scolaires, qui craignaient d'utiliser le vocable d'« éducation antiraciste » et lui préférait l'éducation interculturelle ou l'éducation à la citoyenneté, pour éviter les polarisations. Sa stratégie de transformation sociale a aussi été jugée irréaliste (*ibid.*).

Les perspectives critiques et systémiques vont progressivement disparaitre du discours des centrales syndicales et de nombreux acteurs sociaux à la fin des années 1980 au Québec, en raison d'une montée du paradigme civique, d'une idéologie néolibérale et d'un «consensus social vers le centre» (Mc Andrew, 2004), qui coïncident avec l'accession des francophones au statut de majorité. La centration du débat sur le culturel durant toute la décennie 1990 va nettement évacuer la question de l'équité et du racisme.

2.2 Les années 1990-2000: la dominance du paradigme civique

Dès la fin des années 1980, on assiste à un débat entre les relativistes et les civiques et à un changement de paradigme. L'importance accordée aux questions multi/interculturelles se déplace vers l'éducation aux droits humains et à la citoyenneté, une tendance qui se confirme aussi dans le discours politique au Canada et dans la production scientifique internationale (Delors, 1996). Les questionnements liés à la prise en compte de la diversité ethnoculturelle en milieu éducatif sont dirigés vers les conditions de la cohésion sociale et la négociation d'espaces communs dans une société caractérisée par un pluralisme multiforme (Mc Andrew, 2001). La citoyenneté s'impose alors comme un concept-clé dans le discours normatif canadien et québécois pour gérer les tendances à «la fragmentation sociale» (Labelle et Salée, 1999).

Comme on l'a vu, le passage au statut de groupe majoritaire des francophones a eu des effets sur les conceptions critiques des inégalités, des discriminations et des rapports de pouvoir, orientant désormais le discours normatif sur l'interculturel et sur l'intégration des minoritaires à la majorité francophone. L'absence du racisme et des discriminations est visible dans les politiques publiques alors même que se développait, dans le champ du droit, une importante réflexion conceptuelle sur la discrimination systémique et l'intersectionnalité des motifs de discrimination, dont témoigne l'évolution de la jurisprudence sur les droits de la personne. Le Québec adopte l'*Énoncé de politique en matière d'immigration et d'intégration des immigrants* (MCCI, 1990) fondé sur un « Contrat moral » de l'immigrant (qui doit s'intégrer en respectant les valeurs de la société) et sur trois piliers: 1) le français, langue commune de la vie publique, 2) la valorisation du pluralisme, de l'échange interculturel et du respect des valeurs démocratiques et 3) la participation de tous et la lutte contre la discrimination. Les citoyens et les institutions doivent respecter ce contrat en s'adaptant à la diversité et en favorisant l'intégration des immigrants. On fait peu de place au racisme dans les rapports intergroupes, vécu notamment par les descendants d'immigrants. Les débats publics durant cette période portent plutôt sur la communauté politique et sur la culture publique commune.

Il en va de même en milieux scolaires, bien que la *Politique d'intégration scolaire et d'éducation interculturelle,* adoptée en 1998 (Ministère de l'Éducation du Québec, 1998), cherche clairement à articuler pluralisme et citoyenneté. Dans le secteur scolaire francophone, « les discours qui, dans les manuels des années 1980, identifiaient la cause francophone à celle des Noirs américains ou au processus de décolonisation en cours disparaissent » (Mc Andrew, 2004, p. 204). On assiste à une institutionnalisation du paradigme civique par la Réforme, qui introduit dans le nouveau curriculum national des programmes d'Histoire et éducation à la citoyenneté et d'Éthique et culture religieuse, ainsi que certaines compétences ciblées en lien avec le pluralisme. Les objectifs de l'éducation à la citoyenneté démocratique dans une société pluraliste sont, entre autres, d'apprendre à « vivre ensemble » et à agir comme citoyens responsables par l'acquisition de connaissances (sur les valeurs de la démocratie, le pluralisme, les inégalités et les droits humains), et de compétences d'ordres cognitif, éthique, social et relationnel. L'accent est mis sur le cadre normatif commun des droits de la personne et du français langue commune comme éléments de cohésion sociale et sur la promotion des valeurs démocratiques afin de former les futurs citoyens d'une même collectivité nationale.

L'éducation à la citoyenneté a soulevé des débats houleux au Québec, notamment quant à la pertinence de son intégration à l'histoire (Demers, Lefrançois et Éthier, 2016). On lui reproche notamment de mettre l'accent sur le pluralisme normatif mais pas sur les rapports ethniques et de pouvoir, d'hier à aujourd'hui (autochtones, anglophones, etc.), et ce, en dépit de l'accroissement des conflits interethniques et des rapports de force à travers le monde. Certains soulignent que la dimension critique est souvent évacuée et que cette approche amalgame fréquemment le civique et le culturel en confondant culture civique et culture ethnique majoritaire (Potvin et al, 2006). On lui reproche aussi de refléter surtout les points de vue et les intérêts des groupes dominants, en mettant l'accent sur l'histoire, les normes et les valeurs majoritaires. Elle viserait peu à intégrer dans le programme les expériences des élèves des minorités ou leur médiatisation des frontières identitaires. En insistant surtout sur le pluralisme, le formalisme des droits et la modification des attitudes individuelles, elle contribuerait peu à modifier les rapports de force et les structures.

2.3 Depuis 2005: la dominance du paradigme de l'équité

En dépit des discours normatifs sur l'interculturalisme et la citoyenneté, les débats publics tendus depuis le milieu des années 2000 au Québec sur les enjeux religieux ont vite montré les limites de ces approches lorsqu'elles ne tiennent pas compte du racisme, des rapports de pouvoir et de la construction négative des groupes au centre des débats. La « crise des accommodements raisonnables[i] » (2006-2008)[ii] et celle de la « charte des valeurs québécoises » (2013-2014)[iii], de même que les attentats terroristes dans le monde et la radicalisation de jeunes collégiens au Québec, ont ouvert la porte à une multiplication des discours racistes et des crimes haineux, qui

83

témoignent de la coexistence d'un système de valeurs démocratiques avec un système d'interrelations complexes d'oppressions historiques (Québécois francophones, minorités religieuses, etc.) et de tensions internationales. La crise des accommodements a eu pour effet d'occulter en 2006 une consultation publique sur un projet de politique antiraciste (Potvin, 2016) et le rapport Bouchard–Taylor propose de mettre à jour le modèle d'interculturalisme québécois, sans situer le racisme au cœur du vivre-ensemble. Le plan d'action *La diversité, une valeur ajoutée* qui suivra en 2008, de même que le plan d'action *Ensemble, nous sommes le Québec* (Ministère de l'Immigration, de la Diversité et de l'Inclusion [MIDI], 2015), n'abordent pas la question du racisme dans ses dimensions systémiques. Le gouvernement s'attaque donc moins aux causes du racisme dans différents secteurs qu'à ses effets les plus extrêmes, en adoptant rapidement en 2015 un plan d'action sur la radicalisation, axé sur une approche pathologique et coercitive du phénomène.

Pourtant, les paradigmes antidiscriminatoires et d'équité reviennent en force au niveau international (*Objectifs du millénaire, agenda post-2015* de l'ONU) et au Canada (*Plan d'action canadien contre le racisme*), où plusieurs provinces adoptent des politiques éducatives inclusives. Par ailleurs, l'antiracisme prend de l'ampleur dans le mouvement altermondialiste et dans les voix montantes des jeunes racisés. En milieu scolaire québécois, la *Politique d'intégration scolaire et d'éducation interculturelle* de 1998 n'a pas été mise à jour mais certaines commissions scolaires (Commission scolaire de Montréal, Commission scolaire Marguerite-Bourgeoys) commencent à l'adapter dans une perspective plus « inclusive » et critique, inspirée de l'Ontario (Ministère de l'Éducation de l'Ontario (MEO), 2009) et des travaux de l'UNESCO (2009), approche qui aborde la diversité sociale comme « la norme ».

L'approche inclusive dépasse les divergences entre les courants, qu'elle réunit autour du paradigme de l'équité, de fondements critiques et d'objectifs transformatifs (Potvin, 2014). Elle partage particulièrement avec l'approche antiraciste/critique des objectifs de lutte contre l'exclusion et les inégalités, avec l'éducation interculturelle, la prise en compte des réalités socioculturelles de l'élève et, avec l'éducation à la citoyenneté, le développement de connaissances et de compétences civiques, démocratiques et de justice. Elle reprend et articule leurs finalités de différenciation et de transformation sociales, en ciblant les réalités changeantes, les besoins variés (identitaires, cognitifs, affectifs, etc.), les droits et les capacités des élèves, les moyens systémiques et la coresponsabilité des acteurs institutionnels dans une optique de transformation de la culture et des pratiques scolaires préjudiciables (Potvin et Larochelle-Audet, 2016).

Elle repose davantage sur l'approche fondée sur les droits (*Human Rights-based Approach*) et sur une justice distributive, qui va de l'égalité d'accès et de traitement à l'égalité de résultats et de succès éducatif. La prise en charge des besoins et des réalités des élèves renvoie à la frontière interne de l'ethnicité ainsi qu'à la médiation subjective par le sujet; le combat institutionnel contre l'exclusion pour actualiser les droits de l'enfant renvoie à la frontière externe de l'ethnicité. Ce courant permet donc de concevoir les réalités différenciées des élèves comme un triple produit de la frontière interne et externe de l'ethnicité et de la médiation du sujet, car les expressions identitaires, les résistances et les revendications des jeunes sont des indices des rapports d'exclusion dans l'école et la société. Il entend outiller les jeunes pour leur permettre de comprendre la complexité du monde, de se positionner et d'agir en citoyens engagés envers la justice et les droits et libertés. Il implique aussi le développement d'une forte capacité réflexive et coopérative des acteurs scolaires, pour se questionner sur les besoins, les obstacles et les discriminations (directes et indirectes) dans leur milieu, les combattre par des mesures d'équité, observer, critiquer et transformer leurs propres pratiques au sein de leur école et faire des suivis des améliorations à partir d'indicateurs (*monitoring*) (Potvin, 2014).

À l'instar des autres courants, cette approche comporte aussi des limites. Par exemple, au plan conceptuel, les concepts d'inclusion peuvent servir à conserver une vision normative et dichotomique entre le « centre » et les « marges », ce qui est inclus/exclus ou dedans/dehors. Il est aussi possible de tout mettre dans cette vision: un discours managérial de performance et de gestion des différents publics (ex. *l'Affirmative Action*, objectifs quantitatifs) ou une survalorisation de la richesse de la diversité comme atout, dans une logique de marché. Le discours peut être édulcoré. Une conception de la diversité qui ne reposerait pas sur l'équité et mettrait l'accent sur les « besoins particuliers » dans une perspective déficitaire peut occulter les discriminations systémiques, éluder le sujet et stigmatiser les jeunes. Elle peut aussi diluer la diversité ethnique dans la diversité sociale et ne plus répondre aux besoins spécifiques liés aux processus migratoires ou de racialisation.

3. Conclusion

On peut dégager quelques constats concernant à la fois les discours normatifs dans les politiques publiques et les courants éducatifs sur la diversité :

Le Québec maintient un discours normatif « interculturel » dans ses politiques d'intégration et dans ses politiques éducatives, malgré les limites et les transformations qu'a connues cette approche, notamment dans leur mise en œuvre. À l'instar du discours sur l'inclusion, l'interculturel est perçu comme moins polarisant et plus accepté par les milieux.

En milieu scolaire, les différents courants éducatifs partagent un grand nombre de principes et de valeurs communes: respect du pluralisme et des droits de la personne, promotion de l'égalité des chances et de l'équité, valorisation du cadre démocratique qui permet l'exercice de la citoyenneté, etc. Ils se distinguent par l'accent accordé à l'un ou l'autre de ces pôles et aux frontières internes ou externes de l'ethnicité, qui sous-tendent leur cadre d'analyse du fonctionnement des sociétés et des institutions (Potvin et Larochelle-Audet, 2016). Par contre, l'approche inclusive semble mieux intégrer les autres approches de manière complémentaire dans des objectifs communs et autour du paradigme de l'équité.

En dépit des débats tendus et des polarisations sociales, qui ont ramené depuis dix ans la question du racisme au cœur des enjeux du vivre-ensemble au Québec, on constate une frilosité à le nommer et à l'introduire dans les politiques publiques, dont la politique interculturelle en éducation. Traité en quelques lignes dans les politiques, il apparait encore aujourd'hui comme un fait marginal, qu'une intégration volontariste ou quelques formations *ad hoc* vont bien finir par résorber, et sous l'angle d'une dérive individuelle plutôt que dans une perspective systémique (Mc Andrew, 2004). Les politiques ciblent par endroits des « groupes vulnérables » et des « obstacles », mais ne traitent pas des mécanismes sociologiques qui interrelient racisme, discriminations, inégalités sociales et exclusion. Les phénomènes du racisme, de la pauvreté, de l'intimidation et des discriminations multiples apparaissent peu liés entre eux et peu problématisés dans les politiques. On peut faire le même constat des stratégies de lutte contre la violence ou l'intimidation à l'école ou sur la persévérance scolaire. Il existe dès lors une fragmentation des interventions publiques dans le traitement des enjeux d'égalité et d'équité, de diversité et de lutte contre l'exclusion et les discriminations, qui ne s'articulent pas dans une approche systémique et cohérente, fondée sur l'effectivité des droits de la personne.

Il apparait pertinent d'ajuster les politiques publiques afin de produire un cadre de référence global sur le vivre-ensemble et sur l'équité, susceptible d'articuler clairement ces différents volets, d'orienter et de réguler les actions des milieux. Il devrait réunir des éléments des diverses approches, en greffant l'inclusion, les droits, l'antiracisme, le vivre-ensemble et l'engagement citoyen à d'autres préoccupations du milieu et aux mesures qu'elles génèrent: radicalisation, persévérance et réussite éducatives, lutte contre la pauvreté, intimidation, discriminations multiples. Ce cadre devrait offrir des outils pour introduire une démarche appliquée et adaptable dans chaque milieu, à l'instar de la *Stratégie ontarienne d'équité et d'éducation inclusive*, qui propose une stratégie par étapes à tous les milieux scolaires, rendant ceux-ci imputables du processus d'équité et de transformation des obstacles à la réussite des apprenants.

Références

Abella, R. S. (1984). *Rapport de la Commission sur l'égalité en matière d'emploi.* Ottawa: Ministre des Approvisionnements et Services Canada.

Bouchard, G., & Taylor, C. (2008). *Fonder l'avenir, le temps de la conciliation.* Québec: Commission de consultation sur les pratiques d'accommodement reliées aux différences culturelles.

Comité sur l'école québécoise et les communautés culturelles. (1985). *Rapport du Comité sur l'école québécoise et les communautés culturelles.* Québec: Direction des communications, Ministère de l'Éducation.

Conseil supérieur de l'éducation. (1983). *L'éducation interculturelle. Avis au ministre de l'Éducation.* Québec: Gouvernement du Québec.

Conseil supérieur de l'éducation. (1987). *Les défis éducatifs de la pluralité. Avis au ministre de l'Éducation.* Québec: Gouvernement du Québec.

Dei, G. J. S. (1996). The challenges of inclusive schooling. Dans G. J. Sefa Dei (Dir.), *Anti-Racism Education: Theory and Practice* (pp. 75-90). Halifax: Fernwood Publishing.

Delors, J. (1996). *L'éducation: un trésor est caché dedans.* Rapport à l'UNESCO de la Commission internationale sur l'éducation pour le vingt et unième siècle. Paris: Odile Jacob.

Demers, S., Lefrançois, D., & Éthier, M.-A. (2016). Les programmes québécois d'histoire et éducation à la citoyenneté en contexte de diversité. Dans M. Potvin, M.-O. Magnan & J. Larochelle-Audet (Dirs.), *La diversité ethnoculturelle, religieuse et linguistique en éducation. Théorie et pratique* (pp. 110-127). Montréal: Fides Éducation.

Foucault, M. (1969). *L'archéologie du savoir.* Paris: Gallimard.

Juteau, D. (2016). *L'ethnicité et ses frontières* (2ᵉ éd.). Montréal: Presses de l'Université de Montréal.

Labelle, M., & Salée, D. (1999). La citoyenneté en question: l'État canadien face à l'immigration et à la diversité nationale et culturelle. *Sociologie et sociétés, 31*(2), 125-144.

Mc Andrew, M. (2000). *Relations ethniques, pluralisme et égalité: le rôle de l'école.* Leçon inaugurale au Département d'administration de l'éducation, Université de Montréal.

Mc Andrew, M. (2001). *Immigration et diversité à l'école: le débat québécois dans une perspective comparative.* Montréal: Presses de l'Université de Montréal.

Mc Andrew, M. (2004). L'éducation antiraciste au Québec: bilan et prospective. Dans J. Renaud, A. Germain & X. Leloup (Dirs.), *Racisme et discrimination: permanence et résurgence d'un phénomène* inavouable (pp. 201-210). Québec: Presses de l'Université Laval.

Mc Roberts, K. (1997). *Misconceiving Canada: The Struggle for National Unity.* Oxford: Oxford University Press.

Ministère de l'Éducation de l'Ontario (MEO). (2009). *Comment tirer parti de la diversité: Stratégie ontarienne d'équité et d'éducation inclusive.* Toronto: Gouvernement de l'Ontario.

Ministère de l'Éducation du Québec. (1998). *Politique d'intégration scolaire et d'éducation interculturelle.* Québec: Gouvernement du Québec.

Ministère des Communautés culturelles et de l'Immigration (MCCI). (1978). *La politique québécoise du développement culturel.* 2 volumes. Québec: Gouvernement du Québec, Éditeur officiel.

Ministère des Communautés culturelles et de l'Immigration (MCCI). (1990). *Au Québec pour bâtir ensemble. Énoncé de politique en matière d'immigration et d'intégration.* Québec: Gouvernement du Québec, Éditeur officiel.

Ministère des Communautés culturelles et de l'Immigration (MCCI). (1981). *Autant de façon d'être Québécois.* Québec: Gouvernement du Québec, Éditeur officiel.

Ministère des Communautés culturelles et de l'Immigration (MCCI). (2008). *La diversité, une valeur ajoutée.* Québec: Gouvernement du Québec, Éditeur officiel.

Ministère de l'Immigration, de la Diversité et de l'Inclusion (MIDI). (2015). *Ensemble, nous sommes le Québec. Politique québécoise en matière d'immigration, de participation et d'inclusion.* Gouvernement du Québec.

Ouellet, F. (1991). *L'éducation interculturelle. Essai sur le contenu de la formation des maîtres.* Paris: L'Harmattan.

Potvin, M. (2014). Diversité ethnique et éducation inclusive: fondements et perspectives. *Éducation et sociétés, 33*(1), 185-202.

Potvin, M. (2016, 2ᵉ éd. [2010]). Interethnic Relations and Racism in Quebec. Dans C. Kirkey, R. Jarrett, et S. Gervais (Dirs), *Québec*

Questions. Québec Studies for the 21st Century (pp. 271-296). London: Oxford University Press.

Potvin, M., & Larochelle-Audet, J. (2016). Les approches théoriques sur la diversité ethnoculturelle en éducation et les compétences essentielles du personnel scolaire. Dans M. Potvin, M.- O. Magnan et J. Larochelle-Audet (Dirs.), *La diversité ethnoculturelle, religieuse et linguistique en éducation. Théorie et pratique* (pp. 110-127). Montréal: Fides Éducation.

Potvin, M., Mc Andrew, M., & Kanouté, F. (2006). *L'éducation antiraciste en milieu scolaire francophone à Montréal: diagnostic et prospectives.* Montréal: Centre d'études ethniques des universités montréalaises, CRSH-Multiculturalisme (ministère du Patrimoine Canadien).

Québec. (1975). *Charte des droits et libertés de la personne: RLRQ, chapitre C-12, à jour au 1er septembre 2017.* Québec, Éditeur officiel du Québec.

Québec. (1977). *Charte de la langue française: RLRQ, chapitre C-11, à jour au 1er septembre 2017.* Québec, Éditeur officiel du Québec.

UNESCO. (2009). *Principes directeurs pour l'inclusion dans l'éducation.* Paris: UNESCO.

---

[i] L'accommodement raisonnable est un concept propre à la jurisprudence canadienne en matière de discrimination indirecte. Il vise à corriger une situation discriminatoire, par une adaptation des normes ou des pratiques d'une organisation envers une personne en raison de son handicap, de sa religion ou d'autres motifs. Il ne s'applique pas s'il entraine des « contraintes excessives » pour l'institution, comme une atteinte aux droits d'autrui, à la sécurité des personnes, aux missions fondamentales de l'institution ou des coûts excessifs.

[ii] En mars 2006, un jugement de la cour Suprême qui autorisait le port du kirpan à l'école publique pour un élève sikh ouvre le débat sur les accommodements raisonnables. Les médias ont ensuite multiplié les manchettes sur des faits divers catégorisés indûment comme des accommodements raisonnables, transformant le débat en crise pendant deux ans et donnant naissance à la Commission de consultation sur les pratiques d'accommodement reliées aux différences culturelles (Bouchard et Taylor, 2008).

[iii] Le gouvernement du Parti Québécois propose en 2013 le projet de loi 60 visant à interdire le port de signes religieux dans la fonction publique, et ouvre un débat très polarisant qui va durer d'août 2013 jusqu'aux élections d'avril 2014.

CHAPITRE IV

PERSPECTIVES THÉORIQUES SUR L'INTERCULTURALITÉ ET SUR L'INCLUSION AU BRÉSIL

Mônica Pereira dos Santos

1. Introduction

Au Brésil, traditionnellement, la thématique de l'inclusion a toujours été liée, à tort, au public cible de l'éducation spécialisée, lequel, selon les dispositions juridiques actuelles (Brasil, 2015), fait référence aux personnes handicapées. Cette tradition a fini par provoquer des malentendus qui doivent être clarifiés, comme l'utilisation du terme « éducation inclusive » en tant que simple substitution au concept d'éducation spécialisée. Ce genre de confusion minimise le processus d'inclusion en matière d'éducation, mais aussi ses résultats.

Bien que nous reconnaissions l'éducation spécialisée et la mise à disposition des biens sociaux aux groupes de personnes handicapées en tant que droits inaliénables, nous soutenons que l'inclusion, notamment à travers ses préoccupations interculturelles, ne peut faire seulement référence à certains groupes spécifiques. Elle doit tenir compte de tout sujet et de tout groupe, en cohérence avec les mouvements de défense des droits de l'homme, desquels découle, dans le champ de l'éducation, le mouvement de l'Éducation pour tous.

Ce mouvement est devenu officiel à l'échelle internationale par le biais de la *Déclaration mondiale sur l'éducation pour tous* (UNESCO, 1990), adoptée à Jontiem, en Thaïlande. Selon l'article 3 de cette déclaration, en lien avec la promotion de l'équité et de l'accès universel à l'éducation, le paragraphe 4 précise que:

> *Il faut s'attacher activement à éliminer les disparités éducatives qui peuvent existe au détriment de certains groupes. Les pauvres, les enfants des rues et les enfants qui travaillent, les populations des zones rurales ou reculées, les nomades et les travailleurs migrants, les populations autochtones, les minorités ethniques, raciales, linguistiques, les réfugiés, les personnes déplacées par la guerre, les populations sous régime d'occupation, ne doivent subir aucune discrimination dans l'accès aux formations.*

Par ailleurs, la question interculturelle reste « traditionnellement » associée à des groupes ethniques et à des différences culturelles axées sur les dimensions raciales, religieuses et de nationalité qui, de façon similaire à ce qui se passe avec le concept d'inclusion, viennent limiter l'approche interculturelle à certains groupes et à certains sujets, dans une perspective colonialiste. Cette perspective est associée à ce que McLaren (2000) appelle le multiculturalisme conservateur, qui repose sur la « blanchitude » comme condition de jugement des autres ethnies et qui adopte l'idée de diversité pour camoufler une vision assimilationniste à travers laquelle les groupes ethniques deviennent de simples extensions de la culture dominante. De plus, l'auteur ajoute que cette perspective est monolinguistique, qu'elle prend le capital culturel anglo-américain comme référent de base de la jeunesse et qu'elle est acritique dans la mesure où elle ne remet pas en question les régimes discursifs dominants et, encore moins, les pratiques sociales et culturelles de domination.

Ce chapitre tente de décrire, brièvement, les grandes lignes théoriques relatives aux thématiques de l'inclusion et de l'interculturalité au Brésil, dans le but de montrer que les deux sont étroitement liées. Ainsi, aborder l'une d'elles requiert nécessairement de prendre l'autre en considération, sachant qu'elles ne peuvent pas exister isolément.

La pertinence et le but d'une telle argumentation résident dans la reconnaissance de la portée de leurs significations et de leurs liens avec les droits de l'homme. Mentionnons, de plus, qu'il s'agit de thématiques encore peu présentes dans les milieux scientifiques, tel que le démontre une recherche à partir des mots-clés *inclusion* et *interculturality* dans le portail de la *Coordenação de Aperfeiçoamento de Pessoal de Nível Superior* (Coordination du perfectionnement aux cycles supérieurs, CAPES)[i]. En effet, dans les cinq dernières années, nous n'avons trouvé que 133 travaux (incluant des articles, des livres et des revues, en anglais, en portugais, en espagnol et dans d'autres langues), un nombre qui n'est pas assez élevé, à notre avis, étant donné qu'il s'agit d'un outil couvrant la production scientifique à l'échelle mondiale. Parmi ces travaux, seulement quinze ont utilisé simultanément les deux mots-clés dans leur résumé. Malgré leur caractère exploratoire, ces chiffres supportent l'hypothèse qu'il existe encore peu de travaux qui traitent de ces deux concepts conjointement.

En plus de cette introduction, ce chapitre comporte trois sections. La première section porte sur les aspects théoriques, mais d'un point de vue historique, au Brésil. Dans la deuxième, nous discuterons des points de convergence entre ces deux concepts ainsi que de leurs spécificités afin de faire quelques remarques conclusives, quoique non définitives. En effet, tel que nous le verrons plus loin, si inclusion et interculturalité présupposent un dialogue continu, le débat doit se poursuivre.

2. L'inclusion et l'interculturalité au Brésil: un regard historique

2.1 L'inclusion

Étymologiquement, le terme inclusion a diverses origines,

majoritairement latines, dont certaines sont paradoxalement contradictoires. En effet le terme a différentes significations, d'une part, l'insertion, la compréhension, d'autre part, l'enfermement, la clôture[ii].

Ainsi, limitée à leurs sens étymologiques, notre compréhension de ces termes se trouve réduite ou polarisée. Heureusement, les mots suivent un mouvement historique et se mettent à jour culturellement, nous obligeant à les soumettre à un exercice continu de contextualisation. En ce sens, nous pouvons affirmer sans aucun doute que, dans le contexte brésilien d'aujourd'hui, et selon une perspective historique, le mot inclusion est associé aux idées d'engagement, d'insertion, de participation et de compréhension, dans le sillage de luttes des mouvements sociaux (à l'exemple du féminisme et des mouvements des Noirs). De plus, au cours du XXe siècle, ce mot a également été associé aux droits humains, en particulier dans le domaine de l'éducation, à la suite de la Déclaration mondiale sur l'Éducation pour tous (UNESCO, 1990).

Certains affirment que l'origine de l'inclusion remonte au mouvement d'émancipation des personnes handicapées et qu'elle s'est constituée, pour ainsi dire, dans un moment évolutif du modèle intégrationniste (Sassaki, 2002)[iii]. Ceci ne serait que partiellement vrai, car cette position repose sur le fait de considérer les personnes handicapées en tant qu'exclues. En effet, nous avons déjà affirmé que le mouvement intégrationniste des personnes handicapées est né après la Deuxième Guerre mondiale et qu'il a pris de l'ampleur dans les années 1960, s'inscrivant alors dans les mouvements de revendication des droits humains (Santos, 1995). Selon nous, ce développement a eu lieu à la suite de la réinsertion, au marché du travail des personnes devenues handicapées pendant la guerre. À partir de ce moment, cette intégration n'a plus été considérée comme une mesure paternaliste et a acquis un caractère politisé, basé sur l'idée des droits humains.

Au Brésil, la lutte pour l'émancipation des personnes handicapées a commencé dans les années 1970, quand fut créé un organisme fédéral directement lié à cette question, le *Centro Nacional de Educação Especial* (Centre national d'éducation spéciale, CENESP) dans le but de promouvoir, sur l'ensemble du territoire national, l'expansion et l'amélioration des services aux populations alors appelées « exceptionnelles ». Selon Capellini et Mendes (s.d. p. 8), l'éducation spécialisée a acquis un caractère ambigu car, tout en travaillant pour la démocratisation de l'éducation par l'augmentation des opportunités pour ceux qui ne bénéficiaient pas de l'école régulière, cette même position a légitimé des pratiques ségrégationnistes qui exemptaient l'école régulière de ses responsabilités d'éduquer tous les élèves.

Dans cette perspective, nous pouvons dire que l'inclusion s'est vue « appropriée » par le mouvement d'émancipation des personnes handicapées et réclamée en tant que modèle de substitution à celui de l'intégration. Ceci eu lieu pour une simple et importante raison: dans le modèle d'intégration, les personnes devraient s'ajuster à la société alors que dans celui de l'inclusion, c'est la société qui s'ajuste à tout un chacun.

Qu'elle soit vue comme une nouvelle étape du processus historique de l'éducation des personnes handicapées ou non, il faut dire que l'inclusion, dans son essence, est un processus qui ne réfère pas à un groupe en particulier, mais plutôt à tous et à chacun, en matière de droits: la santé, l'habitation, le transport, l'éducation, le loisir et le travail. Et puisque cela ne pourrait en être autrement, à cause de son fort lien avec les droits humains et avec les exigences des mouvements sociaux, l'inclusion, en tant que processus, vient renforcer les principes de démocratie, de citoyenneté, de participation et d'égalité.

Bien que la capacité à se centrer sur certains groupes soit importante au moment de réfléchir sur la manière de garantir les principes mentionnés plus haut, il importe de souligner que de penser et d'agir « inclusivement » en se centrant sur un ou quelques groupes, n'a aucun sens. Ceci est d'autant plus pertinent puisque, plus loin dans ce texte, nous discuterons de la cohérence et des spécificités de l'inclusion et de l'interculturalité et nous verrons aussi que les deux se complètent. Alors que l'inclusion pense la totalité, l'interculturalité prévoit le nécessaire pour ne perdre pas de vue les parties qui forment le tout. En résumé, nous pouvons dire que si l'inclusion considère toutes et tous globalement, l'interculturalité veille à chacune et à chacun individuellement.

Compte tenu des liens qui unissent la notion d'inclusion aux droits humains, renforcés par les mouvements sociaux des femmes, des populations afrodescendantes et des personnes handicapées, surtout à partir des années 1960, il importe de souligner qu'une posture analytique cohérente ne peut se passer de voir le portrait global. Ceci implique la nécessité de comprendre les mouvements et les flux humains, dans leur nature à la fois contradictoire et complexe, ainsi que dans leurs dimensions culturelles, politiques et pratiques et leurs effets sur l'humanité, et vice versa.

2.2 L'interculturalité

Comme nous l'avons fait valoir pour le terme inclusion, la signification du terme interculturalité, aux fins du présent chapitre, va bien au-delà des aspects linguistiques et a des origines dans des domaines de connaissances variés, entre autres la théorie de la communication, l'anthropologie, la psychologie, l'éducation. Sans vouloir faire le tour de la question (et dans la totale impossibilité de le faire, compte tenu de l'espace qui nous est alloué), nous verrons quelques exemples pour chacun de ces domaines des connaissances.

À propos de la théorie de la communication, Milton Bennet dans entrevue au magazine *Época* (Hackradt, 2011) explique que le terme interculturalité s'est développé dans cette théorie qui défend l'idée que « les personnes ont d'abord besoin d'apprendre sur elles-mêmes, donner une signification à leurs propres façons de communiquer, pour ensuite créer des significations qui ont du sens pour les autres » (traduction libre). Le chercheur explique que ce concept remonte à l'idée de « village global », du Canadien Marshall McLuhan, utilisée pour expliquer la tendance de l'augmentation du contact et de la communication entre les personnes et les peuples, à partir du développement de la presse écrite.

Anthropologiquement, le terme se concentre sur la notion de culture, dont la polysémie a été maintes fois mise en évidence dans les écrits scientifiques. En ce sens, l'un des auteurs les plus importants est Geertz, pour qui la culture est « un modèle de significations historiquement transmises, incorporées en symboles; c'est un système de concepts hérités et exprimés par des formes symboliques par le biais desquelles l'homme communique, se perpétue et développe sa connaissance sur la vie » (1978, p. 89).

En parlant de symboles, l'auteur apporte une contribution au concept de culture dans son rapport au langage et à la langue, lesquels, selon lui, ne peuvent être compris indépendamment de la notion de culture et vice versa. En ce sens, d'autres auteurs (Foucault, 1999, 2000; Hall, 2003) viennent enrichir cette définition en mettant en évidence le lien étroit entre culture, langage, identité et différence, notamment dans le champ de la psychologie sociale. À titre d'exemple, nous pouvons citer Spink (2010, p. 27) qui considère le langage

> (...) comme une pratique sociale, ce qui présuppose travailler l'interface entre les aspects performatifs du langage (quand, dans quelles conditions, avec quelle intention, de quelle façon) et les conditions de production (comprises ici à la fois comme contexte social et interactionnel que dans le sens foucaldien de constructions historiques).

Dans le domaine de la psychologie, l'un des auteurs qui travaillent avec le concept de culture est Bruner (2001). Pour lui, la psychologie culturelle devrait prendre en compte quelques dimensions du concept de culture: l'univers symbolique, la communauté culturelle et la narration. L'univers symbolique fait référence à la culture elle-même, au monde dans lequel nous vivons et auquel nous nous adaptons à travers des processus de (re)négociation de significations, ces dernières étant culturellement produites et partagées et contextuellement définies. La communauté culturelle est celle qui fournit une certaine organicité aux significations, minimisant, en quelque sorte, le danger d'une relativité exacerbée. Les narrations, finalement, sont les formes par lesquelles sont réalisés les échanges et les renégociations symboliques, étroitement liés au langage. Selon l'auteur, le savoir et la communication sont des questions interdépendantes et inséparables, même quand nous estimons agir en notre nom, dans notre quête de sens. L'auteur estime qu'une telle quête s'avère impossible sans avoir recours aux systèmes symboliques de notre culture. Ainsi, la culture sera le grand pourvoyeur des outils permettant l'organisation de l'esprit et la signification du monde de façon communicable. Sans ces outils symboliques et matériaux, l'humanité ne pourrait pas dépasser son héritage animal et deviendrait une « abstraction vide » (Bruner, 2001, p. 16-17).

Un autre auteur qui a considéré l'importance de la culture à partir du regard de la psychologie est Vygotski. Compte tenu de son ancrage matérialiste-historique, Vygotski considérait la culture comme un produit du travail humain issu d'un processus historique. En tant que psychologue, Vygotski (1999) a développé le concept théorique de « fonctions psychologiques supérieures » (FPS) à travers lesquelles l'humanité serait capable d'imaginer, d'utiliser le langage et de penser. Les FPS sont développées culturellement et la notion de culture, selon l'auteur, est définie en fonction du travail, activité par laquelle l'homme entre en relation avec la nature et la transforme. Ainsi, pour Vygotski, ce travail englobe non seulement les instruments et les outils de cette médiation avec la nature, mais aussi les signes et les systèmes symboliques, dont le langage, qui présentent une importante fonction dans l'acte de socialisation/culturalisation humaine. Selon l'auteur:

L'invention et l'utilisation des signes comme moyens auxiliaires pour résoudre un problème psychologique donné (se souvenir, comparer des choses, raconter, choisir, etc.) sont analogues à l'invention et à l'utilisation des outils dans le domaine psychologique. Le signe agit comme un instrument de l'activité psychologique de la même façon qu'un outil de travail (Vygotski, 1999, p. 70).

De cette façon, c'est par le travail, compris dans son sens instrumental et réflexif, et par le recours aussi bien à des outils qu'à des signes, que l'humanité produit la culture et, à travers elle, se constitue et s'humanise.

Bien que les travaux de cet auteur n'arrivent que tardivement au Brésil, soit vers 1980, ils provoquent de grands impacts. En effet, d'une part, ils remettent en question le rôle passif de l'élève et d'autre part, en plus de valoriser le domaine de l'éducation en le définissant comme un grand champ où les concepts scientifiques peuvent être développés, ils introduisent, à travers l'idée de médiation, l'importance d'une éducation émancipatrice.

En éducation, l'auteur brésilien qui est considéré comme un chef de file pour examiner les aspects culturels comme fondements de l'apprentissage est Paulo Freire. Cet auteur fait valoir que sa proposition d'une éducation libératrice s'oppose à l'éducation «bancaire»:

Alors que la pratique « bancaire », comme nous l'avons noté, conduit à une sorte d'anesthésie, inhibant le pouvoir créateur des élèves, l'éducation conscientisante, de caractère authentiquement réflexif, conduit à une découverte permanente de la réalité. La première prétend maintenir l'état d'immersion, la seconde, au contraire, recherche l'émergence des consciences d'où résulte leur insertion critique dans la réalité. (Freire, 1974, p. 65).

Selon Freire, l'éducation libératrice est une action culturelle, prophétique et porteuse d'espoir, résultat du caractère utopique de l'éducation. Cette utopie est à la fois, « contestation d'une réalité déshumanisante et annonce d'une réalité avec laquelle les hommes peuvent *être plus* » (Freire, 1974, p. 67).

Et, en tant qu'action culturelle, l'éducation doit être contextualisée, conscientisante et analytique de la réalité. En outre, elle doit surtout considérer l'histoire de chaque sujet dans son contexte social et dans ses trajectoires de vie, en quête d'une « synthèse culturelle », de ce qui constitue le soulèvement des « thèmes générateurs » à partir desquels on devrait bâtir un programme libérateur. Pour l'auteur, les leaders et le peuple devraient s'engager dans la construction collective de lignes directrices, processus par lequel émergeraient de nouveaux savoirs et de nouvelles actions qui, cette fois-ci, seraient représentatifs aussi bien des leaders que du peuple. Ces savoirs « de la culture aliénée » impliqueraient des actions transformatrices qui, à leur tour, engendreraient une nouvelle culture de désaliénation. En résumé, la synthèse culturelle, plutôt que de nier les cultures différenciées, est fondée sur elles, refusant l'invasion d'une culture par une autre et revendiquant l'apport que l'une peut fournir à l'autre.

En ce sens, nous pouvons affirmer que Paulo Freire constitue une référence importante pour la vision interculturelle brésilienne, bien que lui-même n'ait pas utilisé le mot interculturalité dans ses écrits. Ses effets dans les écoles qui adoptent ses idées sont déterminants en ce qui concerne la prise en compte de la réalité des élèves comme base pour la mise en place d'une proposition curriculaire égalitaire, conscientisante et interculturelle.

3. L'inclusion et l'interculturalité au Brésil: rencontres et spécificités

À la suite des considérations des sections précédentes, il est possible de constater les similitudes entre ces deux concepts dans divers aspects. Compte tenu des limites d'espace, nous nous centrerons sur ce que nous considérons comme le principal champ de confluence entre l'inclusion et l'interculturalité: l'éducation. Selon nous, cela n'est possible que parce qu'ils sont tous les deux porteurs d'une préoccupation centrale quant au concept de cultures.

Ainsi, bien que nous nous soyons penchée sur les spécificités de chacun de ces termes, nous ne pouvons pas avancer qu'il existe des désaccords entre inclusion et interculturalité, car, de notre point de vue, ils se rejoignent toujours. Nous préférons dire ici que chacun met l'accent sur des objets différents, et c'est dans ce sens que notre argumentation s'inscrit.

Grosso modo, nous pouvons dire que l'interculturalité, par ses racines dans les sciences humaines et, par le fait qu'elle contient en elle, inéluctablement, la notion de culture, se focalise davantage sur les particularités des phénomènes culturels. L'inclusion, par ses origines associées aux droits humains et aux mouvements sociaux, tendrait à percevoir davantage les cultures comme des totalités.

Ainsi, l'éducation se présente comme un champ fertile dans lequel se rencontrent différentes identités culturelles, nationales, religieuses, ethniques, de genre, d'habilités, d'âge, d'origine sociale et économique. Au sein de cette rencontre, il importe d'être attentif à la totalité dialectique et complexe des interactions culturelles, des politiques et des pratiques qui s'établissent et à leur portée, d'inclusion aussi bien que d'exclusion. La perspective inclusive fournit cette exhaustivité du regard. Toutefois, afin de compléter ce dernier, il importe également d'être attentif aux aspects spécifiques de ces interactions en ce qui concerne les identités présentes et leurs productions de sens, notamment quant à ce qui peut varier entre ce qui est considéré inclusif ou excluant. Ce regard spécifique n'est possible que grâce à une perspective interculturelle.

En d'autres mots, l'inclusion et l'interculturalité se rejoignent dans

101

l'éducation dans la mesure où celle-ci constitue un champ riche d'interactions, symboliques et matérielles, entre des appartenances, des regards, des sentiments et des représentations différents. Dans ce cadre, alors que l'on lutte pour la reconnaissance de ces différences par le biais du vaste regard de l'inclusion, qui assure à toutes et à tous, sans discrimination, leurs droits d'apprentissage et de participation, on lutte également pour l'affirmation des identités spécifiques, de leurs us et coutumes, mœurs et traditions comme un droit en soi qui permet d'assurer la continuité de leur propre existence. Ceci est possible grâce au regard interculturel.

4. Conclusion

Nous avons essayé, brièvement, de présenter un historique des termes inclusion et interculturalité, en abordant quelques-unes de leurs orientations théoriques. Dans cet exercice, nous avons constaté que l'interculturalité se caractérise par des emprunts riches dans des champs scientifiques variés, dont nous avons exploré certains auteurs tels que McLuhan, Geertz, Bruner, Vygotski, Freire.

Nous nous sommes encore aperçu que le terme inclusion est lié à deux grandes tendances dans son histoire. La première, spécifique, le restreint au mouvement d'émancipation des personnes handicapées et est, à notre avis, partielle et limitée. L'autre, que nous considérons comme la plus adéquate, est liée au renforcement des droits de l'homme et aux mouvements sociaux en général (y compris, mais sans s'y limiter, au mouvement social pour l'émancipation des personnes handicapées).

Cela fait, nous avons cherché à analyser les points de congruence – et de spécificité – de chaque terme. Nous avons alors observé que l'inclusion va vers une vision totalisante, considérant les cultures, la politique et les pratiques en interactions contraires, complémentaires et complexes (n'excluant pas pour autant les parties de la totalité), tandis que l'interculturalité se concentre sur les parties (aspects identitaires) de chaque ensemble, sans pour autant négliger le tout, car il met à profit le concept de culture.

L'intérêt de cette démarche réside dans le fait que des chercheurs s'étant intéressés à ces deux concepts aient consacré leurs efforts à la fertilité qui existe dans la rencontre entre inclusion et interculturalité. Les raisons qui expliquent cela sont nombreuses: il y a encore peu de publications reliant les deux thèmes; les deux traitent d'aspects culturels, ce qui, dans un monde globalisé, est de plus en plus important; les deux se battent pour la montée continuelle des relations démocratiques et émancipatoires entre les sujets, les groupes et les peuples; et, finalement, les deux se complètent mutuellement: l'une avec une vision des totalités qui ne méprise pas les parties, l'autre se concentrant sur les parties, sans mépriser les totalités.

Références

Brasil. (2015). *Lei Brasileira de Inclusão da Pessoa com Deficiência (Estatuto da Pessoa com Deficiência) 13.146/2015.* Brasilia.

Bruner, J. S. (2001). *A Cultura da Educação.* Porto Alegre: Artes Médicas.

Capellini, V. L., & Mendes, E. (s.d.). *História da educação especial: em busca de um espaço na história da educação brasileira.* Repéré à: http://www.histedbr.fe.unicamp.br/acer_histedbr/seminario/seminario7/TRABALHOS/V/Vera%20lucia%20messias%20fialho%20capellini.pdf

Foucault, M. (1999). *A Ordem do Discurso* (5e éd.). São Paulo: Edições Loyola.

Foucault, M. (2000). *As Palavras e as coisas: uma arqueologia das ciências humanas.* São Paulo: Martins Fontes.

Freire, P. (1974). *Pédagogie des opprimés.* Paris: François Maspero.

Geertz, C. (1978). *A Interpretação das culturas.* Rio de Janeiro: Zahar Editores.

Hackradt, L. (2011). Interculturalidade. Você sabe o que é?. *Época.* Repéré à: http://revistaepoca.globo.com/revista/epoca/0,,emi250960-

15228,00-interculturalidade+voce+sabe+o+que+e.html.

Hall, S. (2003). *Da Diáspora - identidades e mediações culturais.* Belo Horizonte: Editora da UFMG.

McLaren, P. (2000). *Multiculturalismo crítico.* São Paulo: Cortez.

Santos, M. P. dos. (1995). Perspectiva histórica do movimento integracionista na Europa. *Revista Brasileira de Educação Especial. 2*(3), 21-19.

Sassaki, R. K. (2002). Terminologia da deficiência na Era da Inclusão. *Revista Nacional de Reabilitação, 5*(24), 6-9.

Spink, M. J. (2010). *Linguagem e produção de sentidos no cotidiano.* Rio de Janeiro: Centro Edelstein de Pesquisas Sociais.

Vygotsky, L. (1999). *A formação social da mente.* São Paulo: Martins Fontes.

UNESCO. (1990). *Declaração Mundial sobre Educação para Todos.* Jomtiem: UNESCO.

---

[i] Le portail web de la CAPES (perdiocos.capes.gov.br) est une bibliothèque virtuelle qui réunit plus de 38 000 productions scientifiques internationales.

[ii] Ces significations proviennent de diverses ressources accessibles en ligne, dont *Dicionario Informal* (http://www.dicionarioinformal.com.br/ significado/inclus%C3%A3o/3775/); *Origem da palavra* (http://origemdapalavra.com.br/site/?s=inclus%C3%A3o) et *Dicionario aberto* (http://www.dicionario-aberto.net/dict.pdf).

[iii] Dans le domaine de l'éducation spécialisée, le mouvement intégrationniste s'est fait connaitre pour avoir défendu l'intégration des élèves handicapés dans les écoles « régulières » dans un mouvement de protestation contre la ségrégation imposée par les écoles et les classes spéciales. Ce mouvement prône une insertion progressive, selon le degré de handicap des élèves, évalués généralement par des équipes d'ordre médico-clinique.

PARTIE III

La formation des éducateurs à la diversité : état de la situation

CHAPITRE V

LE PERSONNEL SCOLAIRE ET LA DIVERSITÉ ETHNOCULTURELLE AU QUÉBEC : REGARD SUR LES PRESCRIPTIONS NORMATIVES

Julie Larochelle-Audet
Marie-Odile Magnan
Maryse Potvin
David D'Arrisso

1. Introduction

Depuis l'adoption de la *Politique d'intégration scolaire et d'éducation interculturelle* (Ministère de l'Éducation du Québec [MEQ], 1998), le rapport à la diversité ethnoculturelle, religieuse et linguistique en contexte scolaire québécois est balisé par un modèle normatif pluraliste, valorisant la reconnaissance et la prise en compte de la diversité ethnoculturelle à l'école. Le personnel scolaire se voit confier un rôle de premier plan dans cette politique, toujours en vigueur, afin de mettre en place un système scolaire répondant aux principes de l'éducation interculturelle, soit «savoir vivre ensemble dans une société francophone, démocratique et pluraliste» (MEQ, 1998, p. 23). Parmi les huit orientations de cette politique, deux concernent spécifiquement le personnel scolaire. Une orientation stipule que «la diversité ethnoculturelle de la société québécoise doit être représentée dans les différents corps d'emploi du monde scolaire» (MEQ, 1998, p. 33), tandis qu'une autre prévoit le développement d'une solide formation initiale et continue, apte à préparer le personnel à «relever les défis éducatifs liés à la diversité ethnoculturelle, linguistique et religieuse de la société québécoise» (MEQ, 1998, p. 32).

Près de 20 ans après l'adoption de cette politique, ce chapitre interroge ces deux orientations ou prescriptions normatives concernant le personnel scolaire. Il traite spécifiquement du personnel enseignant et de direction[i], qui partagent notamment un rôle leur conférant davantage d'autorité dans les écoles ainsi qu'une formation universitaire. Celle-ci est obligatoire, en vertu du Règlement sur les autorisations d'enseigner (I-13.3), afin d'obtenir une autorisation d'enseigner et d'exercer à la formation générale dans les écoles de niveau préscolaire, primaire, secondaire et à l'éducation aux adultes. Depuis les réformes de 1992-1994 et de 2001, la principale voie menant à son obtention est la réussite de l'un des 19 programmes de formation de premier cycle universitaire en enseignement d'une durée de quatre ans, incluant également quatre stages obligatoires (700 heures ou plus). En plus de détenir une autorisation d'enseigner, les personnes désirant exercer la profession de direction ou de direction-adjointe d'un établissement scolaire doivent avoir cumulé un minimum de cinq années d'expérience pertinente. Depuis le 1er septembre 2001, elles sont également tenues de réussir un programme universitaire de deuxième cycle ayant un minimum de 30 crédits en gestion (équivalent à 450 heures) au cours des cinq premières années d'exercice. Il est cependant possible de commencer à exercer la profession de direction dès la réussite des six premiers crédits (deux cours universitaires).

Dans un premier temps, le chapitre analyse la représentation de la diversité dans ces deux corps d'emploi à partir de données collectées en vertu de la Loi sur l'accès à l'égalité en emploi dans des organismes publics (RLRQ c A-2.01) et de l'Enquête nationale auprès des ménages (ENM). Dans un deuxième temps, il examine la place accordée à la diversité ethnoculturelle, religieuse et linguistique dans leurs programmes de formation initiale, à la lumière des référentiels de compétences ministériels l'orientant. Finalement, le chapitre aborde de façon critique les constats mitigés quant aux effets de ces deux orientations de la politique et examine attentivement le développement des cours relatifs à la diversité dans ces programmes.

2. La représentation de la diversité au sein du personnel enseignant et de direction

La première orientation de la *Politique d'intégration scolaire et d'éducation interculturelle* (MEQ, 1998) − « la diversité ethnoculturelle de la société québécoise doit être représentée dans les différents corps d'emploi du monde scolaire » (p. 33) − peut être analysée à l'aune des mesures de redressement mises en place au Québec afin de lutter contre les inégalités dans l'accès à l'emploi. Adoptée en 2001, la Loi sur l'accès à l'égalité en emploi dans des organismes publics (RLRQ c A-2.01) établit un cadre visant à corriger la sous-représentation en emploi de cinq groupes-cibles, soit les femmes, les autochtones, les personnes handicapées et « les personnes qui font partie d'une *minorité visible* en raison de leur race ou de la couleur de leur peau et les personnes [de *minorité ethnique*] dont la langue maternelle n'est pas le français ou l'anglais et qui font partie d'un groupe autre que celui des autochtones et celui des personnes qui font partie d'une minorité visible » (RLRQ c A-2.01, art.1).

Tirées du *Rapport sectoriel sur les commissions scolaires* (Commission des droits de la personne et des droits de la jeunesse [CDPDJ], 2015), les données ci-après font état de la représentation et de la sous-représentation du personnel professionnel, une catégorie regroupant principalement le personnel enseignant et le personnel de direction de « minorité visible » et de « minorité ethnique » (telles que définies plus haut) pour l'ensemble des 70 commissions scolaires du Québec (secteur jeune − préscolaire, primaire et secondaire −, des adultes et professionnel). Elles sont complétées par des données tirées de l'Enquête nationale auprès des ménages (ENM) sur le statut d'immigration et le sexe de ces personnels scolaires[ii] (Service Canada, 2014a, 2014b, 2014c).

2.1 Portrait du personnel enseignant

Au 31 décembre 2013, 2,7 % du personnel professionnel au Québec était de minorité visible et 2,7 % de minorité ethnique (CDPDJ, 2015) (voir le tableau 1). Ces taux révèlent une progression de la représentation au Québec depuis 2007, en particulier pour le personnel professionnel de minorité visible.

Tableau 1: Représentation du personnel professionnel

	Personnel professionnel de minorité visible		Personnel professionnel de minorité ethnique	
	2007	2013	2007	2013
Ensemble du Québec	1,8 %	2,7 %	2,3 %	2,7 %
Région métropolitaine de Montréal (RMM)	3,4 %	4,8 %	4,5 %	5 %
Réseau francophone de la RMM	3,1 %	4,5 %	2,4 %	2,7 %

Source : CDPDJ, 2015

Or, les taux de sous-représentation, c'est-à-dire l'écart à combler afin d'atteindre la représentation souhaitable d'un groupe-cible dans un emploi pour ces groupes, ont aussi augmenté au cours de cette période. Entre 2007 et 2013, la sous-représentation du personnel professionnel −les enseignants− de minorité visible est passée de 2,4 % à 3,9 % et celui de minorité ethnique de 2,6 % à 4,5 % (CDPDJ, 2015) (voir le tableau 2). Les nouvelles embauches n'ont pas suffi dans un contexte d'accroissement de la population de minorité visible et de minorité ethnique partout au Québec, en particulier dans la région métropolitaine de Montréal (RMM) où les personnes de minorité visible représentaient 20,3 % de la population en 2011 (Statistique Canada, 2013). Ce sont d'ailleurs les commissions scolaires du réseau francophone de la RMM qui ont les taux de sous-représentation les plus élevés. Même si 4,5 % du personnel professionnel était de minorité visible en 2013, il faudrait qu'il y en ait 4,5 % de plus afin d'atteindre la représentation souhaitable (9 %).

Tableau 2: Sous-représentation du personnel professionnel

	Personnel professionnel de minorité visible		Personnel professionnel de minorité ethnique	
	2007	2013	2007	2013
Ensemble du Québec	2,4 %	3,9 %	2,6 %	4,5 %
RMM	3,5 %	4,1 %	4,0 %	4,9 %
Réseau francophone de la RMM	3,8 %	4,5 %	4,9 %	5,9 %

Source : CDPDJ, 2015

En 2011, la proportion d'enseignants immigrants était de 8,5 % au préscolaire-primaire et de 11,7 % au secondaire (Service Canada, 2014b, 2014c). Elle était légèrement moins élevée que pour l'ensemble des autres professions de la *Classification nationale des professions* (Travaux publics et Services gouvernementaux Canada, 2006) (13,7 %), même si les enseignants forment un important bassin parmi les personnes sélectionnées pour l'immigration (Ziestma, 2010). Enfin, les emplois en enseignement au Québec sont majoritairement occupés par des femmes, tant au niveau préscolaire-primaire que secondaire. La proportion de femmes au préscolaire-primaire est à peu près identique à celle qui prévalait en 1991 (86 % comparativement à 87,4 % en 2011), tandis qu'elle est passée de 49 % à 61,1 % pour l'enseignement au secondaire.

2.3 Portrait du personnel de direction

Au 31 décembre 2013, 1,4 % du personnel de direction était de minorité visible et 3,1 % de minorité ethnique (CDPDJ, 2015) (voir le tableau 3). Ces données montrent une représentation légèrement plus élevée qu'en 2007, à l'exception du personnel de direction de minorité ethnique dans le secteur francophone de la RMM.

Tableau 3: Représentation du personnel de direction

	Personnel de direction de minorité visible		Personnel de direction de minorité ethnique	
	2007	2013	2007	2013
Ensemble du Québec	1,1 %	1,4 %	2,6 %	3,1 %
RMM	2 %	2,3 %	5,6 %	6,3 %
Réseau francophone de la RMM	1,4 %	1,7 %	2,2 %	1,8 %

Source : CDPDJ, 2015

Entre 2007 et 2013, le taux de sous-représentation du personnel de direction de minorité visible est passé de 2,8 % à 4,6 % et celui du personnel de direction de minorité ethnique de 2,6 % à 4,8 % (voir le tableau 4). Comme pour le personnel enseignant, l'augmentation de la représentation pour ces deux groupes ne parvient pas à combler l'écart qui se creuse, en particulier dans les commissions scolaires du réseau francophone de la RMM. Même si 1,8 % des directions sont de minorité ethnique, il faudrait qu'il y en ait 5,8 % de plus pour atteindre la représentation souhaitable (7,6 %).

Tableau 4: Sous-représentation du personnel de direction

	Personnel de direction de minorité visible		Personnel de direction de minorité ethnique	
	2007	2013	2007	2013
Ensemble du Québec	2,8 %	4,6 %	2,6 %	4,8 %
RMM	4,1 %	5,3 %	3,7 %	5,3 %
Réseau francophone de la RMM	4,6 %	5,8 %	4,6 %	6,6 %

Source : CDPDJ, 2015

En 2011, aux niveaux primaire et secondaire, la proportion de directions d'établissement scolaire et d'administrateurs de programmes d'enseignement immigrants était de 7,4 % pour l'ensemble du Québec (Service Canada, 2014a). Les femmes occupaient 61,9 % de ces emplois alors qu'elles n'étaient que 32 % en 1991.

3. La prise en compte de la diversité ethnoculturelle dans les référentiels de compétences

L'effet de la deuxième orientation de la politique de 1998 sur la formation du personnel scolaire afin de « relever les défis éducatifs liés à la diversité ethnoculturelle, linguistique et religieuse de la société québécoise » (MEQ, 1998, p. 32) peut être étudié à partir des référentiels de compétences orientant cette formation universitaire. Au moment où la politique de 1998 fait son entrée, les facultés/départements des sciences de l'éducation des universités sont déjà engagés dans une refonte de leurs programmes de formation à partir d'une approche par compétences, dans la foulée d'une importante réforme de l'éducation centrée sur l'apprentissage et associée au modèle (socio)constructiviste. Les référentiels de compétences professionnelles constituent aujourd'hui la pièce maitresse des documents du ministère de l'Éducation du Québec destinés à guider la formation et le travail du personnel enseignant et du personnel de direction (Ministère de l'Éducation du Loisir et du Sport [MELS], 2008; MEQ, 2001a, 2001b). Les programmes de formation dispensés par les universités devraient en effet permettre le développement des compétences prescrites dans les référentiels, lesquelles seront ensuite consolidées durant la carrière. La notion de compétence est circonscrite par le ministère à partir de ses principales caractéristiques : « la compétence se déploie en contexte professionnel réel, se situe sur un continuum qui va du simple au complexe, se fonde sur un ensemble de ressources, s'inscrit dans l'ordre du savoir-mobiliser en contexte d'action professionnelle, se manifeste par un savoir-agir réussi, efficace, efficient et récurrent, est liée à une pratique intentionnelle et constitue un projet, une finalité sans fin » (MEQ, 2001b, p. 3).

Soulignons cependant que le référentiel pour l'enseignement à la formation générale (MEQ, 2001b) – et son adaptation pour la formation professionnelle (MEQ, 2001a) – est plutôt prescriptif. D'une part, les facultés/départements des sciences de l'éducation des universités québécoises sont formellement tenus de proposer des programmes permettant aux futurs enseignants de développer l'ensemble des compétences. D'autre part, la conformité de leurs programmes est évaluée par le Comité d'agrément des programmes de formation à l'enseignement (CAPFE), qui recommande ou non leur agrément au ministère de l'Éducation. À l'inverse, l'utilisation du référentiel de compétences pour la formation à la gestion d'un établissement scolaire (MELS, 2008) est volontaire et il n'existe pas de comité de surveillance pour vérifier sa prise en compte effective dans les programmes (D'Arrisso, 2013). Il s'agit néanmoins d'un cadre de référence important pour les universités dans l'élaboration de leurs programmes.

3.1 Le référentiel de compétences pour l'enseignement

Le référentiel de compétences pour l'enseignement à la formation générale (MEQ, 2001b), tout comme son adaptation pour la formation professionnelle (MEQ, 2001a), comporte douze compétences professionnelles. Elles sont réparties selon quatre catégories : les fondements (approche culturelle de l'enseignement; communication dans la langue d'enseignement); l'acte d'enseigner (construction et mise en œuvre de l'enseignement; évaluation des apprentissages); le contexte social et scolaire (prise en compte des besoins des élèves à risque et des élèves handicapés ou en difficultés d'adaptation ou d'apprentissage; utilisation des technologies de l'information et des communications; approche coopérative entre les différentes parties prenantes à l'école) et l'identité professionnelle (développement professionnel; dimension éthique). Chaque compétence est constituée d'un certain nombre de composantes, qui « décrivent des gestes professionnels propres au travail enseignant » (MEQ, 2001b, p. 57), et de « niveaux de maîtrise attendus », lesquels tentent « de déterminer ce que l'on peut raisonnablement attendre d'une personne débutante dans la profession » (MEQ, 2001b, p. 57).

La prise en compte de la diversité ethnoculturelle, religieuse et linguistique transparait peu dans le référentiel de compétences pour l'enseignement : aucune des douze compétences ne l'aborde explicitement et directement (Larochelle-Audet, Borri-Anadon et Potvin, 2016; Potvin, Borri-Anadon, C., Larochelle-Audet et al., 2015). Seuls quelques « composantes » et « niveaux de maîtrise attendus » dispersés dans les quatre catégories du référentiel y renvoient. Par exemple, une composante de la catégorie de l'acte d'enseigner précise que l'enseignant doit « prendre en considération les préalables, les représentations, les différences sociales (genre, origine ethnique, socioéconomique et culturelle), les besoins et les champs d'intérêt particuliers des élèves dans l'élaboration des situations d'enseignement-apprentissage » (MEQ, 2001b, p. 81). Une

114

composante relative à l'identité professionnelle et, plus particulièrement, à la compétence éthique stipule également qu'il faut « éviter toute forme de discrimination à l'égard des élèves, des parents et des collègues » (MEQ, 2001b, p. 133).

Ces exemples manifestes ne sont toutefois pas la norme. La prise en compte de la diversité demeure le plus souvent latente dans le référentiel et ce, en dépit du discours pluraliste adopté dans les chapitres introductifs du document d'orientation ministériel (Potvin et al., 2015). La diversité ethnoculturelle de la société québécoise y est en effet reconnue, puis considérée comme étant l'une des transformations majeures à prendre en compte afin d'améliorer la qualité de la formation à l'enseignement. Enfin, la *Politique d'intégration scolaire et d'éducation interculturelle* (MEQ, 1998), adoptée quelques années plus tôt, ne figure pas dans le document d'orientation ministériel, pas plus que l'éducation interculturelle qu'elle promeut comme modèle normatif à l'école québécoise.

3.2 Le référentiel de compétences pour la gestion d'un établissement scolaire

Le référentiel de compétences des directions d'établissement scolaire (MELS, 2008) est composé de dix compétences professionnelles. Elles sont regroupées selon quatre catégories renvoyant à différents domaines de la gestion : la gestion des services éducatifs, la gestion de l'environnement éducatif, la gestion des ressources humaines et la gestion administrative. Ce référentiel propose aussi six capacités transversales, imbriquées dans chacune des compétences et relatives à la méthode/démarche, à la communication, au leadership/sens politique, à l'interaction/coopération, à l'évaluation/régulation et à l'éthique. Pour chaque compétence, les capacités transversales sont exemplifiées par des actions-clés associées à une situation professionnelle type, « qui s'organisent et s'enchaînent en fonction d'un résultat attendu » (MELS, 2008, p. 29).

Dans ce référentiel, il n'y a aucune compétence, compétence transversale ou action-clé renvoyant à la diversité ethnoculturelle, religieuse ou linguistique, que ce soit de manière directe ou indirecte (Magnan, Larochelle-Audet et D'Arrisso, 25 mai 2016). La diversité ethnoculturelle de la société québécoise ainsi que son impact sur la gestion d'un établissement scolaire sont pourtant reconnus dans le chapitre de mise en contexte du document d'orientation ministériel : « de plus, les mouvements migratoires engendrent la rencontre de cultures multiples, fait appel à une gestion de la diversité mettant en valeur la richesse des différences tout en ne négligeant pas les tensions qui leur sont liées » (MELS, 2008, p. 11). Cette reconnaissance ne se traduit toutefois pas dans le référentiel de compétences en lui-même, qui est dépourvu de toute référence à ce qui est pourtant qualifié au départ de transformation majeure de la société québécoise. Comme pour le référentiel ministériel destiné au personnel enseignant, on ne trouve par ailleurs aucune trace de la politique de 1998 ou de l'éducation interculturelle dans ce document orientant la formation des directions d'établissement scolaire.

4. Les limites des prescriptions normatives pluralistes

Près de 20 ans après leur adoption, les deux orientations de la *Politique d'intégration scolaire et d'éducation interculturelle* (MEQ, 1998) concernant le personnel scolaire semblent avoir eu un effet limité sur la composition sociodémographique du personnel scolaire et la place accordée à la diversité dans les référentiels de compétences orientant leur formation. Nous proposons une lecture critique de ce constat, en examinant le développement des cours relatifs à la diversité ethnoculturelle, religieuse et linguistique dans les programmes de formation initiale leur étant destinés dans les universités québécoises.

Comme le révèle un portrait dressé en 2012-2013 sur l'état de cette formation, un nombre important d'enseignants et de directions d'établissement scolaire terminent leur formation universitaire sans avoir suivi de cours traitant de la prise en compte de la diversité ethnoculturelle, religieuse et linguistique en contexte éducatif (Larochelle-Audet, Borri-Anadon, Mc Andrew et Potvin, 2013). Quoique l'offre de cours se soit globalement accrue dans les programmes de formation en enseignement depuis les années 1990, un programme sur six ne comporte toujours pas de cours sur cette thématique (Borri-Anadon, Larochelle-Audet, Potvin et Mc Andrew, 2014). De même, aucun programme de formation en administration scolaire ne comporte de cours obligatoire sur le sujet et une seule université offre un cours optionnel (Larochelle-Audet et al., 2013).

Parmi tous les programmes d'enseignement offerts, ceux qui comportent le plus de cours sur le sujet sont destinés aux enseignants de cours disciplinaires au secondaire abordant la diversité ethnoculturelle (Éthique et culture religieuse/Histoire et éducation à la citoyenneté) ou qui travailleront, vraisemblablement, dans des milieux pluriethniques et plurilingues et auprès d'élèves immigrants ou allophones. Par exemple, les programmes d'enseignement des langues secondes comportent pour la plupart des cours de didactique ayant comme objectif de préparer les enseignants à agir auprès des élèves allophones, s'ajoutant à un cours d'introduction relatif à l'équité et à la diversité (psychopédagogie/fondements de l'éducation) transversal à d'autres programmes. De plus, cette offre de cours est généralement moindre dans les universités situées dans des régions où les immigrants ont historiquement été moins nombreux à s'établir et ce, malgré la présence de communautés autochtones dans la plupart d'entre elles.

Les inégalités de formation constatées ne sont pas étrangères aux façons dont se sont développés les cours relatifs à la diversité ethnoculturelle dans les programmes, à l'exception des cours transversaux mis en place pour la plupart durant les années 1990. En

117

effet, l'implantation de nouveaux cours semble étroitement liée à la présence de professeurs convaincus de l'importance de cet enjeu, en particulier dans les milieux où il ne s'impose pas de manière évidente (Larochelle-Audet et al., 2013). Or, les professeurs ayant des postes dédiés à la prise en compte de la diversité ethnoculturelle en éducation sont en plus grand nombre dans les universités situées dans la région de Montréal, bien que des professeur(e)s spécialistes de cours disciplinaires partageant ces intérêts de recherche se trouvent dans les universités partout au Québec. En dépit de tels intérêts, il est particulièrement difficile de convaincre de la pertinence d'une telle formation dans les milieux où la diversité ethnoculturelle n'est pas considérée comme une réalité ou un « problème » (Larochelle-Audet, 2014). En l'absence d'exigences ministérielles contraignantes à cet égard, ces contenus de formation sont assez facilement délaissés ou relégués à des cours optionnels.

Comme le reflètent leurs intitulés et leurs objectifs, une part importante des cours sur la diversité ethnoculturelle est justifiée par les publics auprès desquels les enseignants devraient être amenés à travailler (Larochelle-Audet et al., 2013). Suivant ce qui peut être qualifié de logique « par les différences des publics » (Dhume et Dukic, 2012), les programmes de formation se voient ainsi organisés afin de répondre aux besoins présumés des élèves dans un milieu donné. En se centrant sur les élèves et sur leurs besoins, cette logique risque de ne considérer qu'un versant de la formation à la diversité et d'ainsi négliger la formation du personnel scolaire portant plus largement sur le vivre-ensemble dans une société pluraliste et démocratique, un pan de première importance face aux mutations sociétales et mondiales (Larochelle-Audet et al., 2016). À un autre niveau, si l'on considère, d'une part, les données sur la sous-représentation des personnes de minorité visible et de minorité ethnique au sein du personnel enseignant des écoles québécoises et, d'autre part, le fait que les enseignants constituent les principaux « publics » auprès desquels interviennent les directions, est-ce que cette logique pourrait expliquer en partie l'absence de cours obligatoire portant sur la diversité dans les programmes de formation en administration scolaire?

Le fonctionnement de cette logique laisse présumer une réponse à la fois positive et complexe à cette question, qu'il faut resituer dans l'idéologie du nouveau management public et des modes de régulation par les résultats qui imprègnent le secteur public et, notamment, les processus de recrutement, de sélection et de promotion du personnel, à partir des années 1980 et 1990 (Griffith et Smith, 2014). Sous l'influence de cette idéologie, les mesures de redressement mises en œuvre par différents États à partir des années 1960 et 1970 pour contrer les inégalités en emploi ont été réappropriées par cette rhétorique managériale essentialisante, faisant de la présence d'individus *représentant* la diversité au sein des organisations le nœud du problème (Ahmed, 2007). De manière générale, ces mesures sont aujourd'hui non seulement tronquées, mais également dissociées de leurs fondements politico-historiques et plus particulièrement des revendications sociales pour le droit à l'égalité étant à leur origine. Ce tournant discursif constitue une piste à investiguer afin de comprendre le hiatus entre les appels répétés des autorités politiques et éducatives à l'ouverture et au vivre-ensemble et la lenteur avec laquelle se produisent les changements conséquents dans l'institution éducative québécoise.

Conclusion

Les effets des deux orientations pluralistes de la *Politique d'intégration scolaire et d'éducation interculturelle* (MEQ, 1998) ciblant le personnel scolaire sont mitigés. D'une part, les données relatives à la composition sociodémographique du personnel enseignant et du personnel de direction montrent qu'il est largement à l'image du groupe majoritaire, bien que plus féminin que celui-ci. De manière un peu caricaturale, il s'agit de femmes blanches, nées au Canada et dont la langue maternelle est le français ou l'anglais. Malgré l'augmentation du personnel enseignant et du personnel de direction de minorité visible et de minorité ethnique dans les écoles québécoises, ces personnes y demeurent sous-représentées. D'autre part, l'analyse des documents d'orientation du ministère de l'Éducation pour l'enseignement et pour la gestion d'un établissement scolaire révèle que le pluralisme et la diversité ethnoculturelle, religieuse et linguistique constitutive de la société québécoise y occupe une place marginale. Cette question peine à sortir des chapitres d'introduction de ces documents et à s'actualiser à même les référentiels de compétences et leurs principales composantes. Alors que prévaut une approche par compétences, l'absence de prise en compte conséquente de la diversité ethnoculturelle dans ces documents ministériels en restreint la place effective dans les programmes de formation universitaires.

En somme, le modèle normatif pluraliste véhiculé dans la politique de 1998, valorisant la reconnaissance de la diversité ethnoculturelle, semble s'être immobilisé au niveau des discours et des idées promus par les autorités politiques et éducatives. En ce qui concerne l'organisation et le fonctionnement réels de l'institution éducative, les principes véhiculés par l'éducation interculturelle se mettent au diapason d'une logique axée sur les différences et d'objectifs d'efficacité mesurés à l'aune d'acquisitions et de performances individuelles. Le faible écho de l'idéal pluraliste dans l'organisation des programmes de formation et dans le fonctionnement des processus pour le recrutement et la sélection du personnel scolaire en montre les limites au niveau des pratiques, justifiant la pertinence de nouvelles analyses empiriques s'y intéressant.

Références

Ahmed, S. (2007). 'You end up doing the document rather than doing the doing': Diversity, race equality and the politics of documentation. *Ethnic and Racial Studies, 30*(4), 590-609.

Borri-Anadon, C., Larochelle-Audet, J., Potvin, M., & Mc Andrew, M. (2014). Bilan et enjeux de la formation initiale à la diversité ethnoculturelle, religieuse et linguistique en enseignement au Québec. *Canadian Diversity/Diversité canadienne, 11*(2), 59-64.

Commission des droits de la personne et des droits de la jeunesse (CDPDJ). (2015). *L'accès à l'égalité en emploi : Rapport sectoriel sur les commissions scolaires. La loi sur l'accès à l'égalité en emploi dans des organismes publics.* CDPDJ : Montréal.

D'Arrisso, D. (2013). *Pressions et stratégies dans la formation professionnelle universitaire : le cas de la formation des directions d'établissement scolaire du Québec (1988-1989 à 2008-2009)* (Thèse de doctorat inédite). Université de Montréal.

Dhume, F., & Dukic, S. (2012). Orientation scolaire et inégalités de traitement selon « l'origine », une synthèse critique des connaissances. *Diversité-Ville École Intégration,* (167), 165-175.

Griffith, A. I., & Smith, D. E. (Dirs.). (2014). *Under new public management: Institutional ethnographies of changing front-line work.* Toronto, Ontario: University of Toronto Press.

Larochelle-Audet, J. (2014). *Acteurs du milieu universitaire et formation initiale à la diversité ethnoculturelle en enseignement : entre engagement et institutionnalisation.* (Mémoire de maîtrise inédit). Université du Québec à Montréal.

Larochelle-Audet, J., Borri-Anadon, C., Mc Andrew, M., & Potvin, M. (2013). *La formation initiale du personnel scolaire sur la diversité ethnoculturelle, religieuse et linguistique dans les universités québécoises : portrait quantitatif et qualitatif.* Rapport de recherche du CEETUM/ Chaire de recherche du Canada sur l'Éducation et les rapports ethniques. Montréal, Québec : Ministère de l'Éducation, du Loisir et du Sport.

Larochelle-Audet, J., Borri-Anadon, C., & Potvin, M. (2016). La formation interculturelle et inclusive du personnel enseignant : conceptualisation et opérationnalisation de compétences professionnelles. *Éducation et francophonie, XLIV*(2), 172-195.

Magnan, M.-O., Larochelle-Audet, J., & D'Arrisso, D. (25 mai 2016). *Formation des directions d'école à la diversité ethnoculturelle : état des lieux et exemples de formation continue.* Séminaire comparatif Québec-Brésil « Vers une societe inclusive : La formation des éducateurs en contexte de diversité/Para uma sociedade inclusiva : Formação de educadores no contexto da diversidade », Université du Québec à Trois-Rivières, Trois-Rivières, Québec.

Ministère de l'Éducation, du Loisir et du Sport (MELS). (2001a). *La formation à l'enseignement professionnel, les orientations et les compétences professionnelles.* Québec : Gouvernement du Québec.

Ministère de l'Éducation, du Loisir et du Sport (MELS). (2001b). *La formation à l'enseignement, les orientations et les compétences professionnelles.* Québec : Gouvernement du Québec.

Ministère de l'Éducation, du Loisir et du Sport (MELS). (2008). *La formation à la gestion d'un établissement d'enseignement : les orientations et les compétences professionnelles.* Québec : Gouvernement du Québec.

Ministère de l'Éducation du Québec (MEQ). (1998). *Politique d'intégration scolaire et d'éducation interculturelle.* Québec : Gouvernement du Québec.

Potvin, M., Borri-Anadon, C., Larochelle-Audet, J., Armand, F., Cividini, M., De Koninck, Z., Lefrançois, D., Levasseur, V., Low, B., Steinbach, M., & Chastenay, M.-H. (2015). *Rapport sur la prise en compte de la diversité ethnoculturelle, religieuse et linguistique dans les orientations et compétences professionnelles en formation à l'enseignement.* Montréal, Groupe de travail interuniversitaire sur les compétences interculturelles et inclusives en éducation, Observatoire sur la formation à la diversité et l'équité (OFDE).

Service Canada. (2014a). *Directeurs d'école et administrateurs au primaire et au secondaire, Scénario 2014-2018 par profession, Emploi-Avenir Québec.* Version modifiée le 30 octobre 2015. Site consulté le 17 octobre 2016.

Service Canada. (2014b). *Enseignants au niveau secondaire, Scénario 2014-2018 par profession, Emploi-Avenir Québec.* Version modifiée le 30 octobre 2015. Site consulté le 17 octobre 2016.

Service Canada. (2014c). *Enseignants aux niveaux primaire et préscolaire, Scénario 2014-2018 par profession, Emploi-Avenir Québec.* Version modifiée le 30 octobre 2015. Site consulté le 17 octobre 2016.

Statistique Canada. (2013). *Immigration et diversité ethnoculturelle au Canada, Enquête nationale auprès des ménages de 2011.* Produit n° 99-010-X2011001 au catalogue de Statistique Canada.

Travaux publics et Services gouvernementaux Canada. (2006). *Classification nationale des professions.* Ottawa : Gouvernement du Canada.

Ziestma, D. (2010). Immigrants exerçant des professions réglementées *Perspectives* (2010, février), Produit n° 75-001-X au catalogue de Statistique Canada.

---

[i] À moins d'indication contraire, le terme «personnel scolaire» se restreint dans la suite de ce chapitre au personnel enseignant et au personnel de direction.

[ii] Les données de l'ENM utilisées portent sur trois groupes professionnels de la *Classification nationale des professions* (Travaux publics et Services gouvernementaux Canada, 2006): les enseignants au niveau préscolaire et primaire, incluant les bibliothécaires (Service Canada, 2014c), les enseignants au niveau secondaire de formation générale, technique, spécialisée ou professionnelle, incluant les chefs de département et les bibliothécaires (Service Canada, 2014b) et les directeurs d'école et administrateurs au primaire et au secondaire (Service Canada, 2014a). Les données de la CDPDJ (2015) renvoient plutôt au personnel professionnel, une catégorie regroupant majoritairement le personnel enseignant, et au personnel de direction, ce qui exclut les cadres de premier niveau.

CHAPITRE VI

LA FORMATION DES ENSEIGNANTS ET DES GESTIONNAIRES POUR UNE ÉDUCATION INTERCULTURELLE ET INCLUSIVE AU BRÉSIL: DÉFIS ET PERSPECTIVES ÉMERGENTS

Mylene Cristina Santiago
Reinaldo Matias Fleuri

1. Introduction

Les thèmes de l'inclusion et de l'interculturalité dans le milieu de l'éducation ont acquis une légitimité mondiale au cours des dernières années. Au Brésil, ces derniers sont présents dans les politiques publiques qui orientent les réformes curriculaires et la formation des enseignants et des gestionnaires de l'éducation. Toutefois, la perspective interculturelle est un horizon qui doit davantage être abordé et reconnu dans le système éducatif brésilien.

Nous soutenons que connaître la réalité des différents groupes sociaux qui participent au système éducatif brésilien est crucial pour réaliser le projet d'une éducation interculturelle et inclusive. Cette connaissance permettra à son tour le développement des conditions professionnelles des enseignants nécessaires pour éduquer en valorisant la diversité culturelle présente dans les établissements scolaires de tous les niveaux. Cet article discute du profil professionnel de l'enseignant brésilien et de celui du gestionnaire scolaire de l'éducation de base[i] au Brésil ainsi que des défis de la consolidation de l'éducation interculturelle et inclusive conformément aux lois et aux directives qui régissent l'enseignement, la gestion et la formation des enseignants au pays.

2. Le profil des enseignants et des gestionnaires de l'éducation au Brésil

Les politiques éducatives brésiliennes ont mis l'accent, au cours des dernières décennies, sur l'importance de la prise en compte, par les enseignants, de la diversité culturelle des élèves afin de promouvoir l'inclusion de la diversité humaine dans le contexte scolaire. Ainsi, les enseignants sont invités à développer des compétences en éducation interculturelle afin de comprendre et de valoriser les différences, de lutter contre la discrimination ainsi que de promouvoir l'inclusion des personnes ayant des besoins particuliers dans le contexte scolaire. Cela implique la reconnaissance des capacités et des besoins d'apprentissage de chacun des élèves et la mise en place d'adaptations didactiques pour que ceux-ci puissent participer activement aux processus éducatifs dans des conditions d'égalité des chances entre élèves et de réciprocité avec les enseignants.

Dans de telles conditions, les enseignants, en particulier ceux qui ont un faible revenu, éprouvent des difficultés à interagir avec les étudiants et leurs contextes familial et social, ainsi qu'à consacrer du temps aux tâches d'enseignement. En outre, leurs expériences socioculturelles se limitent à des activités didactiques qui sont conditionnées par les médias de masse ou par les associations religieuses, avec peu d'exposition à l'art et peu d'accès à la presse écrite ou à la communication interactive.

Les résultats de cinq recherches nationales, réalisées entre 2004 et 2013, sur les profils des enseignants et des gestionnaires brésiliens (Fleuri, 2015) fournissent des informations importantes pour discuter des défis émergents dans la pratique éducative scolaire, notamment en matière de formation à la citoyenneté, de développement de processus pédagogiques interculturels et d'inclusion socioéducationnelle des élèves. Ces informations nous indiquent que la population qui compose la catégorie des enseignants brésiliens est majoritairement féminine, mariée, avec une famille nucléaire et qu'elle provient de la classe moyenne inférieure. La répartition géographique des enseignants au Brésil est inégale. En effet, ils se concentrent en plus grand nombre dans le sud-est et le nord-est du pays. De plus, les conditions institutionnelles de leur formation et de leurs actions professionnelles sont tout à fait variées. En effet, une proportion très élevée des enseignants ne détient pas de diplôme universitaire et est liée par des contrats de travail très précaires, situation qui s'accentue dans le nord, le nord-est et le centre-est du pays. De plus, la majorité des enseignants possède une formation et un emploi dans le système scolaire public et se consacre presque exclusivement à l'activité d'enseignement en salle de classe. Malgré le fait que la moitié d'entre eux soient peu ou pas satisfaits de leurs conditions professionnelles, ils choisissent quand même majoritairement de conserver cet emploi.

Par ailleurs, la tâche de directeur d'école d'enseignement fondamental[ii] au Brésil est exercée principalement par des femmes dont la moyenne d'âge est de 45 ans. Presque tous ces directeurs d'école possèdent un diplôme universitaire et ont en moyenne sept ans d'expérience en gestion et quatorze ans en enseignement. Un tiers d'entre eux occupe les deux fonctions en même temps, soit celle d'enseignement et celle de gestion. Les établissements scolaires qu'ils gèrent comptent en moyenne 600 élèves et emploient 35 enseignants. Selon les gestionnaires d'école, leur travail consiste à établir et à communiquer les objectifs de l'établissement, à collaborer avec les enseignants dans la résolution de leurs problèmes de discipline, à développer et à promouvoir l'amélioration de l'enseignement ainsi qu'à soutenir le développement professionnel des enseignants (Organisation for Economic Co-operation and Development [OECD], 2016). Ces informations sur le profil des gestionnaires scolaires sont corroborées et complétées par d'autres études plus récentes:

Selon les données de l'enquête Prova Brasil de 2015, la gestion scolaire des établissements publics d'enseignement considérés dans cette étude est généralement assumée par des directions qui sont, en majorité de sexe féminin (80,9%), dont l'âge se situe entre 40 et 49 ans (42,9%) et qui s'auto-déclarent blancs (49,7%). Il s'agit de professionnels détenant une formation de niveau supérieur (96,%), terminée il y a au plus 14 ans (55%) dans des programmes de formation à l'enseignement [...] offerts majoritairement dans des institutions privées (58,3%) en mode présentiel (82,1%). Parmi les directions ayant affirmé avoir réalisé des études supérieures, 85,3% ont finalisé un programme de deuxième cycle, avec une prépondérance pour des programmes de type professionnel (81,9%) (Oliveira, Duarte & Clementino, 2017, p. 715, traduction libre).

Tel qu'indiqué dans nos travaux (Fleuri, 2015), quelques zones de tension dans l'exercice de la profession enseignante et de la gestion scolaire émergent dans le contexte des écoles brésiliennes, au regard de la prise en compte de la diversité. L'une des principales contradictions réside dans la conception même de la diversité culturelle, dans laquelle le général et le particulier, et le national et le local, s'opposent:

En essayant de promouvoir la connaissance de la réalité sociale ainsi que de travailler avec la diversité culturelle des élèves, les enseignantes et les enseignants révèlent une tension entre une perspective « généraliste » et une autre « particulariste » de la relation entre les contextes nationaux et locaux. Il y a dans l'imaginaire des enseignantes et des enseignants la prédominance d'une vision où la diversité culturelle est perçue à partir d'une perspective d'un État-nation unique, auquel les contextes historiques, géographiques et culturels régionaux et locaux sont subordonnés. Cette perspective généraliste est remise en question par les enseignantes et les enseignants qui priorisent la construction de significations à partir de contextes régionaux et locaux. En ce sens, ces derniers conçoivent leur travail pédagogique à partir de l'origine culturelle des élèves comme une façon de valoriser la production culturelle nationale. Cependant, l'interaction avec les élèves est l'un des principaux défis auxquels les enseignantes et les enseignants sont confrontés dans leur quotidien (Fleuri, 2015, p. 60, traduction libre).

Une autre contradiction intéressante porte sur la relation entre les dimensions pédagogique et politique du travail éducatif. En effet, l'action pédagogique et professionnelle des enseignants ne semble pas traduire les orientations de participation citoyenne et de pensée critique qui devraient caractériser leurs pratiques auprès des élèves.

Le défi de travailler pédagogiquement avec les élèves et leurs familles dans une visée d'éducation à la citoyenneté et à l'esprit critique est fortement lié à la façon dont l'enseignant se comprend lui-même et vit en tant que citoyen et professionnel. Il y a peu d'enseignants qui comprennent et s'approprient les gains juridiques et politiques qui leur garantissent le droit à des conditions institutionnelles pour pratiquer le travail éducatif de façon participative, coopérative et créative. La plupart conçoit que l'activité d'enseignement est limitée au travail en salle de classe et exécutée de façon bureaucratique. De même, les processus d'évaluation des enseignants et des gestionnaires, même lorsqu'ils s'inscrivent dans une perspective participative, sont perçus et assimilés comme des activités formelles, déconnectées de la mise en valeur critique et créative de la pratique éducative (Fleuri, 2015, p. 61, traduction libre).

Ces tensions, rencontrées par les enseignants et les directeurs d'école brésiliens dans leur travail quotidien, témoignent de défis socioculturels, politiques, économiques, pédagogiques et surtout épistémologiques, marqués par des dispositifs de savoir et de pouvoir qui subordonnent et excluent. En effet, les activités pédagogiques à l'école sont confrontées à différentes manifestations de racisme, de xénophobie, de sexisme, de rapports de classes, d'autoritarisme, de corruption politique, de compétition, de domination et de colonialisme.

Face à de tels défis, il est nécessaire de recourir à des outils conceptuels et de développer des processus éducatifs permettant la compréhension cohérente et critique des réalités vécues par les élèves et par leurs communautés. Il est aussi important de promouvoir la dimension participative, critique et créative du travail pédagogique, étant donné la complexité, la complémentarité et la réciprocité des interactions entre les différents sujets et leurs contextes culturels respectifs qui constituent les processus sociaux et éducatifs.

3. La gestion scolaire de l'éducation de base

L'amélioration de la qualité de l'éducation exige des mesures qui vont au-delà de l'accès et de la permanence (signifiant à la fois le maintien à l'école et la persévérance scolaire) des élèves au sein de l'éducation de base. En effet, elle exige la mise en place de conditions concrètes pour que les obstacles à l'apprentissage et à la participation soient éliminés de sorte que tous les élèves, indépendamment de leurs différences, reçoivent une éducation dont la qualité sociale est assurée. En ce qui concerne la gestion de l'école et les éléments qui témoignent de la qualité sociale de l'éducation, Silva (2009) souligne l'importance des conditions suivantes:

> L'organisation du travail éducatif et la gestion de l'école; les projets scolaires; les formes de dialogue entre l'école et les familles; un environnement sain; une politique d'inclusion effective; le respect des différences et le dialogue en tant que prémisse de base; le travail collaboratif et le fonctionnement des collectifs et/ou des conseils scolaires. (Silva, 2009, p. 224, traduction libre)

La gestion démocratique établie dans la Constitution fédérale (Brasil, 1988) et dans la *Lei de Diretrizes e Bases da Educação Nacional (Loi des directives et des bases de l'Éducation)* (Brasil, 1996) vise à assurer la participation de la communauté scolaire et locale à la discussion, à l'élaboration et à la mise en œuvre de la règlementation des systèmes éducatifs, notamment par le biais des plans d'éducation des États et des municipalités, des plans institutionnels et des projets pédagogiques des unités d'enseignement ainsi que par l'exercice de l'autonomie des institutions d'éducation de base (Oliveira, Dourado, Cabral Neto, et al., 2011). Toutefois, l'absence de pistes d'opérationnalisation de la gestion démocratique de l'éducation publique et l'autonomie garantie aux différents paliers du système éducatif[iii] font partie des raisons qui ont poussé les États et les municipalités à créer, à leur manière, des stratégies variées de participation de la communauté scolaire et locale, s'inspirant parfois de la pensée néolibérale en éducation où la participation ressemble à des pratiques du marché. En effet, depuis les années 1990, la réforme de l'État brésilien a mis en œuvre une gestion modelée sur le paradigme entrepreneurial, qui a fait de l'éducation un service concurrentiel et non exclusif de l'État, avec de nouvelles formes d'organisation du pouvoir donnant l'illusion d'une gestion participative.

Dans le cadre des réformes éducatives qui découlent des politiques néolibérales, les pratiques pédagogiques et didactiques dans les écoles sont soutenues par le rôle central accordé à l'éducation, cette dernière devant se traduire par des actions assurant des résultats mesurables sur le plan des apprentissages scolaires. Cette vision de l'éducation est rendue possible par diverses mesures, allant de changements dans les formes de gestion (décentralisation, autonomie, capacité de gestion, réorganisation des niveaux d'éducation, partenariat avec la communauté et avec les entreprises) à des questions pédagogiques directes (performance du personnel enseignant, efficacité des processus d'enseignement et d'apprentissage, utilisation de techniques et de ressources pédagogiques, pratiques d'évaluation). Il y a une nette tendance à chercher des solutions dans le domaine de la gestion en supposant que les mesures organisationnelles qui en sont issues auront un impact sur l'amélioration de la qualité de l'enseignement (Libâneo, 2007).

La gestion de l'éducation imposée par les politiques officielles, alignée sur le modèle néolibéral, a stimulé l'acquisition, par des acteurs scolaires, d'habiletés en gestion qui mettent l'accent sur l'administration des ressources physiques et financières de l'école. Dans ce modèle, les institutions publiques ont expérimenté des méthodes d'évaluation pour mesurer la performance de l'école. En ce sens, le rendement des élèves est dorénavant mesuré par des tests standardisés, ce qui, par conséquent, intensifie l'usage de manuels ou de guides ainsi que la précarisation du travail enseignant. Progressivement, les professionnels de l'éducation de base sont dépossédés de la production intellectuelle du métier d'enseignant, à mesure que les écoles adoptent de plus en plus de guides et de formations de type entrepreneurial qui se concentrent sur les résultats et non pas sur les processus pédagogiques.

En opposition aux dispositifs de gestion pédagogique liés au paradigme de l'entreprise, Dourado (2007) estime que l'articulation et la (re)discussion des différents programmes et actions visant la gestion de l'éducation devraient être menées sur la base d'une conception large de la gestion. Cette perspective affirme la centralité des politiques éducatives et des projets pédagogiques des écoles ainsi que l'implantation de processus de participation et de décision dans les instances concernées.

À titre d'exemple, nous présentons le *Programa Nacional Escola de Gestores da Educação Básica* (Programme national *École des gestionnaires de l'éducation publique de base*, PNEGEB)[iv], qui est le résultat d'un partenariat entre le *Ministério da Educação* (Ministère de l'Éducation, MEC), les États et les municipalités à faible *Índice de Desenvolvimento da Educação Básica* (Indice de développement d'éducation de base, IDEB)[v] et 17 universités publiques fédérales qui le mettent en œuvre et le gèrent. Ce programme de spécialisation destiné aux gestionnaires des écoles publiques qui avaient un IDEB en-dessous de la moyenne nationale (4,2) en 2007 est composé de cours qui sont offerts à distance.

L'objectif principal du PNEGEB est d'améliorer la qualité de l'éducation de base en établissant des mécanismes d'accompagnement et d'évaluation des processus de gestion, considérés comme l'un des principaux indicateurs de la qualité de l'éducation. Parmi les fondements qui le soutiennent se trouve celui de la promotion d'une éducation inclusive, qui dépend en grande partie (mais pas exclusivement) d'une gestion démocratique et participative des processus éducatifs. Ainsi, bien que le programme soutienne l'idée d'une politique éducative inclusive, les gestionnaires sélectionnés sont issus des écoles qui ont obtenu un IDEB inférieur à celui de la moyenne nationale. Dans ce sens, le programme repose sur des résultats d'évaluation à grande échelle et vise à offrir un soutien aux gestionnaires des écoles qui sont défavorisées dans le processus de classement des établissements scolaires. Il nous reste à savoir dans quelle mesure il s'agit d'une proposition inclusive ancrée dans la recherche de la qualité sociale de l'éducation ou d'une proposition managériale de l'organisation du travail scolaire.

Selon l'analyse de Gomes, dos Santos et de Melo (2009), ce programme permet de consolider une formation de type discursif de la gestion démocratique de l'école, fortement basée sur la conception de l'éducation comme un droit et sur la qualité sociale de l'éducation. En effet, la formation discursive est opposée à la formation néotayloriste, dont les principales caractéristiques sont le gestionnariat et le productivisme scolaires. Évaluer la manière dont les nouvelles pratiques discursives produites dans et par le processus formatif transforment le processus de gestion de l'école (et, par conséquent, les systèmes d'éducation), demandera, selon les auteurs, énormément de temps.

4. La formation des professionnels de l'éducation: lignes directrices pour les enseignants et les gestionnaire

La formation des professionnels de l'éducation de base (qui exercent des activités d'enseignement ou d'autres activités pédagogiques) visant à promouvoir l'éducation interculturelle et inclusive constitue l'un des principaux défis dans le contexte éducatif brésilien. La nécessité de repenser la formation de ces professionnels a été prise en compte dans la législation en vigueur, en particulier dans les *Diretrizes do Plano Nacional de Educação 2014-2024*, (Directives du plan national d'éducation 2014-2024) (Brasil, 2014), dont l'une des cibles est d'assurer une meilleure organisation de cette formation par l'élaboration d'une politique nationale de formation des professionnels de l'éducation, celle-ci s'intitulant *Diretrizes Curriculares Nacionais para a formação inicial em nível superior e para a formação continuada* (Directives curriculaires nationales pour la formation initiale universitaire et pour la formation continue) (Brasil, 2015).

Cette politique souhaite remédier aux lacunes des processus formatifs des enseignants à l'inclusion et à l'interculturel qui compromettent la mise en œuvre d'expériences et de pratiques éducatives axées sur la diversité et les différences culturelles. Le document commence par un ensemble de considérations préliminaires qui mettent en évidence le caractère pluriel de la société brésilienne à prendre en compte par l'éducation nationale. Il souligne et réaffirme divers principes, dont:

> *l'égalité d'accès et de la permanence des élèves à l'école; la liberté d'apprendre, d'enseigner, de faire de la recherche et de diffuser la culture, la pensée, l'art et le savoir; le pluralisme des idées et des conceptions pédagogiques; le respect de la liberté et de l'appréciation de la tolérance; la valorisation des professionnels de l'éducation; la gestion démocratique de l'enseignement public; la garantie d'un enseignement de qualité; la valorisation de l'expérience extrascolaire; la consolidation du lien entre l'éducation scolaire, le travail et les pratiques sociales; le respect et la valorisation de la diversité ethnique et raciale, entre autres, constituent des*

principes essentiels pour l'amélioration et la démocratisation de la gestion et de l'enseignement (Brasil, 2015, p. 1, traduction libre).

Ces considérations sur la diversité et sur les différences culturelles pointent vers de nouveaux horizons pour la dynamique de la formation des professionnels de l'enseignement de l'éducation de base. En effet, la garantie du droit à l'éducation des groupes et des individus historiquement marginalisés exige une transformation dans la façon dont les institutions d'éducation de base et d'enseignement supérieur structurent leurs espaces et leur temps ainsi que leurs règles et leurs normes et intègrent de nouveaux matériaux et de nouvelles ressources pédagogiques (Dourado, 2015). Pour atteindre ces nouveaux horizons compte tenu des perspectives et des défis actuels, quels seraient les savoirs et les compétences nécessaires à cibler dans la formation des professionnels de l'éducation afin de promouvoir une éducation interculturelle et inclusive au Brésil?

Avant de répondre à cette question, il convient de préciser que, dans le contexte brésilien, l'utilisation du terme compétence est problématique parce qu'il s'agit d'un concept polysémique qui peut exprimer et dissimuler un nouvel ordre dans les relations de travail, impliquant une perte de l'autonomie de l'enseignant et sa subordination aux exigences et aux normes de qualité imposées par le marché du travail et ainsi, réduire l'enseignement à un entrainement technique. Selon Ramos (2001), certains arguments en faveur d'une formation pour le travail et la citoyenneté se retrouvant dans les documents officiels du MEC (particulièrement Brasil, 1996) présentent un biais techniciste sous la « logique des compétences ».

Toutefois, les débats sur la notion de compétence s'élargissent et se complexifient afin de permettre une compréhension de l'histoire de la formation professionnelle de chacun, qui associe caractéristiques personnelles et spécificités professionnelles dans la construction d'un profil professionnel actif et participatif. Selon Marinho-Araujo (2009):

La littérature du domaine considère l'influence du social sur les mécanismes d'attribution des significations des actions individuelles ou collectives, et en particulier, l'impact des pratiques sociales dans l'identification des compétences. Caractériser la compétence et surtout la compétence professionnelle, dans sa dimension socioculturelle, à partir d'objectifs et d'activités partagés afin d'atteindre des buts communs, implique d'incorporer une historicité organisationnelle et collective à la consolidation d'un processus identitaire compétent, configuré par de constantes constructions et reconstructions pour comprendre le monde et sa transformation (Marinho-Araujo, 2009, p. 5073, traduction libre).

Dans cette perspective, la formation de l'enseignant et du gestionnaire d'établissement est comprise comme un processus multidimensionnel qui ne se limite pas à la connaissance théorique et technique, mais qui exige une conscience politique et des savoirs expérientiels, culturels, curriculaires et disciplinaires contextualisés. Ces conditions sont nécessaires afin que les pratiques pédagogiques et de gestion expriment une sensibilité interculturelle et reconnaissent les différences dans le contexte éducatif.

Bien que les *Directives curriculaires nationales pour la formation initiale universitaire et pour la formation continue* recommandent des contenus de formation axés sur les questions interculturelles et inclusives (politiques publiques et de gestion de l'éducation; droits de l'homme; diversité ethno-raciale, de genre, sexuelle, religieuse, générationnelle, de la langue des signes brésilienne – Libras – et droit à l'éducation des jeunes contrevenants), elles ont été interprétées sous différentes perspectives et sont peu abordées et prises en compte dans les cours de formation des maitres. En effet, les établissements d'enseignement supérieur offrent un petit nombre de cours sur le sujet dans leurs programmes. De manière récurrente, ces cours sont optionnels ou électifs, c'est-à-dire qu'ils sont offerts à la discrétion de l'institution et du corps professoral et choisis par les étudiants, selon leurs intérêts.

Par conséquent, la consolidation de l'éducation inclusive et interculturelle dans les programmes universitaires de premier cycle est un sujet qui mérite d'être débattu au sein des universités brésiliennes. Celles-ci se trouvent, en effet, devant la nécessité de repenser leurs contenus et leur processus de formation en conformité avec les principes de justice sociale, de respect de la diversité et de promotion de la participation et de la gestion démocratique afin de:

> *prendre en compte les questions et les problèmes socioculturels et éducatifs à partir d'une posture proactive d'investigation et d'intégration face à des réalités complexes afin de contribuer à la lutte contre l'exclusion sociale, ethnoraciale, économique, culturelle, religieuse, politique, de genre, sexuelle et autre;*
>
> *[et de] démontrer une conscience de la diversité en respectant les différences sur les plans environnemental et écologique, ethnoracial, religieux, du genre, de la génération, de la classe sociale, des besoins spéciaux, de la diversité sexuelle, entre autres (Brasil, 2015, art.8 VII et VIII, traduction libre).*

5. Considérations finales

Le Brésil a vécu en 2016 un « coup d'état institutionnel » qui impose de plus en plus des politiques racistes, sexistes, homophobes et discriminatoires, en plus de renforcer la culture du spécisme (qui suppose la supériorité des êtres humains par rapport aux autres espèces vivantes et qui justifie leur domination, leur exploitation, leur viol et leur destruction). Dans ce contexte, il est nécessaire de défendre les avancées politiques qui ont eu lieu dans le domaine de la formation des professionnels de l'éducation pour respecter et promouvoir la diversité humaine et la diversité entre tous les êtres vivants. En outre, la présente crise politique et culturelle exige de repenser de façon critique et radicale les hypothèses coloniales qui entravent la consolidation de politiques et de pratiques éducatives interculturelles et inclusives.

En effet, les enseignants et les gestionnaires brésiliens sont confrontés dans leur quotidien scolaire à des dispositifs de savoir et de pouvoir qui subordonnent et excluent, ce qui va à l'encontre des perspectives interculturelles et inclusives du travail pédagogique. Cette contradiction repose sur les différents points de vue socioculturels, politiques, économiques et pédagogiques marquant les politiques et les propositions institutionnelles. Cependant, la critique théorique et épistémologique qui est en train d'être développée contribue très timidement à rendre explicites et à problématiser les dispositifs de savoir et de pouvoir qui reproduisent les processus de subordination et d'exclusion socioculturelle. Ainsi, il semble important de développer, selon différentes perspectives, la critique des fondements modernes et coloniaux qui sous-tendent les politiques et les pratiques d'action et de formation des professionnels de l'éducation. Dans ce sens, les études qui proposent des perspectives épistémologiques transculturelles, qui nous permettent d'apprendre avec les cultures ancestrales une cosmovision holistique et durable du « bien-vivre » (Gauthier, 2011); des perspectives transdisciplinaires, qui nous aident à dépasser la fragmentation des sciences et à développer une compréhension complexe (D'Ambrosio, 2014); des perspectives décoloniales, qui déconstruisent la subalternisation entre les peuples et les cultures (Walsh, 2012), nous semblent toutes prometteuses.

Toutefois, l'accent que les *Directives curriculaires nationales pour la formation initiale universitaire et pour la formation continue* (Brasil, 2015) mettent sur la dimension politique de l'agir des enseignants se limite au contexte du système scolaire basé sur le modèle de l'État-nation. Ce modèle politique, fondé sur une perspective moderne et coloniale d'une culture nationale comprise comme universelle, occulte et dévalorise les réalités des élèves et de leurs communautés, construites à partir de différents processus historiques et culturels. Ceci rend nécessaire le développement, dans la formation des professionnels de l'éducation, de perspectives épistémologiques multiples qui permettent de comprendre de façon critique les problèmes vécus par les élèves et par leurs communautés. En particulier, les enseignants et les gestionnaires doivent être formés pour comprendre et rendre légitimes les propositions politicoéducatives défendues par les mouvements étudiants dans leurs luttes de résistance aux politiques autoritaires néolibérales ainsi que par les mouvements sociaux des sans-terre, des sans-toit, des peuples ancestraux et des groupes différenciés selon le genre, la génération, la condition physique et mentale dans leur lutte pour l'égalité des droits et des chances.

Du point de vue des relations de pouvoir, il est important de remettre en question l'hypothèse selon laquelle la tâche principale de l'enseignant est de transmettre la culture nationale, reconnue officiellement comme seul standard de connaissances. Cette conception épistémologique et pédagogique cache ou minimise la diversité des contextes socioculturels des élèves qui sont pourtant déterminants pour reconnaitre et pour promouvoir de façon dialogique le fait que les élèves sont des sujets participants, critiques et créatifs du travail pédagogique (Freire, 1975).

Enfin, nous considérons que la formulation de propositions pédagogiques et des projets de formation des enseignants et des directeurs d'école, s'articulent épistémologiquement selon des logiques qui priorisent des rapports de contraste, qui opposent ou qui superposent les connaissances scientifiques et les connaissances populaires, les actions pédagogiques et les pratiques dialogiques, les pratiques de l'école et le quotidien des milieux populaires. Par conséquent, la formation pour une éducation interculturelle et inclusive implique de promouvoir le potentiel créatif et transformateur de la complexité, de la complémentarité et de la réciprocité des différents sujets et de leurs contextes sociohistoriques, culturels et environnementaux respectifs.

Références

Brasil. (1988). *Constituição da República Federativa Brasileira.* Brasília: Edições Câmara.

Brasil. (1996). *Lei de Diretrizes e Bases da Educação Nacional 9394/96.* Brasília.

Brasil. (2014). *Plano Nacional de Educação 2014-2024: Lei n° 13.005.*Brasília: MEC.

Brasil. (2015). *Diretrizes Curriculares Nacionais para a formação inicial em nível superior (cursos de licenciatura, cursos de formação pedagógica para graduados e cursos de segunda licenciatura) e para a formação continuada:* Resolução CNE n°02/2015. Brasilia: MEC.

Oliveira, D., Duarte, A., & Clementino, A. (2017). A Nova Gestão Pública no contexto escolar e os dilemas dos(as) diretores(as). *Revista Brasileira de Política e Administração da Educação* - Periódico científico editado pela ANPAE, 33(3), 707 - 726. doi: http://dx.doi.org/10.21573/vol33n32017.79303

D'Ambrosio, U. (2014). A educação matemática e o estado do mundo: desafios. *Em Aberto, 27*(91), 5-7.

Dourado, L. F. (2007). Políticas e gestão da educação básica no Brasil: limites e perspectivas. *Educação e Sociedade, 28*(100), 921-946.

Dourado, L. F. (2015). Diretrizes curriculares nacionais para a formação inicial e continuada dos profissionais do magistério da educação básica: concepções e desafios. *Educação e Sociedade, 36*(131), 299-324.

Fleuri, R. M. (2015). *Perfil profissional docente no Brasil: metodologias e categorias de pesquisas.* Brasília: INEP.

Freire, P. (1975). *Pedagogia do Oprimido.* Rio de Janeiro: Paz e Terra.

Gauthier, J. (2011). Demorei tanto para chegar... - ou: nos vales da epistemologia transcultural da vacuidade. *Tellus, 11*(20), 39-67.

Gomes, A. M., Dos Santos, A. L., & De Melo, D. B. (2009). Escola de gestores: política de formação em gestão escolar. *RBPAE, 25*(2), 263-281.

Libâneo, J. C. (2007). Concepções e práticas de organização e gestão da escola: considerações introdutórias para um exame crítico da discussão atual no Brasil. *Revista Española deEducación Comparada, 13*, 573-588.

Marinho-Araujo, C. M. (2009). Desenvolvimento de competências nos estudantes no ensino superior: estudos no Brasil e em Portugal. *X Congresso Internacional Galego-Português de Psicopedagogia, Actas.* Braga: Universidade do Minho (p. 5069-5083).

Oliveira, D. A., Dourado, L. F., Cabral Neto, A., Cury, C. R. J., Oliveira, J. F. D., Pinto, J. M. D. R., Viera, L. M. F., Machado, M. M., Gomes, N. L. (2011). Por um Plano Nacional de Educação (2011-2020) como política de Estado. *Revista Brasileira de Educação, 16*(47), 483-492.

Organisation for Economic Co-operation and Development (OECD). (2016). *Education at a Glance 2016: OECD Indicators*. Paris: OECD Publishing.

Ramos, M. N. (2001). *A Pedagogia das competências: autonomia ou adaptação?* São Paulo: Cortez.

Silva, M. A. (2009). Qualidade social da educação pública: algumas aproximações. *Cadernos Cedes, 29*(78), 216-226.

Walsh, C. (2012). Interculturalidad y (de)colonialidad: Perspectivas críticas y políticas. *Visão Global, 15*(1-2), 61-74.

---

[i] L'*educação básica* correspond à trois niveaux du système éducatif brésilien, dont l'éducation préscolaire (*educação infantil* 0-5 ans), l'enseignement primaire (l'*ensino fundamental* entre 6 et 14 ans, obligatoire) et l'enseignement secondaire (l'*ensino medio* 14-17 ans).

[ii] L'enseignement fondamental (*ensino fundamental*) correspond aux neuf années de scolarisation obligatoires (entre 5 et 14 ans).

[iii] L'article 14 de la LDB stipule que les systèmes éducatifs des États, du District Fédéral et des municipalités déterminent le processus de choix des gestionnaires. Ceux-ci peuvent être élus par consultation, par élection auprès de la communauté scolaire, par nomination politique ou par concours public.

[iv] Pour plus d'informations sur le programme national *École des gestionnaires de l'éducation publique de base,* voir: http://portal.mec.gov.br/escola-de-gestores-da-educacao-basica.

[v] L'Indice de développement de l'éducation de base (IDEB) a été créé en 2007 par l'Institut national d'études et recherches éducationnelles Anísio Teixeira et est formulé pour mesurer la qualité de l'apprentissage au niveau national et fixer des objectifs pour l'amélioration de l'enseignement. Voir: portal.mec.gov.br/conheca-o-ideb.

PARTIE IV

Les pratiques de formation des enseignants centrées sur des marqueurs ou des publics spécifiques

CHAPITRE VII

PRENDRE EN COMPTE LA DIVERSITÉ RELIGIEUSE À L'ÉCOLE QUÉBÉCOISE: LES DÉFIS DE LA FORMATION DES FUTURS ENSEIGNANTS DU COURS ÉTHIQUE ET CULTURE RELIGIEUSE

Sivane Hirsch

1. Introduction

Le programme Éthique et culture religieuse (ECR) semble offrir le contexte scolaire idéal pour la prise en compte de la diversité religieuse. Implanté dans l'ensemble des écoles québécoises, du primaire au secondaire, à la fin d'un long processus de laïcisation du système scolaire, il remplace depuis 2008 l'enseignement religieux ou moral qui prévalait dans les écoles québécoises jusqu'à cette date. Ce dernier cloisonnait les élèves dans des groupes d'études selon leur appartenance religieuse (ou leur non-appartenance) et, le plus souvent, celle de leurs parents. En effet, ils pouvaient choisir entre, d'un côté, l'enseignement religieux, qu'il soit catholique, protestant ou d'une autre religion éventuellement et, d'un autre côté, un enseignement « moral ». Le programme ECR, élaboré à la suite des conclusions du rapport du Groupe de travail sur la place de la religion à l'école, présidé par Jean-Pierre Proulx (Proulx, Lafontaine, Milot et al., 1999)[i], vise au contraire la reconnaissance de l'autre ainsi qu'un meilleur vivre-ensemble. Il invite les élèves à découvrir la diversité dans toutes ses formes (et non seulement religieuse) à travers le développement de trois compétences – 1) réfléchir sur des questions éthiques, 2) manifester une compréhension du phénomène religieux, et 3) pratiquer le dialogue. C'est le constat d'une société plurielle, clairement nommée dans le préambule du programme, qui explique la nécessité de travailler ces compétences avec les élèves: « Ce pluralisme se manifeste notamment dans la diversité des valeurs et des croyances que préconisent des personnes et des groupes et qui contribuent à façonner la culture québécoise » (Ministère de l'Éducation, du Loisir et du Sport [MELS], 2008, p. 1).

La première compétence permet de discuter des principes fondateurs de la société québécoise tout en amenant les élèves à élaborer leurs propres points de vue, faisant place à une diversité de manières de voir le monde et d'y prendre leur place. La troisième compétence les invite à développer leur habileté à débattre de leurs points de vue dans l'acceptation des autres possibles. Mais la diversité religieuse reçoit sans aucun doute une place considérable dans le cadre du programme, qui lui consacre entièrement sa deuxième compétence. Celle-ci aborde les six principales religions pratiquées au Québec (le christianisme, les spiritualités autochtones, le judaïsme, l'islam, l'hindouisme et le bouddhisme) dans le cadre d'un enseignement laïque qui les considère comme des objets d'étude. L'objectif de cet enseignement est d'amener les élèves à comprendre les religions comme phénomène social, à travers différents aspects notamment leur histoire, leurs récits, leurs rites, les règles qui les encadrent, leurs aspects symboliques et la contribution de chacune d'elles au patrimoine culturel québécois.

Les visées du programme sont clairement attachées à ce même constat du pluralisme au sein de la société québécoise, que le programme reconnait comme un « facteur important d'enrichissement », même s'il « peut parfois devenir une source de tension ou de conflit. Pour vivre ensemble dans cette société, il est nécessaire d'apprendre collectivement à tirer profit de cette diversité. Il importe dès lors de s'y sensibiliser et d'entreprendre une réflexion et des actions favorisant le bien commun » (MELS, 2008, p. 1). C'est l'approche d'une éducation interculturelle, définie dans la *Politique d'intégration scolaire et d'éducation interculturelle* (Ministère de l'Éducation du Québec [MEQ], 1998), comme le savoir vivre ensemble dans une société francophone, démocratique et pluraliste, qui est ainsi adoptée. Afin de rendre cette politique opératoire à l'école, le Groupe de travail interuniversitaire sur les compétences interculturelles et inclusives en éducation, mis sur pied par l'Observatoire sur la formation à la diversité et l'équité, a proposé de considérer deux finalités principales à l'éducation interculturelle et inclusive (Potvin, Borri-Anadon, Larochelle-Audet et al., 2015): 1) préparer tous les élèves à mieux vivre ensemble dans une société pluraliste et à développer un monde plus juste et plus égalitaire et 2) adopter des pratiques d'équité qui tiennent compte des expériences et des réalités ethnoculturelles, religieuses, linguistiques et migratoires des élèves, particulièrement celles qui sont issues de groupes minorisés. C'est exactement ce que tente de faire le programme d'ECR en faisant une place dans le curriculum à différentes visions du monde, croyances, valeurs, etc., et en invitant ensuite les élèves à apprendre à se positionner et à se construire une identité au sein de cette diversité. Mais l'approche interculturelle ou, du moins, la manière dont elle est perçue par certains fait aussi l'objet de critiques émises à l'égard de ce programme. Ses détracteurs considèrent que la religion ne peut d'aucune manière être enseignée dans une école laïque et ne reconnaissent pas en la religion l'un des marqueurs valables et pertinents de la diversité (Baril et Baillargeon, 2016).

Pour ma part, la question que je veux aborder ici concerne plutôt les moyens que s'est donnés le programme pour atteindre ces finalités.

En effet, on peut se demander si l'approche de l'enseignement culturel des religions qu'il adopte donne aux enseignants les moyens pour les atteindre. C'est dans cette optique que je souhaite discuter, dans ce chapitre, des défis que pose la formation initiale et continue des enseignants, dans l'objectif de les amener à prendre en compte la diversité religieuse dans leurs classes, au primaire comme au secondaire. Je présenterai d'abord les défis liés au contenu relatif à l'enseignement de la culture religieuse, puis ceux qui sont liés au contexte de l'enseignement et à la posture de l'enseignant lui-même.

2. Les défis liés aux contenus à enseigner

Le premier défi de la formation initiale de futurs enseignants en ECR, que l'on peut d'ores et déjà qualifier d'insurmontable, est la nécessité de maitriser les connaissances liées aux trois compétences abordées précédemment. Sans prescrire de « repères culturels », comme le fait le programme en Histoire et éducation à la citoyenneté, le programme ECR propose des « exemples indicatifs » qui orientent malgré tout le traitement des différents thèmes et donnent une idée générale de l'étendue de la matière. Ainsi, pour ne prendre que le premier thème du premier cycle du secondaire, soit le patrimoine religieux québécois le programme propose de le présenter à travers des exemples indicatifs comme les œuvres patrimoniales et les personnages marquants. Toutefois, il faut aussi considérer l'influence des institutions religieuses sur l'éducation, les soins de la santé et la famille et l'influence des religions sur les valeurs et sur les normes sociales (p. 42).

Sachant que les enseignants ne disposent que d'une heure d'enseignement par semaine par groupe d'élèves et qu'ils ont trois compétences à développer avec eux, ce programme est évidemment trop ambitieux. On se défendra en précisant que les enseignants peuvent choisir entre ces éléments, en suivant le contenu prioritaire identifié dans les orientations ministérielles. Mais ce choix et ses critères posent rapidement d'autres défis aux enseignants, tout comme la complexité des thèmes à enseigner, dans un « petit » programme qui n'a pas beaucoup de place dans la grille horaire. Regardons ici comment ces défis se déploient dans la formation initiale et continue des enseignants.

2.1 La hiérarchisation des religions

La deuxième compétence traite de la diversité religieuse au sein de la société québécoise en invitant les élèves à examiner des « expressions du religieux » avec lesquelles ils sont « mis en présence » (MELS, 2008, p. 20) régulièrement, soit avec les six principales religions du Québec. Il s'agit, dans l'ordre, du christianisme, en mettant notamment l'accent sur le catholicisme, du judaïsme et des spiritualités autochtones, puis de l'islam, de l'hindouisme et finalement, du bouddhisme. Cet ordre est important, car il détermine la fréquence du traitement de chacune de ces religions en classe: le catholicisme doit toujours être abordé lorsqu'on traite de culture religieuse en classe, alors que les spiritualités autochtones et le judaïsme le seront au minimum une fois par année, et les autres religions, une fois par cycle de deux ans. C'est l'ancienneté des communautés en sol québécois qui détermine cet ordre, ce qui pose plusieurs défis. Or, si cet ordre jouit de l'apparence « objective » de la temporalité historique, il soulève plusieurs incohérences dans une classe d'ECR, qui doit tenir compte de la pluralité actuelle de la société québécoise en général et de celle de l'environnement des jeunes en particulier.

En effet, les spiritualités des premiers peuples, par exemple, sont reléguées au deuxième rang malgré leur primauté historique. Le judaïsme, qui partage ce deuxième rang, représente en effet la plus ancienne minorité religieuse du Québec, hormis les protestants et les

146

autochtones. En revanche, cette communauté est désormais moins importante en chiffres que la communauté musulmane, plus récente au Québec.

Les incohérences se manifestent aussi différemment selon les régions du Québec. Ainsi, Montréal accueille un grand nombre d'immigrants, mais aussi plusieurs communautés minoritaires implantées depuis longtemps (comme les communautés juives, arméniennes ou italiennes, pour ne proposer que ces exemples), mais qui sont peu présentes dans d'autres régions du Québec (Mc Andrew, Balde, Bakhshaei et al., 2015). La Mauricie, pour donner comme exemple la région où je dispense de la formation initiale, est, à l'opposé de Montréal, souvent considérée comme une région plutôt homogène. Pourtant, la diversité religieuse qu'elle présente est non négligeable. En effet, en plus d'être un territoire du peuple atikamekw, elle comprend une communauté importante de Témoins de Jehovah ainsi qu'une communauté syrienne et libanaise qui s'y est installée au tournant du XXe siècle. Au cours des dernières années, le taux d'immigration en Mauricie a augmenté régulièrement, la région accueillant autant d'immigrants économiques que de réfugiés de diverses origines (Ministère de l'Immigration, de la Diversité et de l'Inclusion [MIDI], 2015). Ainsi, un enseignant voulant prendre en compte la diversité religieuse spécifique à la Mauricie ne peut pas le faire et respecter en même temps les prescriptions du programme à cet égard.

2.2 La complexité des thèmes souvent sensibles

La complexité du contenu que propose ce programme est d'abord liée à son étendue ainsi qu'à la grande diversité des manifestations du phénomène religieux au Québec comme ailleurs dans le monde. En effet, le programme fait place aux différents courants qui coexistent au sein des religions instituées, mais aussi aux phénomènes contemporains qui s'organisent autour de la religiosité. On pense par exemple ici aux nouveaux mouvements religieux (qu'on associe trop facilement à des sectes) ou encore aux nouveaux rites de passage (comme les bals de finissants) ou aux célébrations de moments fondateurs (comme le festival *Burning Man* célébré annuellement aux États-Unis). De plus, ce contenu touche très souvent l'actualité et certains débats politiques et sociaux. En effet, Il suffit de se rappeler de l'interminable débat qui a eu lieu au Québec (comme ailleurs en Occident) sur les enjeux de la laïcité. Mentionnons à cet égard l'interdiction du port de signes religieux dans l'espace public dans le cadre de ce que l'on a appelé au Québec « la charte de valeurs », l'affichage des signes religieux dans des lieux publics (comme le crucifix) que cette charte n'incluait pas ou la place que l'école publique et laïque doit accorder à l'enseignement des phénomènes religieux. C'est dans ce sens que nous parlons de thèmes sensibles liés à des marqueurs religieux (Hirsch, Moisan, Audet, Jeffrey, Rousseau et Mc Andrew, 2017) qui, parce qu'ils touchent des manières de vivre ensemble et donc, l'aspect politique (Hess et Mcavoy, 2015), doivent être abordés avec finesse, délicatesse et prudence car ces marqueurs peuvent parfois susciter des sentiments d'indignation, d'embarras, ou de mépris chez les élèves.

Le défi est d'autant plus considérable que les enseignants doivent aussi respecter les exigences du programme et tenir compte de la diversité dans les manières de penser et de voir le monde, qu'elles soient religieuses ou pas, que ce soit dans le cadre de la compétence d'éthique ou de celle de la culture religieuse. Un enseignant compétent devrait ainsi avoir les connaissances nécessaires pour traiter ces questions, faire appel à des pratiques pédagogiques permettant l'expression de la diversité dans la classe de manière respectueuse et productive, adopter une posture faisant preuve d'un devoir de réserve que le programme reconnait comme supplémentaire et, enfin, se montrer neutre et impartial (Bouchard,

Plante et Haeck, 2014; Gravel, 2014; Jeffrey, 2015). En ce sens, la formation de l'enseignant s'avère d'autant plus essentielle que certains élèves peuvent entretenir, par exemple, des convictions pétries de préjugés qu'il importe de corriger immédiatement. L'enseignant doit être capable de mobiliser les connaissances nécessaires pour rétablir les faits, tout en évitant la confrontation directe avec un élève ou un groupe d'élèves (Fabre, 2014; Jeffrey, 2005, 2013; Lantheaume et Simonian, 2012/3). Pourtant, lorsque nous avons questionné des enseignants d'ECR (mais aussi d'Histoire et éducation à la citoyenneté) sur leurs manières d'aborder l'histoire et la culture de la communauté juive du Québec dans leurs classes, leur réponse a été généralement qu'ils ne le font tout simplement pas (Hirsch et Mc Andrew, 2016). Ils préfèrent, expliquent-ils, parler du judaïsme de manière générale, un enseignement auquel ils sont mieux préparés et qui leur parait donc plus légitime. Ils avouent en effet ne pas connaitre suffisamment l'histoire de la communauté juive du Québec et précisent vouloir éviter de parler des communautés hassidiques qui attirent déjà trop d'attention par rapport à leur poids relatif au sein de la communauté juive montréalaise. Or, ajoutent-ils, c'est exactement sur ce point que leurs élèves les questionnent. La formation à cet égard semble donc nécessaire.

2.3 Faire des choix

Ce dernier exemple montre bien le défi que représente pour l'enseignant l'exigence de devoir choisir lui-même les thèmes à aborder en classe. Comme nous l'avons précisé plus haut, l'enseignant doit conjuguer avec les orientations ministérielles et la progression des connaissances prescrites par le programme, avec ses propres connaissances en la matière et avec le peu de temps alloué au programme en général et plus particulièrement à la deuxième compétence dans la grille horaire de l'école secondaire[ii]. Quels arguments les enseignants pourraient-ils donc mettre de l'avant pour justifier la décision d'aborder l'histoire d'une religion et pas celle d'une autre, ou le choix de présenter tel récit ou tel rite? Le fait que chaque enseignant fasse ses propres choix a aussi une autre conséquence: il est en effet très difficile de greffer les nouveaux apprentissages aux connaissances antérieures des élèves, d'autant plus qu'ils grandissent dans une société contemporaine caractérisée par une « inculture religieuse » croissante (Moore, 2012).

Si l'on parle d'inculture religieuse, c'est parce que le programme d'ECR adopte une approche culturelle de l'étude du phénomène religieux qu'il considère comme faisant partie de la culture en général et de différentes cultures en particulier. L'approche du programme est culturelle « à la fois parce qu'elle a les signes culturels pour objets et parce qu'elle s'intéresse prioritairement à la culture québécoise » (Lucier, 2008, p. 4). Et cette approche culturelle permet de mettre l'accent non pas sur une religion ou sur une autre, mais sur la diversité de leurs manifestations au sein de la culture québécoise. Le programme d'ECR le fait en abordant avec les élèves les diverses expressions du religieux dans leur environnement, c'est-à-dire des symboles, des rituels, de l'art inspiré du fait religieux, tout en les amenant à mieux comprendre le sens attribué à ces manifestations religieuses.

Ne pas présenter une variété de manifestations se traduirait alors par une vision essentialiste de la religion, des religions présentées. En effet, l'essentialisme culturel, qui considère les différences culturelles comme une réalité « en soi » (Mc Andrew, 2003), néglige les aspects historiques, sociologiques et politiques qui l'influencent. Une telle vision représente la diversité comme un ensemble de communautés, dans notre cas, de communautés religieuses, qui sont homogènes et monolithiques et ne partagent donc qu'une croyance, vécue à travers une pratique unique et qui se traduit par une seule manière de voir le monde. Ces communautés sont alors perçues comme séparées les unes des autres par des frontières étanches n'acceptant aucune influence externe sur leur mode de vie. La perception des religions des autres serait aussi influencée par ce même regard essentialiste. Ainsi, comparée aux religions judéo-chrétiennes, une religion sans Dieu(x) sera considérée tantôt comme une philosophie, tel le bouddhisme, tantôt comme des « spiritualités autochtones ».

Le traitement de la diversité ne peut se limiter à celle qui existe entre les religions. Il faut également s'intéresser à la diversité que l'on observe au sein de chacune d'elles. Il importe en effet de reconnaitre la pluralité des pratiques, des symboles ou des univers de sens qui cohabitent au sein d'une même religion (comme dans une même culture ou une même société). Le risque qui guette les enseignants est celui du folklorisme qui met de l'avant les pratiques les plus visibles, les plus spectaculaires, celles qui « représentent » déjà la communauté. Or, ces pratiques sont souvent plutôt orthodoxes: une femme musulmane voilée ou un homme juif portant la *kippa* ou encore un sikh portant le turban deviennent rapidement les symboles de la diversité religieuse qui est pourtant plus complexe que ces stéréotypes qui contrastent clairement avec les modes vestimentaires occidentaux. De la même manière, les restrictions alimentaires de certaines religions marquent l'imaginaire, notamment le *halal* et le *cacher* qui interdisent le porc, et les pratiques de jeûne pour souligner certaines fêtes comme le *ramadan* ou *Yom Kippour*, alors que les fêtes majeures de ces religions sont régulièrement comparées à Noël pour les rendre plus tangibles, tout en montrant une image d'« ailleurs ».

Ce folklorisme serait renforcé d'un côté par un ethnocentrisme difficilement évitable, celui qui propose de voir le monde toujours à travers le prisme de sa propre culture et qui ne s'arrête qu'aux manifestations extérieures de la culture des autres. D'un autre côté, il pourrait donner place à un relativisme culturel qui stipule que toutes les croyances et toutes les pratiques qui en découlent sont bonnes et acceptables dans la mesure où elles sont culturellement construites. Ainsi, l'enseignant, en talentueux funambule, doit guider ses élèves entre ces deux visions pour l'amener à décentrer sa vision de l'autre. Or, ce sera souvent à lui seul de déterminer ce qui est acceptable ou non dans une telle approche culturelle, puisque le programme ne le définit jamais clairement, comme il ne décrit pas non plus ce qu'est la religion ou la culture…

**

Ces défis de l'enseignement d'ECR sont aussi ceux de la formation initiale et continue des enseignants de cette discipline, au moins en ce qui concerne la prise en compte de la diversité religieuse dans l'enseignement du programme d'ECR. Ainsi, à moins de consacrer leur formation initiale à l'étude des religions, les étudiants ne peuvent suivre des cours approfondis sur celles qui font l'objet du programme. Cela exige donc de leurs formateurs de faire déjà le premier choix parmi les repères proposés par le programme. Or, puisque les futurs enseignants ne peuvent connaitre d'emblée la réalité qu'ils rencontreront en classe, l'éventail des thèmes travaillés en formation initiale devrait minimalement les préparer, me semble-t-il, à s'adapter, par une éventuelle sélection des thèmes, aux divers enjeux qui l'influenceront. Pour ce faire, ils doivent aussi accéder à la logique qui a pu déterminer la hiérarchisation des religions présentées dans le programme, afin de pouvoir, au besoin, ne pas la suivre.

La formation initiale et continue doit aussi préparer les futurs enseignants à aborder ces thèmes complexes et souvent sensibles avec leurs élèves. Ainsi, outre les connaissances qu'il doit posséder au préalable, le formateur doit développer une compétence pédagogique qui tienne compte des nuances de l'approche culturelle et du contexte sociohistorique et culturel dans lequel il œuvre afin de l'intégrer à sa formation et d'amener ses étudiants à développer ces mêmes compétences.

3. Les défis liés au contexte de l'enseignement

Les défis présentés plus haut prennent différentes formes selon le contexte scolaire dans lequel l'enseignant travaille. En effet, alors que certaines écoles, notamment dans la grande région montréalaise, accueillent jusqu'à 98 % d'élèves issus de l'immigration (qu'ils soient de 1re ou de 2e génération[iii]), dans d'autres régions du Québec, ceux-ci représentent plutôt un maximum de 20 % environ et sont souvent quasiment absents du paysage scolaire.

Si les défis restent les mêmes – avoir une connaissance suffisante de la matière, faire des choix dans le cadre de la hiérarchie proposée par le programme, traiter des thèmes sensibles dans toute leur complexité – les manières dont ils s'imposent aux enseignants varient. La première différence notable est dans le choix des thèmes à aborder: si l'on respecte l'exigence du programme d'aborder avec les élèves les religions de leur environnement proche, les enseignants doivent connaitre les religions présentes dans leur région, dans leur école ou même dans leur classe. Ceci représente un défi tant en contexte pluriel qu'en contexte homogène. Dans le premier cas, le défi semble évident: confronté à une grande diversité de religions qu'il ne connait pas suffisamment, l'enseignant peut craindre leur traitement en classe, notamment en considérant le temps qu'il doit leur consacrer dans son enseignement. Dans le deuxième cas, un enseignant qui travaille dans un contexte plutôt homogène pourrait croire, à tort, que la diversité religieuse est absente de sa classe et, par conséquent, négliger de s'y attarder. Dans les deux cas, le fait qu'un élève représente une certaine diversité religieuse dans une classe (c'est-à-dire qu'il n'a pas comme religion d'héritage le catholicisme) ne signifie pas pour autant qu'il s'y reconnait. L'enseignant doit témoigner d'une grande sensibilité pour trouver l'équilibre entre identifier un élève en classe par une appartenance religieuse qu'il n'assume pas et ignorer la religion d'héritage d'un élève qui ne se reconnaitra pas dans le portrait de la société québécoise qui lui est proposé.

On doit ici revenir à la question de la posture, abordée brièvement plus haut. Celle-ci demande aux enseignants d'afficher leur impartialité et leur objectivité à l'égard de tous les thèmes abordés, dont les expressions du religieux. Ils doivent donc négocier avec succès entre l'ethnocentrisme d'un côté, et le relativisme de l'autre, thèmes présentés plus haut et qui se résument souvent en classe à une comparaison entre « nous » et « eux ». Or, le « nous » comme le « eux » sont des constructions sociales des élèves, souvent fondées sur des représentations erronées de la société québécoise et qui ne font pas de place, ou très peu, à sa diversité plus ou moins récente. De plus, cette posture est souvent interprétée à tort comme une exigence de neutralité qui est, dans les faits, intenable pour tout enseignant appartenant lui-même à une minorité, qu'elle soit ethnoculturelle, religieuse, linguistique (par les accents ou les régionalismes), sexuelle, etc. En effet, se présenter comme étant neutre, c'est se montrer comme les autres, pour éviter la comparaison… L'enseignant envoie alors le message paradoxal que la diversité n'a pas sa place à l'école alors que le programme vise la reconnaissance de l'autre et un meilleur vivre-ensemble.

La formation initiale et continue ne peut donc se rapporter uniquement aux thèmes du programme et à la meilleure pratique pédagogique pour les enseigner, mais doit proposer aux futurs enseignants et à ceux qui sont déjà actifs un portrait à jour de la société québécoise dans toute sa richesse. Parce que ce portrait ne cesse d'évoluer au Québec en général et dans chacune de ses régions en particulier, la formation doit donner aux futurs enseignants (et à ceux qui sont déjà actifs) les outils nécessaires pour l'actualiser régulièrement.

Conclusion

Si les défis présentés dans ce chapitre expliquent, du moins en partie, pourquoi le débat social qui entoure le programme d'ECR ne s'essouffle pas, ils démontrent aussi toute la pertinence de ce programme. En effet, la mission que se donne le programme d'ECR, à savoir la reconnaissance de l'autre et le meilleur vivre-ensemble dans une société plurielle et inclusive, ne peut être accomplie si la formation initiale et continue ne réussit pas à préparer les enseignants à soulever les défis de la prise en compte de la diversité religieuse.

Or, les défis que nous avons identifiés, à savoir l'étendue du contenu, sa complexité, sa hiérarchisation et la sélection nécessaire entre les nombreux éléments proposés ainsi que la nécessité de prendre en compte les différents contextes d'enseignement, doivent être au cœur de la formation elle-même. Celle-ci doit proposer aux futurs enseignants les outils nécessaires pour y répondre dans leur travail en classe: observer la société dans laquelle ils vivent et travaillent, s'intéresser aux contextes spécifiques de leurs milieux, s'informer sur le traitement de diverses religions dans l'actualité québécoise et en rendre compte dans son enseignement.

Cette approche me semble d'autant plus indispensable que les enseignants d'ECR rencontrent aussi de nombreux défis administratifs. Les plus importants sont probablement, d'une part, le fait que ces charges d'enseignement soient accordées à des membres du personnel enseignant qui n'ont jamais été formés en la matière pour leur permettre de compléter leurs tâches d'enseignement et, d'autre part, la pratique répandue de couper le nombre d'heures accordées aux « petites matières » pour accorder du temps supplémentaire à d'autres projets éducatifs.

Considérant tout cela, la formation doit préparer les futurs enseignants à prendre eux-mêmes en compte la diversité religieuse dans leur travail et à s'adapter à une réalité changeante et complexe. Finalement, c'est en ce sens que les défis que rencontrent les enseignants au cours de leur formation sont les mêmes que ceux qu'ils rencontreront dans leur travail en classe.

Références

Baril, D., & Baillargeon, N. (2016). *La face cachée du cours Éthique et culture religieuse*. Montréal: Leméac.

Bouchard, N., Plante, M., & Haeck, N. (2014). *La posture professionnelle de l'enseignement en ECR: propos de chercheurs*. Présenté au VIᵉ colloque annuel du GREE, Montréal.

Fabre, M. (2014). Les « éducations à »: problématisation et prudence. *Éducation et socialisation. Les Cahiers du CERFEE, 36*(1), 3-12.

Gravel, S. (2014). Endoctrinement et enseignement des religions à l'école: quels enjeux éthiques pour les enseignants du secondaire? *Les Dossiers du GREE, Série 3. Éthique en éducation*, (1), 46-74.

Hess, D. E., & McAvoy, P. (2015). *The Political Classroom. Evidence and Ethnics in Demoncratic Education*. New York: Routledge.

Hirsch, S., & Mc Andrew, M. (2016). L'enseignement de l'histoire des communautés juives au Québec: le traitement curriculaire et les besoins des enseignants. Dans S. Hirsch, M. Mc Andrew, G. Audet et J. Ipgrave (Dirs.), *Judaïsme et éducation: enjeux et défis pédagogiques* (pp. 9-24). Québec: Presses de l'Université Laval.

Hirsch, S., Moisan, S., Audet, G., Jeffrey, D., Rousseau, C., & Mc Andrew, M. (2017). *Le traitement des thèmes sensibles religieux dans les classes d'Éthique et culture religieuse et d'Histoire et éducation à la citoyenneté*. Développement Savoir: Conseil de recherches en sciences humaines du Canada.

Jeffrey, D. (2005). Transmission de valeurs et enseignement. Dans D. Jeffrey et C. Gohier (Dirs.), *Enseigner et former à l'éthique* (pp. 149-165). Québec: Presses de l'Université Laval.

Jeffrey, D. (2013). Profession enseignante: de la moralité exemplaire à l'éthique professionnelle. *Formation et profession, 21*(3), 18-29.

Jeffrey, D. (Dir.). (2015). *Laïcité et signes religieux à l'école*. Québec: Presses de l'Université Laval.

Lantheaume, F., & Simonian, S. (2012/3). La transformation de la professionnalité des enseignants: quel rôle au prescrit? *Les sciences de l'éducation - Pour l'Ère nouvelle, 45*(3), 17-37.

Lucier, P. (2008). L'approche culturelle du phénomène religieux. *Éthique publique, 10*(1), 1-14.

Mc Andrew, M. (2003). School Spaces and the Construction of Ethnic Relations: Conceptual and Policy Debates. *Canadian Ethnic Studies, 35*(2), 14-29.

Mc Andrew, M., Balde, A., Bakhshaei, M., Tardif-Grenier, K., Audet, G., Armand, F., Guyon, S., Ledent, J., Lemieux, G., Potvin, M., Rahm, J., Vatz Laaroussi, M., Carpentier, A., & Rousseau, C. (2015). *La réussite éducative des élèves issus de l'immigration. Dix ans de recherche et d'intervention au Québec.* Montréal: Presses de l'Université de Montréal.

Ministère de l'Éducation, du Loisir et du Sport (MELS). (2008). *Programme de formation de l'école québécoise en Éthique et culture religieuse.* Québec: Gouvernement du Québec.

Ministère de l'Éducation du Québec (MEQ). (1998). *Politique d'intégration scolaire et d'éducation interculturelle.* Québec: Gouvernement du Québec.

Ministère de l'Immigration, de la Diversité et de l'Inclusion (MIDI). (2015). *Portraits statistiques: L'immigration permanente au Québec selon les catégories d'immigration et quelques composantes 2010-2014.* Québec: Gouvernement du Québec.

Moore, D. (2012). Pour vaincre l'inculture religieuse: l'approche des études culturelles. Dans M. Estivalèzes & S. Lefebvre (Dir.), *Le programme d'éthique et culture religieuse. L'exigeante conciliation entre le soi, l'autre et le nous* (pp. 111-130). Québec: Presses de l'Université Laval.

Potvin, M., Borri-Anadon, C., Larochelle-Audet, J., Armand, F., Cividini, M., De Koninck, Z., Lefrançois, D., Levasseur, V., Low, B., Steinbach, M., & Chastenay, M.-H. (2015). *Rapport sur la prise en compte de la diversité ethnoculturelle, religieuse et linguistique dans les orientations et compétences professionnelles en formation à l'enseignement.* Montréal, Groupe de travail interuniversitaire sur les compétences interculturelles et inclusives en éducation, Observatoire sur la formation à la diversité et l'équité (OFDE).

Proulx, J.-P., Lafontaine, Y., Milot, M., Racine, L., Sassi, A., Weinstock, D., & Whyte, M. (1999). *Laïcité et religions: perspective nouvelle pour l'école québécoise.* Québec: Ministère de l'Éducation du Québec, Groupe de travail sur la place de la religion à l'école.

Tremblay, S. (2010). *École et religion. Genèse du nouveau pari québécois.* Montréal: Fides.

i Pour découvrir le processus qui a amené à la mise en place de ce programme, voir le livre *École et religion. Genèse du nouveau pari québécois* (Tremblay, 2010).

ii Précisons aussi que certaines écoles ne respectent même pas cette exigence et coupent dans l'enseignement d'ECR pour faire place à d'autres enseignements.

iii Pour une présentation de la répartition des élèves issus de l'immigration au Québec, voir le texte de Mc Andrew et Audet.

CHAPITRE VIII

LA FORMATION DES ENSEIGNANTS À LA DIVERSITÉ RELIGIEUSE AU BRÉSIL: DÉFIS ET PERSPECTIVES

Elcio Cecchetti
Reinaldo Matias Fleuri

1. Introduction

Historiquement, au Brésil, l'État et l'école ont été créés selon l'égide de l'alliance entre la monarchie et l'Église, au nom du projet colonisateur eurocentrique du XVe siècle. Afin d'appuyer le pouvoir de la couronne, selon le régime du *padroado*[i], le catholicisme a assuré le contrôle de plusieurs champs sociaux, dont l'éducation, par l'action de différents missionnaires et ordres religieux. Dans ce contexte, les principes de la morale chrétienne et de la doctrine catholique se sont imbriqués au sein de l'enseignement à l'école primaire, laissant aux enseignants le soin de transmettre aussi bien des contenus sacrés que profanes. Ainsi, les termes « enseignement de la religion » ou « instruction religieuse » correspondaient à la pratique de l'évangélisation, de la catéchisation et de l'endoctrinement dans des espaces formels, comme les écoles, ou non formels, comme les missions, les activités pastorales ou autres.

Tout au long de la période de l'empire du Brésil (1822-1889), l'enseignement de la doctrine catholique faisait partie du curriculum classique humaniste qui, peu à peu, a perdu du terrain face à l'incorporation des contenus modernes ou scientifiques dans les écoles et les facultés, suivant la tendance dominante présente en Europe au XIXe siècle qui préconisait la diminution ou bien l'exclusion de la religion des programmes d'enseignement (Lorenz et Vechia, 2011).

L'effervescence du débat en faveur de l'éducation laïque, qui a marqué les dernières décennies du régime impérial au Brésil, a occupé une place importante dans le cadre juridique national avec la création de la République. Le gouvernement provisoire, avec ses premiers décrets, avait mis en place la séparation de l'État et de l'Église, la pleine liberté de culte, l'institution du mariage civil et la sécularisation des cimetières. Sous l'égide de l'État laïque, on déclarait dans la première *Constituição da República dos Estados Unidos do Brasil* (Constitution de la République des États-Unis du Brésil) (1891) que l'enseignement dans tous les établissements publics serait laïque.

Cependant, la laïcisation[ii] de l'État a avancé davantage sur le plan juridique que sur celui des mentalités Ainsi, la fusion du politique et du religieux a continué d'exister malgré les dispositions et les décrets constitutionnels. En outre, l'Église catholique a questionné le caractère sécularisant donné à l'État et a tenté, ensuite, d'en réformer les structures. Dans les années 1930, l'Église catholique a été en mesure de retirer le dispositif établissant l'éducation laïque et de réintroduire l'enseignement confessionnel, sans toutefois le rendre obligatoire. Ainsi, pendant cette période, le terme enseignement religieux a été utilisé pour désigner la pratique systématique de l'enseignement confessionnel dans les établissements d'enseignement en tant que discipline (Cecchetti, 2016).

Une telle formulation a été maintenue dans toutes les autres constitutions brésiliennes (1937, 1946, 1967 et 1988) et dans les deux premières *Lei de Diretrizes e Bases da Educação Nacional* (Lois des directives et des bases de l'éducation nationale, LDB, 1961 et 1971). Ainsi, l'enseignement religieux confessionnel a produit, au fil du temps, plus de refus que de reconnaissance, précisément parce qu'on a attribué une position subordonnée aussi bien aux croyances non chrétiennes, qu'aux personnes athées, agnostiques ou sans religion.

Par conséquent, jusqu'au début des années 1990, on se préoccupait peu de la formation des enseignants à la diversité religieuse. Ancrés dans des arguments confessionnels ou interconfessionnels, les processus de formation étaient directement liés à la dynamique de préparation des agents pastoraux[iii], selon chaque église chrétienne, et parfois développés en partenariat avec les autorités locales en matière d'éducation. Ainsi, le seul mode de formation existant était celui du domaine religieux, obtenu grâce à des cours de théologie, de sciences religieuses, de catéchèse, d'éducation chrétienne et autres études semblables (Oliveira et Cecchetti, 2010).

2. Du confessionnel à l'œcuménique

À partir des années 1970, conscients du fait que l'approche confessionnelle ne répondait pas aux exigences d'une société de plus en plus diversifiée, des groupes d'éducateurs et des leaders religieux ont fait valoir d'autres conceptions et d'autres propositions pédagogiques pour l'enseignement religieux. Ainsi, des organisations à caractère œcuménique[iv], qui ont cherché à surmonter le modèle catéchétique en vigueur jusqu'alors en se référant au mouvement œcuménique international[v], ont été créées dans plusieurs États. Ce fut précisément dans cette période de transition que nous avons pu repérer les premières initiatives concernant une offre de formation universitaire des enseignants dans ce domaine (Caron, 1995).

Après deux décennies d'expériences œcuméniques, les agents et les institutions impliqués dans ce processus ont ressenti le besoin de repenser la nature de l'enseignement religieux afin d'accueillir la diversité culturelle religieuse brésilienne. C'est ainsi qu'a été créé le

Fórum Nacional Permanente de Ensino Religioso (Forum national permanent pour l'enseignement religieux, FONAPER), en 1995. Cette institution, au fil du temps, est devenue un espace de discussion rassemblant des idées et des propositions pour l'opérationnalisation d'un enseignement religieux qui puisse surmonter l'approche confessionnelle et prosélyte qui le caractérisait historiquement. Cependant, malgré les efforts déployés, la LDB de 1996 a encore défini l'enseignement religieux comme une discipline à caractère confessionnel et interconfessionnel.

Au début de 1997, insatisfaits de cette mesure, des enseignants et des représentants des institutions civiles, religieuses et d'éducation ont revendiqué la suppression du prosélytisme et l'adoption d'une proposition éducative interreligieuse. Cette initiative collective a abouti à l'adoption de la loi n° 9.475/1997, qui a modifié la conception et la méthodologie de cette discipline:

> *Art. 33 – L'enseignement religieux, auquel l'inscription est facultative, fait partie de la formation de base du citoyen, et constitue une discipline dans les horaires normaux des écoles publiques de l'enseignement fondamental*[1], ***assurant le respect de la diversité culturelle religieuse du Brésil et interdisant toute forme de prosélytisme*** *(Brésil, 1997, traduction libre, l'accent et la note sont des auteurs).*

Ce changement juridique a fourni, pour la première fois, les conditions nécessaires pour reconnaitre l'enseignement religieux en tant que composante du programme d'études chargée d'accueillir et de respecter les différentes croyances et traditions religieuses. Il est alors devenu urgent de remplacer l'approche confessionnelle et/ou interconfessionnelle adoptée jusqu'au milieu des années 1990, où la formation des enseignants était dispensée grâce à des cours organisés par les institutions religieuses, et de fournir une qualification spécifique à ces intervenants selon cette nouvelle approche.

3. De l'œcuménique à l'interreligieux

Ce fut dans cette période de transition d'une approche œcuménique vers une période qualifiée d'interreligieuse[vii] qu'ont été créés les premiers programmes pour former des enseignants en vue d'un traitement approprié de la diversité religieuse dans le domaine de l'enseignement. Les universités de l'État de Santa Catarina ont été les premières à développer et à autoriser, en 1996, un programme de premier cycle universitaire en formation des maitres permettant d'obtenir une qualification en enseignement de la religion. Elles ont été suivies, au fil des ans, par les universités des États du Pará, du Maranhão, de Paraíba, du Rio Grande do Norte, de Sergipe, de Minas Gerais et de l'Amazonas. Dans ces endroits, la formation des enseignants pour l'enseignement religieux a commencé à suivre les mêmes procédures que celles qui étaient utilisées dans d'autres domaines de la connaissance, en assurant aux diplômés les savoirs et les compétences nécessaires pour l'étude de la diversité religieuse et culturelle dans la vie scolaire.

Depuis lors, une solide formation dans le domaine de l'éducation et des sciences des religions en est venue à être considérée, par les éducateurs et par les chercheurs dans le domaine, comme une condition nécessaire pour le traitement pédagogique des phénomènes religieux à l'école, dans une perspective interreligieuse et interculturelle. Cependant, à ce jour, il n'y a pas de politiques publiques au niveau national pour la formation initiale ou continue de ces enseignants, ni de lignes directrices nationales visant à encadrer les processus de formation dans le domaine de la diversité religieuse.

Il n'y a aucun doute que la concrétisation d'un enseignement religieux qui assure le respect de la diversité religieuse dépend des pratiques de professionnels dument qualifiés. Des recherches récentes ainsi que des témoignages des pratiques pédagogiques développées dans les états mentionnés, où des diplômés des programmes de formation mis en œuvre travaillent déjà dans les écoles, démontrent un changement significatif dans le traitement de cette thématique.

4. Des initiatives en formation à l'enseignement de la diversité religieuse

Afin de répondre à la demande en provenance des établissements d'enseignement, plusieurs initiatives ont été développées dans le domaine de la formation des enseignants à la diversité religieuse pendant les deux dernières décennies. Toutefois, compte tenu de l'absence de lignes directrices et de politiques publiques, chaque contexte a organisé ses processus de formation selon ce qui lui était possible. Ces processus peuvent être regroupés en fonction de leur objectif dans quatre domaines: la formation initiale, la formation continue, les évènements scientifiques et les publications.

Dans le cadre de la **formation initiale**, différentes propositions de programmes de premier cycle ont été mises en œuvre à ce jour. En effet, des programmes universitaires en enseignement religieux et/ou en science(s) de la ou des religion(s) ont été créés dans le but de préparer les professionnels à l'étude des phénomènes religieux à partir d'une approche interdisciplinaire, ainsi qu'à l'enseignement religieux dans une perspective interreligieuse (Oliveira, Riske-Koch et Wickert, 2008).

Prenons comme exemple le programme de sciences de la religion – programme universitaire de premier cycle en enseignement religieux (CR-ER) offert par l'*Universidade Regional de Blumenau* (Université régionale de Blumenau, FURB) située dans l'État de Santa Catarina. Créé en 1996, dans le contexte de transition d'une approche œcuménique à une approche interreligieuse, celui-ci représente une tentative novatrice d'intégrer le traitement didactique et pédagogique de la diversité culturelle et religieuse. Son organisation curriculaire a été bâtie en conformité avec les paramètres curriculaires nationaux de l'enseignement religieux, préparés par le FONAPER (2009) et à partir des dispositions règlementaires régissant le fonctionnement des autres programmes universitaires. Par conséquent, les responsables ont considéré les éléments suivants comme des exigences essentielles pour les professionnels de l'enseignement religieux: la recherche constante afin de s'approprier des connaissances religieuses; la sensibilité à la diversité et à la complexité socioculturelle des questions religieuses; la disponibilité au dialogue et à l'écoute et la capacité d'articuler les connaissances vécues par les étudiants et celles que présente l'école. À partir de ces fondements, le programme CR-ER prévoit que ses diplômés reconnaissent et respectent les différentes expériences religieuses; qu'ils luttent contre la discrimination et le prosélytisme sous toutes ses formes, aussi bien à l'école que dans le contexte social; qu'ils partagent leurs connaissances à partir des relations interculturelles; qu'ils cultivent le respect et cohabitent avec la diversité et qu'ils agissent avec engagement éthique dans différents contextes éducatifs (FURB, 2011). Pour atteindre ces objectifs, différentes perspectives scientifiques sont mises en pratique tout au long de la scolarité, notamment dans les sciences humaines et sociales. Ces différentes perspectives visent à fournir une compréhension globale des phénomènes religieux selon leurs différentes facettes et manifestations. Par conséquent, depuis sa création, le programme est intégré au Département de sciences sociales et philosophie du Centre de sciences humaines et de communication de la FURB. Ses professeurs ont donc une formation de cycles supérieurs dans les domaines de la sociologie, de la philosophie, de l'anthropologie, de la psychologie, de l'éducation, des études religieuses et de la théologie. Ils mènent des activités de services aux collectivités, fournissant leur soutien à l'organisation de séminaires, de conférences, de formations destinées aux enseignants en exercice et de cours de spécialisation, de même qu'à la production de matériel didactique ainsi qu'à la réalisation de recherches et de productions scientifiques.

Au cours de ces 20 ans (1996-2016), le programme CR-ER est passé par quatre révisions (1997, 2004, 2010 et 2011). Dans sa dernière version, la structure du programme présente deux axes, dont un axe d'articulation (constitué de cours obligatoires et communs à tous les programmes en enseignement, pour un total de 396 heures) et un axe spécifique (constitué de cours directement liés à la formation, pour un total de 2 322 heures de cours dont 504 correspondent à des activités de formation pratique ayant lieu dans des écoles publiques et privées). Le but du programme est d'offrir, à travers ses différentes disciplines, un important corpus de connaissances sur la diversité culturelle et religieuse au niveau local et global et, ainsi, d'assurer la construction de l'identité des enseignants d'enseignement religieux à partir d'expériences et de réflexions issues du domaine de l'éducation (FURB, 2011). Ces choix permettent aux étudiants d'élargir progressivement leurs connaissances; de réfléchir sur les diverses expériences religieuses autour d'eux; de formuler des réponses basées sur l'argumentation ; d'analyser le rôle des mouvements et des traditions religieuses dans la structuration et le maintien des différentes cultures; de comprendre la signification des différentes croyances et philosophies de vie et de lutter contre toutes les formes de discrimination et de préjugés. Ainsi, il est prévu que les futurs enseignants reconnaissent et respectent les différentes expériences religieuses; qu'ils adoptent une posture critique face aux pratiques de prosélytisme à l'œuvre au sein de l'école et dans le contexte social et qu'ils respectent et vivent avec l'autre différent et avec leurs propres différences (FURB, 2011).

Dans le domaine de la **formation continue,** on trouve un large éventail d'activités développées au cours des dernières décennies, comme des cours de perfectionnement à court et moyen termes soutenus par les autorités en matière d'éducation, qu'elles relèvent des États ou des municipalités; des projets d'extension offerts par les établissements d'enseignement supérieur ou des séminaires, des colloques, des conférences et autres activités similaires, organisés par divers groupes sociaux. Il importe de mentionner que ces activités de formation continue visent à répondre aux besoins des diplômés des programmes en enseignement religieux sur l'ensemble du territoire brésilien. En effet, compte tenu du fait que les professeurs impliqués dans la formation initiale proviennent de divers domaines du savoir, ces diplômés font état d'un manque de connaissances scientifiques et culturelles spécifiques à la question de la diversité religieuse.

En ce sens, l'une des initiatives de formation continue ayant eu un impact significatif au niveau national a été le cours de 120 heures intitulé *Ensino Religioso: capacitação para um novo milênio* (Enseignement religieux: Formation pour le nouveau millénaire), mis en place par le FONAPER en partenariat avec les autorités en matière d'éducation à partir de l'an 2000. Structurée sous la forme de douze cahiers thématiques, contenant des activités de formation présentielles et de formation à distance, ainsi que de douze leçons sur support vidéo, cette formation continue a atteint des milliers d'enseignants du nord au sud du Brésil. Les thèmes abordés incluaient des connaissances sur la diversité culturelle religieuse, le phénomène religieux, les traditions religieuses autochtones, occidentales, africaines et orientales ainsi que des orientations sur le traitement didactique de l'enseignement religieux à l'école.

Les **évènements scientifiques** se sont aussi multipliés avec beaucoup d'intensité au cours des dernières décennies, à la fois pour diffuser la recherche et les productions dans le domaine, mais également pour poursuivre la réflexion et pour faire des propositions concernant les perspectives épistémiques, pédagogiques et curriculaires pour prendre en compte la diversité religieuse dans les milieux académiques et scolaires. Ces démarches ont été réalisées principalement par les universités qui offrent des programmes universitaires de premier cycle en enseignement religieux et/ou en science(s) de(s) (la) religion(s) ou par des associations de la société civile, comme le FONAPER, qui a fait la promotion de divers événements itinérants, dont quatorze éditions du Séminaire national de formation des enseignants pour l'enseignement religieux ainsi que huit éditions du Congrès national d'enseignement religieux.

En ce qui a trait aux **publications** sur la formation des enseignants à la diversité religieuse, il existe un manque important de matériel. Afin de pallier ce manque, le projet *Diversidade Religiosa e Direitos Humanos: conhecer, respeitar e conviver* (Diversité Religieuse et droits de l'homme: connaitre, respecter et vivre ensemble), achevé en 2013 et soutenu par le ministère de l'Éducation, a donné lieu à un manuel destiné aux enseignants intervenant dans les dernières années de l'enseignement fondamental ainsi qu'à deux cahiers destinés à leurs élèves, âgés de 11 à 14 ans. Le matériel a été produit afin de soutenir les pratiques d'enseignement sur le thème de la diversité religieuse et d'aborder la relation de ce dernier avec la promotion des droits humains dans le contexte social, politique, éducatif et religieux actuel. Par conséquent, ces publications ont cherché à favoriser la reconnaissance de l'altérité et le respect des histoires, des identités, des mémoires, des croyances, des convictions et des valeurs des différents groupes religieux, aussi bien que des personnes sans religion, des athées et des agnostiques, et ce, afin de contribuer à l'élimination des préjugés qui légitiment des processus d'exclusion et des inégalités (Fleuri, Oliveira, Schneider, Hardt, Cecchetti et Riske-Koch, 2013). Ces auteurs partent du présupposé que la diversité culturelle est l'un des patrimoines de l'humanité, car elle sert de référence pour la construction des identités personnelles et collectives.

À cet égard, le dialogue critique développé autour de la discipline curriculaire québécoise *Éthique et culture religieuse* a grandement contribué au développement du projet. En effet, dans la lignée des travaux de Milot (2005), l'ouvrage *Diversité Religieuse et droits de l'homme: connaitre, respecter et vivre ensemble* propose une approche centrée sur l'enseignement des différentes religiosités à l'école, basée sur les principes de tolérance, de réciprocité et de civisme, car la plupart des conflits, des attitudes discriminatoires et antidémocratiques découlent de l'incapacité de pratiquer ces trois exigences de la vie sociale. En effet, ni la perspective de l'enseignement confessionnel, qui met l'accent sur une vision religieuse unique et autoréférentielle, ni la perspective laïque rigide, qui exclut toute reconnaissance des croyances religieuses en les généralisant comme aliénantes et autoritaires, ne favorisent le développement d'attitudes de tolérance, de réciprocité et de civisme dans les relations avec les différents groupes culturels et religieux.

L'impact de cet ouvrage a été assez positif, compte tenu du fait qu'il s'est matérialisé dans les pratiques pédagogiques d'enseignants de différents domaines de connaissances. Cet impact est surtout tangible à Santa Catarina, où le réseau des écoles publiques de l'État a distribué 130 000 exemplaires de manuels didactiques à 1 100 écoles d'éducation de base, dans lesquelles de nombreuses activités d'apprentissage ont été réalisées. Des témoignages d'élèves, d'enseignants et de gestionnaires indiquent que les publications sont d'une grande valeur pour développer le thème de la diversité religieuse dans la vie de l'école, tant par les projets de recherche d'informations et d'approfondissement proposés aux élèves que par des activités concrètes qui ont mobilisé la communauté scolaire, entre autres du théâtre, des présentations, des débats publics, des jurys simulés.

Comme nous pouvons le constater, différentes initiatives dans le domaine de la formation des enseignants à la diversité religieuse, suscitées principalement par le changement de paradigme en termes épistémologiques et pédagogiques de l'enseignement religieux, ont été développées au cours des deux dernières décennies au Brésil. Ces actions sont le résultat d'efforts collectifs entre enseignants, chercheurs et institutions engagés et déterminés à assurer le respect de la diversité religieuse dans l'environnement social et scolaire. Toutefois, compte tenu de l'étendue du territoire et de la population brésilienne, de la croissance des hostilités, des discours de haine, des pratiques discriminatoires et intolérantes dans le domaine religieux, la consolidation d'une politique publique capable de générer des actions systémiques de longue portée et de longue durée devient nécessaire pour tous les établissements d'enseignement du nord au sud du pays.

5. Les défis et les perspectives pour la diversité religieuse dans la formation des enseignants

Les efforts déployés par les collectivités et les institutions en quête d'une éducation engagée pour la reconnaissance de la diversité culturelle religieuse ont donné lieu à la création d'un mouvement en faveur de la décolonisation religieuse de l'école. Surmonter la nature confessionnelle de l'enseignement religieux a été une tâche ardue qui a permis de rendre cette composante du programme responsable du respect de la diversité religieuse dans la vie scolaire. Ceci est possible par l'étude des connaissances religieuses et par l'établissement de relations interculturelles, interreligieuses et interpersonnelles, afin de promouvoir les droits humains en tout temps et en toutes circonstances.

Le nombre croissant d'initiatives de formation initiale et continue, d'évènements et de publications sur le sujet a contribué à consolider, dans le travail éducatif de l'école publique, une perspective qui ne vise plus à coloniser l'imaginaire ou à propager une vérité unique, mais qui vise plutôt la formation au respect, à la réciprocité et au vivre-ensemble démocratique entre personnes et groupes de croyances religieuses différentes.

Cependant, malgré les progrès obtenus, de nombreux défis persistent. À l'heure actuelle et de façon croissante, l'influence religieuse dans le domaine de l'enseignement public constitue l'une des stratégies mises en œuvre par certaines confessions religieuses cherchant à acquérir une position hégémonique au sein de la société brésilienne. Le résultat de cette « croisade » a été fort dommageable pour la communauté scolaire, puisque la propagation des préjugés, les pratiques d'intolérance religieuse et la diffusion d'images négatives et discriminatoires constituent une menace pour les droits humains. En effet, différentes études témoignent de la croissance d'une certaine « intimidation religieuse » dans les écoles brésiliennes, du maintien de la discrimination et de l'invisibilisation, dans les programmes scolaires, des cultures et histoires autochtones (Oliveira, Kreuz et Wartha, 2014) et africaines (Fernandes, Roberto et Oliveira, 2015), ainsi que de l'avènement d'une morale religieuse conservatrice face aux thématiques d'éducation sexuelle et d'égalité de genre aux niveaux municipal et étatique du système éducatif (Rosado-Nunes, 2015).

Cela nous montre que l'école brésilienne n'a pas éliminé le prosélytisme en son sein, puisqu'elle continue à diffuser les croyances et les valeurs de certaines confessions religieuses au détriment d'autres, à travers les programmes, les pratiques pédagogiques et les relations sociales. Ce prosélytisme implicite et explicite est un réel obstacle à la prise en compte de la diversité religieuse des sujets qui composent le quotidien scolaire. Certains États, comme ceux de Rio de Janeiro et de Bahia, vont même jusqu'à proposer des lois qui protègent l'enseignement de la religion à l'école. L'absence de directives curriculaires nationales pour l'enseignement religieux et de politiques publiques pour la formation de base et la formation continue des enseignants dans ce domaine ont engendré divers enjeux. Elle a, d'une part, mené à la prolifération de l'analphabétisme religieux, définie comme la méconnaissance des convictions philosophiques et des croyances religieuses des différents groupes, peuples, ethnies et cultures. D'autre part, elle a mené, avec l'aide d'autres facteurs, à la création d'un terrain fertile pour la propagation des préjugés, des discriminations, des présupposés, des étiquettes et des violences de nature religieuse, couramment pratiqués envers les religions soumises au colonialisme du savoir, comme les religions d'origine autochtone et africaine (Fernandes et al., 2015).

Pour faire face à ces enjeux, il faudrait former les enseignants afin qu'ils soient ouverts épistémologiquement et méthodologiquement à la diversité culturelle et religieuse, c'est-à-dire, qu'ils connaissent la dynamique complexe des phénomènes religieux et qu'ils soient didactiquement préparés pour le traitement des différentes cultures et de leurs religiosités dans la salle de classe.

Cette formation, cependant, doit se faire en conformité avec la règlementation en vigueur, par des programmes universitaires de premier cycle en enseignement, afin de répondre aux besoins spécifiques de l'exercice de la profession, dans les différents niveaux de l'éducation obligatoire. Toutefois, mis à part les initiatives spécifiques existantes dans certains États, il n'y a pas de formation disponible pour répondre à cette demande dans une grande partie du territoire brésilien. L'absence de lignes directrices nationales pour la formation des enseignants est l'une des principales raisons de cette offre insuffisante. Il faudrait que les organismes chargés de la règlementation et de la mise en place des politiques de formation des enseignants agissent rapidement pour établir des lignes directrices et pour inciter les universités et autres institutions à offrir des programmes de formation en enseignement religieux dans tout le pays.

Références

Brasil (1996). *Lei de Diretrizes e Bases da Educação Nacional 9394/96*. Brasília.

Brasil (1997). *Lei nº 9.475, de 22 julho de 1997*. Dá nova redação ao art. 33 da Lei nº 9.394, de 20 de dezembro de 1996, que estabelece as diretrizes e bases da educação nacional.

Caron, L. (1995). *Educação religiosa escolar em Santa Catarina entre conquistas e concessões: uma experiência ecumênica com enfoque na formação de professores*. Dissertação (Mestrado em Teologia). São Leopoldo: Escola Superior de Teologia da IECLB.

Cecchetti, E. (2016). *A laicização do ensino no Brasil (1889-1934)*. Tese (Doutorado em Educação). Florianópolis: Universidade Federal de Santa Catarina.

Fernandes, A. P. C., Roberto, J. de Â. L., & Oliveira, L. F. (2015). *Educação e axé: uma perspectiva intercultural na educação*. Rio de Janeiro: Imperial Novo Milênio.

Fleuri, R. M., Oliveira, L. B, Schneider Hardt, L., Cecchetti, E., & Riske-Koch, S. (2013). *Diversidade religiosa e direitos humanos*: conhecer, respeitar e conviver. Blumenau: Edifurb.

Fórum Nacional Permanente de Ensino Religioso (FONAPER). (2000). *Ensino Religioso: capacitação para um novo milênio*. Cadernos de estudos integrante do curso de extensão – a distancia – de Ensino Religioso.

Fórum Nacional Permanente de Ensino Religioso (FONAPER). (2009). *Parâmetros curriculares nacionais - ensino religioso*. 9 ed. São Paulo: Mundo Mirim.

Lorenz, K. M., & Vechia, A. (2011). O debate ciências versus humanidades no século XIX: reflexões sobre o ensino de Ciências no Collegio de Pedro II. Dans A. Ferreira Neto, W. Gonçalves Neto & M. E. B. Miguel (Dirs.), *Práticas escolares e processos educativos: currículo, disciplinas e instituições escolares (século XIX e XX)* (pp. 115-152). Vitória: Edufes.

Milot, M. (2005). Tolérance, réciprocité et civisme: les exigences des sociétés pluralistes. Dans F. Ouellet (Dir.), *Quelle formation pour l'éducation à la religion?* (pp. 11-32). Québec: Presses de l'Université Laval.

Oliveira, L. B., & Cecchetti, E. (2010). Diretrizes curriculares nacionais para a formação de professores de ensino religioso. Dans A. Pozzer (Dir.), *Diversidade religiosa e ensino religioso no Brasil: memórias, propostas e desafios* (pp. 103-126). São Leopoldo: Nova Harmonia.

Oliveira, L. B., Kreuz, M., & Wartha, R. (Dirs.). (2014). *Educação, história e cultura indígena: desafios e perspectivas no Vale do Itajaí*. Blumenau: Edifurb (Série Saberes em Diálogo).

Oliveira, L. B., Riske-Koch, S., Wickert, T. A. (Dirs.). (2008). *Formação de docentes e ensino religioso no Brasil: tempos, espaços e lugares*. Blumenau: Edifurb.

Rosado-Nunes, M. J. F. (2015). A "ideologia de gênero" na discussão do PNE: a intervenção da hierarquia católica. *Revista Horizonte, 13*(39), 1237-1260.

Santa Ana, J. H. (1987). *Ecumenismo e libertação: reflexões sobre a relação entre a unidade cristã e o Reino de Deus*. Petrópolis: Vozes.

Teixeira, F. (Dir.). (1997). *O diálogo inter-religioso como afirmação da vida*. São Paulo: Paulinas.

Universidade Regional de Blumenau (FURB). (2011). *Projeto Pedagógico do Curso de Ciências da Religião - Licenciatura em Ensino Religioso*. Document inédit.

---

[i] Instrument politique et juridique par lequel le Saint-Siège a accordé aux rois du Portugal et de l'Espagne le privilège de se prononcer sur les questions religieuses au cours du processus de colonisation des Amériques.

[ii] Il faut préciser le sens donné au terme « laïcisation » dans ce travail. Depuis l'origine du christianisme, le terme *laicus* désigne celui qui ne faisait pas partie du clergé. Toutefois, des documents datés de 1487 montrent qu'en français, *laicus* a donné naissance au terme *laïque* en tant qu'antonyme de clergé. À partir du XIXᵉ siècle, le terme *laïque* vient indiquer un terrain bien au-delà de la sphère religieuse, avec des contours d'opposition au clergé, voire anticlérical. C'est donc à partir de là que des termes comme « laïcité », « laïciser », « laïcisation » voient le jour, surtout dans des pays de langue latine, où la séparation du pouvoir politique a eu lieu à la suite de confrontations directes avec l'Église catholique, alors que, dans le contexte nord-européen, la terminologie la plus utilisée pour exprimer la même idée était « sécularisation » ou « sécularisme ». En effet, au sein des pays anglo-saxons, à la suite de la Réforme protestante, le monopole ecclésiastique est amoindri et la séparation entre le temporel et le spirituel est plus marquée. Pour des études approfondies sur la question, voir Cecchetti (2016).

[iii] Personne liée à une confession religieuse déterminée qui, de façon volontaire, assume la responsabilité pour l'instruction religieuse des nouvelles générations de fidèles. Dans la période historique mentionnée, ces agents, en général sans aucune formation spécifique, étaient responsables des cours d'enseignement religieux dans les écoles publiques.

[iv] Par exemple, le Conseil des Églises pour l'enseignement religieux (CIER), à Santa Catarina ; l'Association Interreligieuse d'Éducation (ASSINTEC), au Paraná et l'Institut Régional de l'action pastorale du Mato Grosso (IRPAMAT).

[v] Le mouvement œcuménique veut promouvoir l'unité entre toutes les églises chrétiennes au moyen du respect et de la bonne entente (voir Santa Ana, 1987).

[vi] L'enseignement fondamental est une étape de la scolarisation d'une durée de neuf ans, obligatoire pour les jeunes entre 6 et 14 ans.

[vii] Le dialogue interreligieux dans le contexte des sociétés modernes et pluralistes cherche à surmonter les conflits et les préjugés entre les groupes religieux, à travers la reconnaissance de l'autre en tant qu'interlocuteur légitime. Pour des informations approfondies, voir Teixeira (1997).

CHAPITRE IX

LA FORMATION DES FUTURS ENSEIGNANTS AUTOCHTONES ATIKAMEKW: RENCONTRE DE DEUX CULTURES EN TERRITOIRE QUÉBÉCOIS

Sylvie Ouellet

1. Introduction

Ce chapitre présente l'expérience de la rencontre de deux cultures pour réaliser un projet de formation destiné à la relève enseignante atikamekw (2004-2014). Il sera ici question d'un cadre de formation postsecondaire adapté pour favoriser la réussite scolaire d'étudiants (UQTR, 2004-2008), d'un modèle d'apprentissage inspiré de la culture autochtone (Colomb, 2012), constituant un premier pas vers la rencontre entre les deux cultures. Le chapitre abordera également les défis que ce projet a posés à toutes les personnes qui s'y sont impliquées. La conclusion offre quelques réflexions basées sur notre expérience pour la mise en œuvre de projets de formation similaires s'adressant à de futurs enseignants autochtones.

Bien qu'une certaine connaissance de la culture autochtone soit accessible par l'entremise des documentaires et des différents médias et malgré le fait qu'autochtones et Québécois partagent un territoire, l'ouverture à nos visions respectives du monde reste encore à construire. En effet, l'ignorance est flagrante en ce qui concerne la vision du monde de nos concitoyens autochtones, en particulier leur vision en éducation, et notre compréhension des pratiques enseignantes à mettre en place (Martineau et Presseau, 2011) pour répondre à une éducation holistique adaptée aux milieux scolaires des Premières Nations. La double culture autochtone-allochtone dans les milieux scolaires des communautés, qui influe sur les programmes scolaires et les différentes valeurs véhiculées, représente autant de défis mettant en perspective les enjeux que les professionnels des communautés des Premières Nations doivent reconnaitre. D'ailleurs, le processus de réconciliation récemment amorcé dans la société canadienne par les Affaires Autochtones et du Nord Canada (AANC) en est la preuve[i]. Une « rencontre » vraie, sereine et constructive nous est apparue un préalable incontournable pour cheminer dans un projet de formation universitaire et plus particulièrement lorsqu'il est question de l'éducation des enfants des Premières Nations.

Selon le Conseil en Éducation des Premières Nations (CEPN), les défis en éducation sont grands pour les milieux scolaires des communautés (Bastien, 2008). En plus du sous-financement des programmes qui, de surcroit, ne conviennent pas à leur culture, le manque de personnel scolaire fait également partie des problèmes identifiés par plusieurs auteurs, dont Gauthier (2005) et Martineau et Presseau (2011). Plus spécifiquement, la faible présence d'enseignants autochtones dans les écoles des communautés a attiré l'attention des dirigeants et ces derniers ont souhaité proposer des solutions à long terme pour atteindre leurs cibles de réussite scolaire et de diplomation des jeunes. C'est dans ce contexte qu'entre les années 2000 et 2003, le projet de la relève enseignante atikamekw a pris naissance. Le projet s'est mis en place au cours de l'année scolaire 2003-2004 pour se terminer avec la diplomation des derniers étudiants en 2015-2016.

Dans ce chapitre, nous verrons le contexte du projet, la structure de la formation universitaire proposée, le cheminement des étudiants dans la construction de leur identité professionnelle et, en conclusion, les apprentissages offrant des pistes de réflexion pour la mise en place d'un prochain projet de formation en enseignement auprès d'étudiants autochtones.

2. Le contexte: mieux comprendre pour enseigner

Le projet de formation de la relève enseignante autochtone a sensibilisé une équipe de formateurs de l'Université du Québec à Trois-Rivières (UQTR) aux défis de l'accompagnement en formation des enseignants, mettant en lumière les difficultés associées à la culture et à l'ouverture à l'autre. Afin de contribuer au projet collectif de la communauté, soit la réussite des jeunes par la formation du personnel enseignant atikamekw, il a été important de comprendre le contexte dans lequel s'inscrivait cette formation au tournant des années 2000. Les responsables de l'éducation des communautés avaient clairement identifié, à l'instar de Martineau et Presseau (2011) dans leur étude sur les pratiques enseignantes autochtones, une difficulté d'ordre culturel dans leur système d'éducation:

> [A]ujourd'hui, bien que de nombreuses écoles se soient établies à l'intérieur des communautés, l'éducation est toujours offerte dans une large mesure par des allochtones, de sorte que la réussite et la persévérance scolaires des jeunes Autochtones sont encore des phénomènes trop rares, en dépit des améliorations. (p. 159)

Selon les statistiques de cette période, encore réalistes aujourd'hui, les élèves autochtones affichent un retard scolaire trois fois plus important que les élèves québécois. Entre 2001 et 2003, le retard scolaire des jeunes Québécois de 5e secondaire est de 25,2%, alors que ce taux s'élève à 70,3% au sein de la population scolaire autochtone du Québec (Ministère de l'Éducation du Québec [MEQ], 2004; Ministère de l'Éducation, du Loisir et du Sport [MELS], 2013). Selon les intervenants scolaires des communautés, ces données sont semblables pour les élèves de la nation atikamekw.

La nation atikamekw est constituée de trois communautés sur le territoire du Québec, Manawan, Wemotaci et Opitciwan, totalisant environ 8 000 membres. La communauté de Manawan se situe dans la région de Lanaudière, tandis que les deux autres communautés se trouvent en Haute Mauricie. Sur les 8 000 membres de la nation, environ 1 400 habitent à l'extérieur de la réserve. La langue atikamekw est parlée par la majorité des personnes, le français est la langue seconde. Toutes les écoles primaires offrent le programme bilingue atikamekw-français.

Au tournant des années 2000, une longue consultation a permis à deux communautés atikamekw de discuter de l'éducation de leurs enfants, de leur réussite scolaire et de leur taux de diplomation. Le but premier était de trouver des solutions et de prendre des décisions quant à la nature des changements que les membres des communautés voulaient apporter (Conseil de la Nation atikamekw de Manawan, 2003). À la suite d'une série de forums communautaires et d'analyses de situations, un important colloque, soutenu par le Conseil de la Nation Atikamekw (Conseil de la Nation atikamekw de Manawan, 2003), a permis d'identifier les principales actions à prendre et de proposer des pistes de solutions aux défis à relever pour les prochaines années. La solution qui a été retenue prioritairement est la formation de la relève enseignante atikamekw. Par conséquent, la formation universitaire des enseignants autochtones atikamekw est devenue une priorité pour agir positivement sur la réussite scolaire des enfants de la communauté et sur l'amélioration de leur taux de diplomation. Ces enseignants auront la possibilité d'offrir aux élèves des modèles positifs de persévérance et des exemples de réussite en éducation. Par-dessus tout, cette formation permettra de contrer le manque de personnel enseignant autochtone qualifié dans les écoles des communautés (Audy, 2015) et d'établir une certaine constance pédagogique pour les membres des équipes éducatives intervenant dans ces écoles.

3. Milieu autochtone et milieu universitaire: rencontre de deux cultures

Une équipe de l'UQTR, en partenariat avec le Conseil de la Nation atikamekw (CNA)[ii], a élaboré un projet de formation et signé des ententes pour l'ensemble du projet de formation (Audy, 2015). Un comité de suivi ainsi qu'un comité élargi comprenant les représentants des milieux scolaires ont été formés, afin de s'assurer de remplir avec exactitude le mandat confié par les communautés. Pour répondre à cette demande de formation très spécifique, il a fallu adapter le programme et adopter une approche particulière. À cet égard, la principale adaptation a été de répartir les cours du programme en certificat et en microprogrammes didactiques afin d'offrir un accompagnement en palier ainsi qu'une certification ou une attestation annuelle. Des rencontres d'information sur l'approche pédagogique à mettre en œuvre avec le groupe d'étudiants autochtones ont été proposées aux formateurs universitaires. Au début de chaque session, les intervenants ont participé à une rencontre pour partager des stratégies et des moyens favorisant leur réussite. Un groupe de 35 étudiants atikamekw ont pris part à l'expérience dès que le projet a été mis sur pied.

3.1 Le programme: une démarche pour soutenir la réussite de la formation

Le programme de baccalauréat en éducation préscolaire et enseignement primaire (BEPEP) déjà offert par l'UQTR a été adapté pour tenir compte de deux modèles d'apprentissage, soit le modèle universitaire plutôt linéaire (MEQ, 2001) et le modèle autochtone circulaire (Assemblée des Premières Nations[iii]). Le modèle que nous nommons linéaire tient compte des préalables de chacun des cours, ceux-ci étant offerts selon une logique de réussite et d'échec (programme en annexe). Il correspond au profil de sortie des compétences professionnelles en enseignement défini par le ministère

179

de l'Éducation. Par opposition, le modèle dit circulaire tient compte du processus des étudiants et peut être structuré à partir d'un modèle d'apprentissage holistique. Dans ce contexte, on laisse à l'étudiant le temps de s'approprier les contenus, on tient compte de la culture et surtout, on met de l'avant le processus, l'expérience et la réussite.

Bien qu'il y ait un écart important entre ces deux modèles, ceux-ci ont guidé les responsables de l'élaboration du cadre de cette formation. Par la structure en étapes graduées, cette formation permet d'intégrer les deux modèles de la formation en enseignement auprès des étudiants autochtones, soit le *Profil de sortie des 12 compétences professionnelles en enseignement* (MEQ, 2001) et l'*Apprentissage holistique tout au long de la vie des Premières Nations* (Conseil canadien sur l'apprentissage, 2007). De plus, nous avons rapidement mis en lumière le fait que la relève enseignante dans les communautés autochtones concernait non seulement la formation d'enseignants qualifiés, mais également celle d'aides-enseignants et de suppléants pour les milieux scolaires en région éloignée (Ouellet, 2013). Ainsi, grâce à la structure par étapes du programme, la formation a aussi pu répondre à cette préoccupation.

Le modèle holistique d'apprentissage tout au long de la vie des Premières Nations (figure 1) a été créé par le Conseil canadien sur l'apprentissage (2007), en collaboration avec l'*Aboriginal Education Research Centre* de l'Université de la Saskatchewan, le *First Nations Adult Higher Education Consortium*, des spécialistes en apprentissage autochtone et les Organisations autochtones nationales du Canada. Ce modèle expose des éléments spécifiques à une conception autochtone de l'éducation. Il a été présenté aux formateurs et aux intervenants du programme ainsi qu'aux étudiants.

Figure 1. (page opposée) Modèle holistique d'apprentissage tout au long de la vie chez les Premières nations (Conseil canadien de l'apprentissage, 2007, fig. 7, p. 19.)

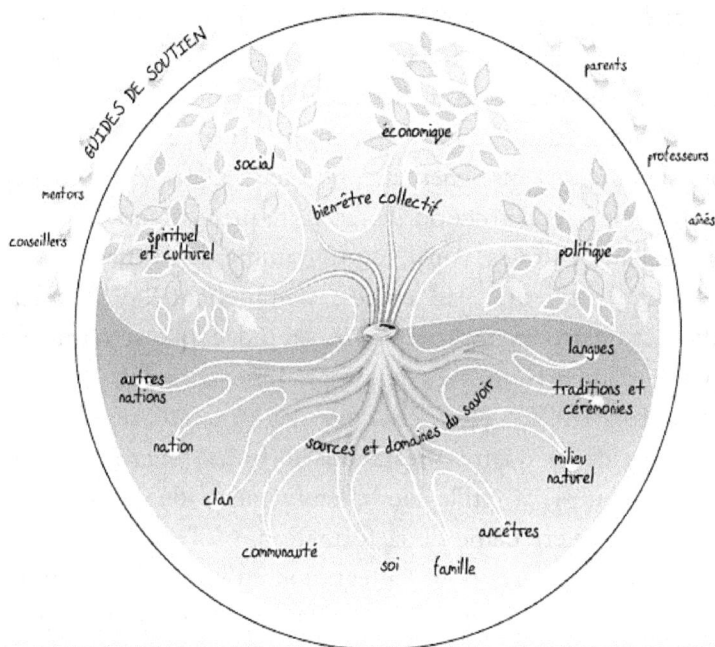

GUIDES DE SOUTIEN

parents
professeurs
aînés
mentors
conseillers

économique
social
bien-être collectif
spirituel et culturel
politique

langues
autres nations
traditions et cérémonies
nation
sources et domaines du savoir
milieu naturel
clan
ancêtres
communauté
soi   famille

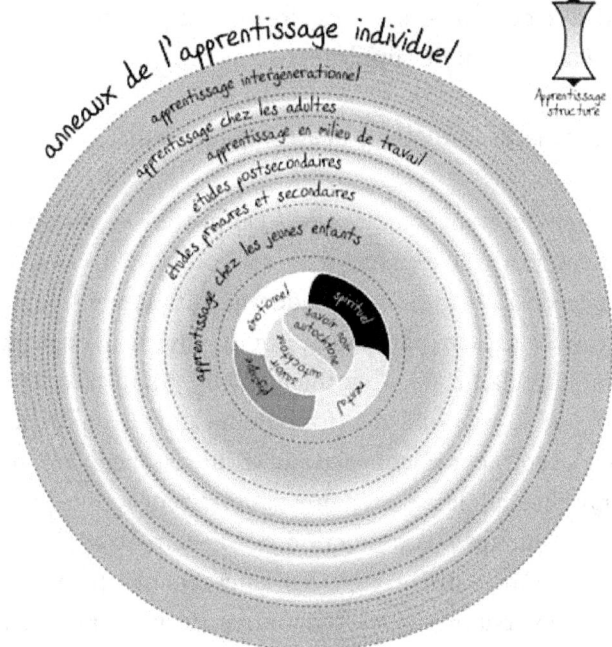

CLÉ DE COULEUR
Apprentissage non structuré

Apprentissage structuré

anneaux de l'apprentissage individuel

apprentissage intergénérationnel
apprentissage chez les adultes
apprentissage en milieu de travail
études postsecondaires
études primaires et secondaires
apprentissage chez les jeunes enfants

émotionnel
spirituel
savoir des autochtones
physique
langues
mental

Notre visée, par l'utilisation de cet outil, était de favoriser la compréhension des différences quant à la conception de l'apprentissage autochtone et d'initier le rapprochement des cultures pour cheminer dans une conception intégrée ou, du moins, complémentaire de l'enseignement et de l'éducation. Cette conception devait soutenir la construction de l'identité professionnelle des futurs enseignants autochtones. Ainsi, le programme de formation adapté a proposé une structure par étapes, comprenant un certificat en éducation et quatre microprogrammes en didactique se terminant par une phase d'intégration vers le programme complet, soit les 120 crédits du BEPEP. En effet, ces cinq étapes, c'est-à-dire le certificat en éducation et les quatre attestations d'études (microprogrammes), correspondaient à la grille de cheminement du programme du BEPEP. La dernière étape de la formation, où l'ensemble des cours réussis étaient transférés pour l'intégration en vue de l'obtention d'un diplôme, était liée à la dernière activité de formation pratique du programme, soit le stage d'internat. Ce choix a permis de favoriser la réussite scolaire et, surtout, de reconnaitre les parcours et les besoins de chacun des étudiants, soit une formation à la fois d'enseignants, d'aides-enseignants ou de suppléants scolaires.

3.2 Les intervenants formateurs et accompagnateurs

Plusieurs auteurs ont mentionné l'importance du partage des connaissances pour la réussite d'un tel projet. En effet, une faible connaissance de la culture et de l'identité influe négativement sur la réussite scolaire et, en particulier, sur le niveau d'engagement des apprenants (Aguila, 2003; Gauthier, 2005; Martineau et Presseau, 2011). Comme la majorité des formateurs universitaires intervenant dans le programme avaient peu de connaissances en matière de culture autochtone, les partenaires autochtones ont joué un rôle crucial pour soutenir la construction des liens pédagogiques entre les futurs enseignants autochtones, les intervenants formateurs et les formateurs universitaires. Des rencontres de préparation, tenues au début de chaque session et animées par une représentante du CNA, visaient à établir le pont entre les deux cultures pour favoriser le bon cheminement scolaire des étudiants. En complément à ces rencontres, les formateurs impliqués ponctuellement dans le programme ont eu accès à une documentation portant sur la culture, sur le portrait de l'étudiant autochtone et sur la connaissance des enjeux en éducation pour les élèves des Premières Nations.

Plusieurs personnes se sont partagé les responsabilités d'accompagner et d'encadrer les étudiants: l'agente psychosociale donnait un soutien pour faciliter l'adaptation aux milieux urbain et universitaire; la responsable du volet éducation du CNA participait au comité de gestion du programme adapté et la direction du programme de même que la responsable pédagogique des stages avaient le mandat de faire le suivi académique des étudiants. Cette équipe a largement contribué à la motivation des étudiants et à la réussite du projet.

4. Le processus des étudiants: construire une identité professionnelle de l'enseignant autochtone

Le processus de construction de l'identité professionnelle met en lumière le lien à établir entre l'identité culturelle et l'identité professionnelle (Gohier, 1993). Dans le cadre de la formation en enseignement, le programme de formation des enseignants est soumis à l'approbation du Comité d'agrément des programmes de formation à l'enseignement (CAPFE). Dès le début, la formation pour accompagner la construction d'une identité professionnelle autochtone a été adaptée pour tenir compte de la distinction entre les modèles linéaire et circulaire mentionnés précédemment.

4.1 L'identité professionnelle... une construction personnelle

Dans le programme BEPEP initial (version 2004, UQTR), sept activités créditées soutenaient la construction de l'identité du futur

183

enseignant. Dans le programme de formation, ces activités, correspondant à huit crédits au total, ont été consacrées au cheminement identitaire des futurs enseignants atikamekw. Les rencontres, sous forme d'ateliers et de séminaires, leur ont donné l'occasion de réfléchir sur leur propre conception de l'apprentissage et de l'enseignement et plus spécifiquement, sur la compréhension des enjeux autochtones en éducation.

4.2 L'identité professionnelle… une construction collective à travers la formation pratique

Ce cheminement identitaire a permis aux étudiants de se sensibiliser collectivement aux adaptations nécessaires pour répondre aux aspects culturels de leurs communautés scolaires. Les enjeux de leur insertion professionnelle ont pris de plus en plus d'importance tout au long du processus, mettant en évidence les changements à apporter dans les milieux scolaires pour appliquer les différentes stratégies pédagogiques et les interventions novatrices identifiées lors de ces rencontres. Par conséquent, pour favoriser l'application de ces stratégies lors de la formation pratique, les stages de longue durée, soit le stage 3 (six semaines) et le stage 4 (douze semaines), ont été effectués dans des écoles de certaines communautés autochtones, et cela pour la majorité des étudiants. Les stagiaires ont été accompagnés par les enseignants des milieux scolaires autochtones et évalués par les superviseurs pédagogiques des communautés en collaboration avec le superviseur universitaire. Ainsi, les défis de l'accompagnement, en respectant les aspects culturels autochtones, sont devenus de plus en plus complexes. Un nouveau modèle d'accompagnement a alors pris forme en tenant compte des formateurs des milieux de pratique, des enseignants associés et des superviseurs pédagogiques impliqués dans la formation. La rencontre des cultures et l'importance de l'adaptation ont pris tout leur sens par cette nouvelle collaboration professionnelle.

184

5. Les défis de l'accompagnement et de l'adaptation culturelle

La prise de conscience des différences et des similitudes ainsi que des buts communs poursuivis dans le projet de la formation de la relève enseignante atikamekw a été un point tournant dans cette expérience. La rencontre de deux cultures, l'alternance entre la théorie et la pratique, basée sur le respect des besoins de chacune des communautés et sur le développement des compétences distinctes à partir des aspects culturels ont constitué une première étape pour un travail collaboratif entre les professionnels scolaires des milieux respectifs, autochtone et universitaire. Par conséquent, les stages dans le contexte de formation en milieu de pratique autochtone devenaient notre espace de rencontre culturelle, d'exploration et d'échange constructif.

5.1 L'accompagnement des futurs enseignants en milieux universitaire et scolaire

À cette étape de la formation, pour faciliter l'accompagnement et l'encadrement des stagiaires, une formation a été donnée aux enseignants associés des écoles accueillant les stagiaires autochtones et les superviseurs des milieux, afin de répondre au cadre pédagogique de la formation pratique du programme BEPEP. Les apprentissages réalisés par les collaborateurs et la compréhension de nos enjeux respectifs ont été fréquemment abordés. Ces apprentissages se traduisent par: 1) une meilleure compréhension des enjeux et des défis des milieux scolaires et culturels autochtones, 2) une écoute sensibilisée aux différences culturelles dans un cadre d'accompagnement en triade, lors des rétroactions avec les stagiaires, 3) un regard critique nuancé quant aux atteintes d'objectifs dans des contextes scolaires complexes, et plus significativement, 4) une attitude d'ouverture à la compréhension du métier d'enseignant en région éloignée dans un contexte autochtone.

En ce qui a trait à la formation pratique, les principales adaptations apportées concernent le matériel utilisé pour l'évaluation du stagiaire grâce à l'élaboration d'un guide de supervision spécifique à cette cohorte. Les grilles d'évaluation ont été ajustées à une réalité autochtone. Par exemple, la discussion et l'échange entre les membres de la triade (stagiaire-enseignant-superviseur) étaient dirigés non seulement sur les compétences à développer en enseignement, mais aussi sur des activités d'apprentissage utilisant des savoirs autochtones, la langue atikamekw et le bilinguisme (atikamekw-français). Certains ajustements ont été réalisés par les superviseurs pédagogiques de l'école primaire, en collaboration avec le superviseur universitaire, en tenant compte de la culture du milieu, comme la compétence « Héritier de culture » qui faisait référence aux savoirs des ainés ou encore la langue d'enseignement atikamekw et non française.

Conclusion

Il nous est difficile de transcrire en mots cette expérience de rencontre. Entre les lignes, il faut comprendre qu'une forme de compréhension subtile s'est construite dans les rapports entre nos cultures, nos différences et surtout nos buts communs. Le projet de formation de la relève enseignante atikamekw ciblait prioritairement la réussite des élèves et le mieux-être des enfants de la communauté. Mais il visait aussi, de façon indirecte et dans une perspective à long terme, l'autodétermination, la vitalité et la réconciliation par la formation de la collectivité de la nation Atikamekw et l'autonomie des Premiers Peuples sur leur éducation.

La prise en compte de la diversité dans un contexte de formation universitaire a été un grand défi pour les formateurs, tout comme pour les étudiants. Nous avons eu le souci de préparer l'insertion professionnelle et le retour dans la communauté en proposant un autre projet d'accompagnement qui s'est déroulé de 2008 à 2013 et qui consistait à comprendre les étapes de l'insertion professionnelle (Ouellet, en préparation). Après quelques années de réflexion et de discussion avec les directions de l'éducation des communautés et du CNA, nous souhaitons proposer quelques suggestions pour une prochaine expérience de formation.

Cette formation s'est étendue sur plus de dix ans (de 2004 à 2016) pour quelques étudiants. Certains étudiants ayant eu des moments d'arrêt involontaire au cours de leur cheminement académique ont repris des parcours scolaires ponctuellement, d'autres ont choisi une autre trajectoire ou ont simplement décidé d'interrompre leurs études. En fin de compte, tous les interlocuteurs sont sortis grandis de cette expérience de rencontre.

Suggestions pour une prochaine expérience de formation en enseignement

La création d'une communauté de pratique professionnelle en formation pratique est l'une des voies suggérées pour consolider les acquis développés lors de cette expérience. Bien que le projet laisse entendre qu'une communauté accompagnait le processus des étudiants, en réalité, les actions se réalisaient dans des environnements assez fermés. Par conséquent, cette communauté pourrait faire un travail d'accompagnement planifié et identifier les formateurs qui pourraient jouer un rôle de superviseurs et d'enseignants associés pour que nous puissions construire ensemble nos référents culturels de la formation à l'enseignement autochtone (Boyer et Guillemette, 2015). Partager, dès le début de la formation, nos modèles linéaire et circulaire serait un atout de plus pour la réussite des étudiants.

La formation des futurs enseignants met aussi en lumière le contexte culturel du processus d'évaluation des stagiaires universitaires, tout comme celui des élèves de l'école. Il s'agit d'établir une cohérence entre les différentes modalités d'évaluation. L'utilisation d'un portfolio-programme témoignant d'un processus plutôt que d'une finalité (résultats d'examen) serait un outil intéressant pour comprendre le cheminement des étudiants et un modèle à développer pour le parcours de réussite scolaire des élèves. Ce portfolio-programme serait un outil à privilégier pour reconnaitre les efforts des apprenants.

La formation continue du personnel scolaire, en particulier du personnel allochtone, par l'appropriation d'une approche culturelle en éducation basée sur les savoirs autochtones et abordant l'importance de connaitre et d'utiliser le *Modèle holistique d'apprentissage tout au long de la vie des Premières Nations*, permettrait l'ouverture à la différence et la réorganisation de stratégies d'enseignement.

Finalement, le soutien des instances universitaires et la compréhension, par l'institution, des enjeux de la formation des étudiants autochtones favoriseraient l'adaptation de programmes conçus avec les responsables de l'éducation des Premières Nations. La mise en place d'un comité pédagogique des Premières Nations à l'UQTR, composé de personnes ressources universitaires et autochtones, serait un pas important vers une rencontre culturelle authentique. Ce comité aurait la tâche de définir et de prendre en compte les enjeux d'autodétermination et de réconciliation nécessaires à la reconnaissance de la culture autochtone pour les programmes de formation.

Une dernière réflexion

En conclusion, la fréquentation d'un lieu de formation postsecondaire comme l'université a permis à chacun de vivre des expériences favorisant la compréhension de l'autre et la compréhension de la vision de l'autre. En plus, les échanges autour des valeurs telles que le temps, la spiritualité, la profondeur de la réflexion, la famille et la communauté, la culture et la langue, sont autant de connaissances partagées pour construire collectivement une vision du monde à mettre au service de l'éducation des enfants des Premières Nations, cette réconciliation tant souhaitée par la société pour le mieux-être des enfants des Premières Nations.

Références

Aguila, D. E. (2003). *Who Defines Success: An Analysis of Competing Models of Education for American Indian and Alaskan Native Students.* (Thèse de doctorat inédite). University of Colorado.

Audy, N. (2015). La formation d'enseignants atikameks: un bel exemple de persévérance scolaire et de collaboration entre communautés atikameks, l'UQTR et le Conseil de la nation atikamek. *Revue de la persévérance et de la réussite scolaires chez les premiers peuples, 1,* 39-43.

Bastien, L. (2008). L'éducation, un enjeu majeur pour l'avenir des Premières nations. Cahier du CIERA. *Défis de l'éducation chez les Premières nations et les Inuit, 1,* 5-12.

Boyer, M., & Guillemette, S. (2015). La gestion de l'éducation autochtone, un référentiel à construire en collaboration. *Revue de la persévérance et de la réussite scolaires chez les premiers peuples, 1,* 35-38.

Colomb, E. (2012). *Premières Nations. Essai d'une approche holistique en éducation supérieure - entre compréhension et réussite.* Québec: Presses de l'Université du Québec.

Conseil canadien sur l'apprentissage (2007). *Redéfinir le mode d'évaluation de la réussite chez les Premières nations, les Inuits et les Métis.* Ottawa: CCA. Repéré à: http://blogs.ubc.ca/epse310a/files/2014/02/F-CCL-Premieres-Nations-20071.pdf

Conseil de la Nation atikamekw. (2003). KIKICAWATCIHIKANINO. *Repères. Journal du Conseil de la Nation atikamekw, 1*(6).

Gauthier, R. (2005). *Le rapport de l'institution scolaire chez les jeunes Amérindiens en fin de formation secondaire: contribution à la compréhension du cheminement scolaire chez les Autochtones.* (Thèse de doctorat inédite). Université du Québec à Chicoutimi.

Gohier, C. (1993). Études des rapports entre les dimensions psychologique et sociale de l'identité chez la personne: implication pour l'éducation interculturelle. Dans C. Gohier & M. Schleifer (Dirs.), *La question de l'identité: qui suis-je? Qui est l'autre?* (pp. 21-40). Montréal: Éditions Logiques.

Martineau, T., & Presseau, A. (2011). Savoirs et pratiques d'enseignement dans une communauté autochtone - Étude exploratoire à partir du discours des acteurs. Dans P. Maubant (Dir.), *Enjeux de la place des savoirs dans les pratiques éducatives en contexte scolaire. Compréhension de l'acte d'enseignement et défis pour la formation professionnelle* (pp. 157-191). Québec: Presses de l'Université du Québec.

Ministère de l'Éducation, du Loisir et du Sport (MELS). (2013). L'éducation des populations scolaires dans les communautés autochtones du Québec en 2010. *Bulletin statistique de l'éducation, 42.*

Ministère de l'éducation du Québec (MEQ). (2001). *La formation à l'enseignement: les orientations, les compétences professionnelles.* Québec: Gouvernement du Québec.

Ministère de l'Éducation du Québec (MEQ). (2004). L'éducation des populations scolaires dans les communautés autochtones du Québec. *Bulletin statistique de l'éducation, 30.*

Ouellet, S. (2013). La formation des futurs enseignants atikamekw: récit d'une expérience. Dans G. Maheux & R. Gauthier (Dirs.), *Premières Nations. Essai d'une approche holistique en éducation supérieure - entre compréhension et réussite* (pp. 147-161). Québec: Presses de l'Université du Québec.

Ouellet, S. (en préparation). *L'insertion professionnelle des enseignants autochtones.*

---

[i] « Le processus de vérité et de réconciliation, qui s'inscrit dans une réponse holistique et globale aux séquelles des pensionnats indiens, est une indication et une reconnaissance sincères de l'injustice et des torts causés aux Autochtones, de même que du besoin de poursuivre la guérison. C'est un véritable engagement à établir de nouvelles relations reposant sur la reconnaissance et le respect mutuels qui prépareront un avenir meilleur. La révélation de nos expériences communes aidera à libérer nos esprits et à ouvrir la voie à la réconciliation. » (site web < http://www.trc.ca/websites/trcinstitution/index.php?p=891 >, annexe N).

[ii] CNA: le Conseil de la Nation Atikamekw - Atikamekw Sipi (CNA) est une corporation sans but lucratif, née de la volonté des conseils atikamekws de Manawan, d'Opitciwan et de Wemotaci de s'unir pour offrir des programmes et des services à la population atikamekw. (site web <http://www.atikamekwsipi.com/conseil_de_la_nation_atikamekw>)
[iii]<http://www.afn.ca/uploads/files/8_-_lifelong_learning_kc_fr.pdf>

CHAPITRE X

LA FORMATION DES ENSEIGNANTS AUTOCHTONES KAINGANG DE LA RÉGION OUEST DE SANTA CATARINA : DÉFIS ET POSSIBILITÉS

Claudio Luiz Orço
Teresa Machado da Silva Dill

1. Les orientations quant à l'éducation autochtone au Brésil

Au Brésil, les peuples autochtones ont intensifié leurs luttes pour que leurs propres formes d'organisation sociale, leurs valeurs, leurs traditions, leurs savoirs soient garantis et renforcés. L'éducation est conçue comme l'un des espaces qui contribuent au renforcement de la culture. La Constitution fédérale du Brésil de 1988 (Brasil, 1988) stipule que l'école, telle que revendiquée par les communautés autochtones, est un espace de construction de relations basées sur l'interculturalité et sur l'autonomie politique, c'est-à-dire une école caractérisée par l'affirmation des identités ethniques, par la reconnaissance des mémoires historiques, par la valorisation des langues et des spécificités des peuples autochtones.

Dans ce sens, les politiques pour l'éducation des autochtones ont été inscrites dans la Constitution, en particulier au chapitre III, article 210, qui assure à ces derniers l'éducation de base[i] et le respect de leurs valeurs culturelles et artistiques. La *Lei de Diretrizes e Bases da Educação*

Nacional (Loi des directives et des bases de l'éducation nationale) (Brasil, 1996) assure également aux communautés autochtones le droit à l'éducation, dont l'objectif est de renforcer les pratiques culturelles locales et la langue maternelle. Au sein de cette loi, les *Diretrizes Curriculares Nacionais para a Educação Escolar Indígena* (Directives curriculaires nationales pour l'éducation scolaire autochtone) orientent les écoles autochtones d'éducation de base et les divers paliers du système d'éducation (fédéral, étatique et municipal) dans la conception, le développement et l'évaluation de leurs projets éducatifs. Elles s'appuient sur les principes de spécificité, d'organisation communautaire et de valorisation des langues et des connaissances traditionnelles des communautés autochtones. Ces directives précisent également que c'est à travers la gestion des écoles autochtones que s'effectue la prise en compte des pratiques socioculturelles et économiques des communautés et de leurs formes de production de connaissances. Ainsi, ces dernières restent pertinentes sur les plans pédagogique, culturel, linguistique, environnemental et territorial, c'est-à-dire qu'elles respectent les logiques, les savoirs et les perspectives des peuples autochtones eux-mêmes.

Mentionnons enfin que les questions relatives aux écoles soutenues par des enseignants autochtones, à l'enseignement bilingue, à l'enseignement différencié, à la préservation de la langue et de la manière d'être et de penser ne sont devenues pertinentes au Brésil qu'à partir de la Constitution de 1988, alors que certaines organisations civiles s'en préoccupaient depuis longtemps. Comme le mentionne Monte (2000) : « (...) l'UNESCO [Organisation des Nations unies pour l'éducation, la science et la culture], déjà en 1953, déclarait l'importance de l'usage de la langue maternelle dans l'éducation scolaire et entreprenait une série de réorientations des paradigmes et des fondements politiques et techniques qui ont contribué à modifier les discours officiels en matière d'éducation pour les peuples autochtones » (p. 50, traduction libre).

2. La pertinence et les défis de la formation des enseignants autochtones

En abordant l'école autochtone, les conceptions de l'école et les politiques élaborées par le gouvernement brésilien pour les autochtones dans les différents contextes historiques et sociaux, nous visons à établir un portrait extérieur de l'école, à travers les processus de formation des enseignants autochtones et d'enseignement et d'apprentissage dans les écoles autochtones. Les peuples autochtones souhaitent ce nouveau portrait puisque, dans une perspective de lutte et de défense de leur culture et de leur identité, ils s'opposent à une définition de la réalité extérieure à leurs communautés inscrite dans une perspective de développement d'une unité culturelle brésilienne qui favorise l'acculturation et la disparition des groupes ethniques. Nous pouvons affirmer que peu de choses ont changé depuis l'arrivée des colonisateurs au Brésil, car, encore aujourd'hui, les politiques publiques font preuve de négligence et d'omissions envers les communautés autochtones et non autochtones qui vivent dans la marginalité. Les autorités éducatives, qu'il s'agisse de municipalités, d'États ou d'organismes nationaux et internationaux, sont rarement préoccupées par le respect de ces nouvelles considérations constitutionnelles, comme le critique Monte (2003) en soulignant que « la question de l'éducation des autochtones est traitée soit comme un cas particulier laissé, par son anomalie, aux organismes chargés de la protection de ces groupes, soit comme un cas "comme les autres" à être géré par des actions d'intégration et d'assimilation » (p. 15, traduction libre). Ainsi, malgré les politiques en vigueur, la méconnaissance et l'incompréhension de la part des autorités éducatives ont entravé leur mise en œuvre. Toujours selon Monte (2003), l'éducation des autochtones, tout au long de son histoire, s'est accompagnée d'une tendance à évangéliser et à civiliser ces peuples. L'offre éducative se trouvait en fort décalage par rapport à la compréhension de l'éducation qu'avaient les peuples autochtones eux-mêmes. En effet, elle considérait très peu leurs désirs et leurs besoins, les empêchant d'avoir accès à une formation différenciée, c'est-à-dire en accord avec leur culture et leur identité, ce qui a nui à l'avancement de l'éducation dans les communautés.

Ainsi, des principes de la formation des enseignants autochtones ont été définis dans le cadre de la Résolution n° 01, du 7 janvier 2015 (Brasil, 2015), plus particulièrement à l'article 2:

> *Le respect de l'organisation sociopolitique et territoriale des peuples et des communautés autochtones; la valorisation des langues autochtones comprises comme expression, communication et analyse de l'expérience sociocommunautaire; la promotion des dialogues interculturels entre différentes connaissances, valeurs, savoirs et expériences; l'articulation des divers espaces de formation tels que celui de la communauté, du mouvement social autochtone, de la famille et de l'école (p. 1, traduction libre).*

Par conséquent, les enseignants autochtones, en formation ou qui ont déjà obtenu leur diplôme, et qui agissent de pair avec les écoles autochtones, renforcent ainsi l'identité culturelle de ces communautés de même que les discussions sur leur contexte historique. Dans ce sens, pour mettre en œuvre l'éducation autochtone, ceux qui se sont battu pour elle ont besoin de la reconnaitre comme une proposition à la fois politique et sociale. Pour reprendre les mots de Maher (2006):

> *La formation des autochtones, pour qu'ils deviennent enseignants et gestionnaires au sein d'écoles situées en territoire autochtone, est aujourd'hui l'un des principaux défis et priorités pour la consolidation de l'éducation autochtone reposant sur des principes de reconnaissance de la différence, de la spécificité, du bilinguisme et de l'interculturalité. L'idée selon laquelle une école autochtone de qualité ne peut se réaliser que si ses enseignants et ses dirigeants sont des autochtones qui appartiennent à ses communautés respectives, fait aujourd'hui consensus (p. 35, traduction libre).*

3. Le processus de formation des enseignants autochtones kaingangs de la région ouest de Santa Catarina

La formation des enseignants autochtones se présente comme une tâche complexe pour les systèmes éducatifs et leurs institutions de formation, tout comme pour les écoles autochtones et leurs enseignants. Compte tenu de la complexité de cette tâche, différentes alternatives ont été testées dans diverses régions du pays, sans pour autant en arriver à un seul modèle à adopter, compte tenu de l'hétérogénéité et de la diversité des situations sociolinguistiques, culturelles, historiques, mais également de formation et de scolarisation vécues par les enseignants autochtones et par leurs communautés.

Dans ce contexte, l'État de Santa Catarina a mis en œuvre des propositions pour répondre aux exigences imposées à la région ouest de l'État, qui compte environ 7 000 autochtones kaingangs et autour de 160 enseignants autochtones. En cohérence avec l'esprit guerrier qui le caractérise et avec son histoire marquée par des mouvements de lutte pour récupérer ses terres, ce peuple s'est organisé, avec des alliés non autochtones, afin d'obtenir une formation spécifique pour les enseignants autochtones et, de cette manière, assurer ses droits. C'est ainsi qu'est né le programme universitaire de premier cycle[ii] interculturel autochtone, la première expérience de formation initiale spécifique aux enseignants autochtones en 2009, dans la région et dans l'État, soutenue par l'*Universidade Comunitária da Região de Chapecó* (Université communautaire de la région de Chapecó) en partenariat avec les autorités éducatives de l'État de Santa Catarina et celles des municipalités concernées. Ce programme est le résultat du travail concerté de professeurs universitaires, d'enseignants et de dirigeants autochtones.

3.1 Les principes du programme universitaire de premier cycle interculturel autochtone de formation initiale en enseignement

La pertinence de ce projet repose sur son caractère innovateur et sur le fait que la formation est construite à partir des demandes des communautés, des écoles kaingangs et des principes de l'éducation autochtone établis dans les *Diretrizes Curriculares* (Directives curriculaires). Ainsi, les cours répondent aux exigences des communautés autochtones de Xapecó, de Chimbangue, de Pinhal, d'Imbu, de Palmas et de Konda, situées dans la grande région ouest de Santa Catarina. Ce projet politique et pédagogique vise à assurer la présence de leurs mémoires historiques, la réaffirmation de leurs identités ethniques, la valorisation de leurs langues et de leurs sciences ainsi que l'accès à l'information et aux connaissances techniques, scientifiques et culturelles de la société nationale et des autochtones. Dans ce projet, l'éducation autochtone est conçue comme un espace de construction des relations interethniques axées sur le maintien de la pluralité culturelle, sur la reconnaissance des différentes conceptions pédagogiques et sur l'affirmation des peuples autochtones en tant que sujets de droits. Ceci est fait avec la participation des représentants de la communauté dans la définition du modèle d'organisation et de gestion. L'historique de l'éducation autochtone au Brésil de même que ses principes épistémologiques, pédagogiques, méthodologiques et éthico-politiques ont contribué au processus de réflexion pour l'élaboration des activités du programme. En effet, ils sont compris comme un cadre référentiel à l'enseignement, à l'apprentissage et à la production de nouvelles connaissances dans les espaces universitaires.

La proposition pédagogique du programme a été conçue selon une perspective dialectique qui permet une éducation pour la transformation individuelle et sociale, en prenant comme point de départ la connaissance et la compréhension de la culture autochtone. Dans ce sens, les enseignants autochtones deviennent, à travers l'école, les médiateurs des relations sociales qui s'établissent à l'intérieur et à l'extérieur de la communauté. Sachant que le processus d'enseignement a pour objectif l'appropriation et la production de connaissances et, par conséquent, la formation professionnelle, technique, scientifique, humaniste, éthique, esthétique, sociale et culturelle, les enseignants autochtones ont une fonction sociale distincte de celle des enseignants non autochtones, car ils prennent souvent le rôle des interprètes entre les cultures et les différentes sociétés. Une telle condition leur donne aussi des droits et des responsabilités qui ne sont pas toujours simples et faciles à vivre et à concilier. En tant que principaux acteurs de l'éducation interculturelle, ils vivent souvent des conflits d'allégeance entre, d'une part, les modes de vie, les connaissances, les valeurs et la culture propre de leur peuple et, d'autre part, ceux qui proviennent de la société majoritaire dont ils se retrouvent parfois à être les porte-paroles dans leurs communautés et dans leurs écoles. Ils jouent donc un rôle complexe et central dans les processus de réflexion critique sur les différents types de connaissances étudiées, interprétées et reconstruites à l'école; qu'il s'agisse des connaissances dites universelles, transmises par l'institution scolaire ou des connaissances que l'on qualifie de savoirs propres, ethniques ou traditionnels qui doivent être investigués, documentés, systématisés et réinterprétés dans le processus interculturel.

L'une des visées de cette formation est de s'assurer que le futur enseignant autochtone soit un professionnel compétent, avec une posture éthique, reconnu socialement et engagé politiquement dans sa communauté et que sa pratique traduise sa conscience sociale et communautaire et qu'elle dépasse les murs de l'école. La dynamique pédagogique, qui constitue la relation entre les savoirs autochtones et les connaissances scientifiques, sert, d'une part, à se reconnaitre, par le biais de spécificités culturelles/identitaires et, d'autre part, à comprendre la diversité culturelle, ethnique, religieuse et sociale des espaces locaux, régionaux, nationaux et internationaux. Cette compréhension doit d'abord déconstruire certains paradigmes qui ont inscrit les autochtones dans la position de victimes et d'exclus pour ensuite leur permettre de se considérer comme des sujets ayant les ressources et les capacités de renforcer leur histoire et leurs cultures, tout en se reconnaissant et en se respectant, et en comprenant la diversité existante dans différents temps et espaces. L'enseignant autochtone arrivé au terme du programme est appelé à contribuer au développement citoyen et à comprendre le processus de scolarisation ainsi que ses limites et ses possibilités comme une nouvelle pratique sociale et culturelle qui est exprimée dans les nouvelles relations économiques, politiques, administratives, psychosociales, linguistiques et pédagogiques. Il est également appelé à maitriser des connaissances autochtones et scientifiques et à les utiliser de façon appropriée dans la réalité socioculturelle spécifique de sa pratique. Il devra également démontrer une capacité d'organisation et de mise en œuvre de stratégies didactiques et pédagogiques en correspondance avec les autres pratiques culturelles utilisées par une société ou par une communauté particulière.

Ainsi, comment les communautés autochtones conçoivent-elles leurs enseignants? Comment souhaitent-elles que soient « formés » ces nouveaux éducateurs? Elles souhaitent des enseignants capables de voir l'école comme un espace susceptible de redonner du sens aux cultures et d'en produire de nouvelles. Par conséquent, l'éducation autochtone se distingue par son caractère différencié, c'est-à-dire qu'elle est à la fois élaborée par les « autochtones eux-mêmes » et retravaillée par le gouvernement « avec » les peuples autochtones afin de comprendre la réalité des communautés traditionnelles. Ces réalités sont plurielles et imprégnées aussi bien d'éléments juridiques et institutionnels, que d'éléments de la vie quotidienne.

Les modes de production et de diffusion des connaissances scientifiques dans le contexte des pratiques de formation reposent sur le dialogue et la critique, notamment à propos des phénomènes socioculturels et environnementaux marquant les territoires autochtones, tant au niveau local que régional, national et mondial.

Les contenus du programme découlent des savoirs élaborés à partir de connaissances et de conceptions originales au sujet de l'existence humaine. Les aspects environnementaux, sociaux et culturels sont établis en relation avec les connaissances traditionnelles et les connaissances scientifiques. Le programme insiste également sur le lien entre sa matrice curriculaire et les principes de l'école autochtone inscrits dans le *Referencial Curricular Nacional para as Escolas Indígenas* (Référentiel curriculaire national pour les écoles autochtones) (Ministério da Educação, 1998). Ainsi, cette école doit être : **communautaire**, parce qu'elle doit être gérée par la communauté autochtone, selon ses projets, ses conceptions et ses principes; **interculturelle**, parce qu'elle doit reconnaitre et préserver la diversité culturelle et linguistique; **bilingue/multilingue**, parce que les traditions culturelles, les connaissances, l'éducation des nouvelles générations, la pensée et la pratique religieuse, les représentations symboliques, politiques des peuples autochtones se manifestent, la plupart du temps, dans plus d'une langue; **spécifique** et **différenciée**, parce qu'elle est conçue et planifiée en fonction des aspirations particulières des populations autochtones.

3.2 La structure du programme universitaire de premier cycle interculturel autochtone de formation initiale en enseignement

Le programme universitaire de premier cycle interculturel autochtone de formation initiale en enseignement est structuré en deux étapes s'étalant sur cinq années. La première étape (formation générale), d'une durée de deux ans, a comme objectif la réflexion sur les processus pédagogiques qui composent la praxis scolaire et les visées sociales qui l'influencent et qui sont influencées par les communautés autochtones. Elle comprend deux noyaux curriculaires qui s'articulent de façon à favoriser chez les étudiants une compréhension des éléments constitutifs de l'éducation autochtone et des connaissances nécessaires à la pratique de l'enseignement interdisciplinaire dans l'éducation de base. La deuxième étape (formation spécifique) se concentre sur le traitement des contenus de base du programme scolaire. Cette étape, qui se déroule lors des trois dernières années du programme, met l'accent sur l'élargissement des connaissances nécessaires à l'enseignement primaire et secondaire dans des domaines spécifiques : sciences sociales, mathématiques, sciences naturelles, langues, arts, littérature et pédagogie.

Le fait que le programme établisse des liens avec les écoles autochtones constitue une stratégie d'inclusion des étudiants dans l'environnement scolaire et communautaire. Dans ce sens, des échanges avec les enseignants en exercice ont permis l'identification de leurs principales aspirations, mais également des contraintes présentes dans leur quotidien scolaire. Ces échanges ont engendré des réflexions significatives pour repenser le processus de formation des futurs enseignants, notamment sur le plan du développement de pratiques en matière de gestion de la classe. Les activités de stage supervisé, conçues comme une initiation à l'enseignement, s'amorcent avec cette expérience du quotidien scolaire. En effet, l'école autochtone constitue un champ fertile pour la formation pédagogique des étudiants. Elle leur permet de planifier, d'améliorer et d'évaluer les propositions pédagogiques de l'école en compagnie des enseignants qui y travaillent, et de développer ainsi leur compréhension de l'école autochtone et une réflexion sur ses limites et ses possibilités d'action. Le programme intègre également des visites/dialogues dans les communautés autochtones de provenance des étudiants. Cela lui permet de mettre en relation les actions locales et les systèmes éducatifs et ainsi, de mettre en lumière les incompatibilités de compréhension et d'orientation et d'en discuter avec les autres établissements d'enseignement. Ainsi, connaitre et comprendre le quotidien scolaire représente l'un des efforts nécessaires pour que le futur enseignant autochtone reconnaisse la nécessité de devenir un professionnel engagé avec sa communauté.

En résumé, l'expérience du processus de formation des enseignants kaingangs a démontré, d'une part, qu'il est possible de dispenser une formation des futurs enseignants en conformité avec les *Directives curriculaires nationales pour l'éducation scolaire autochtone*, c'est-à-dire une formation permettant la production et l'appropriation de connaissances universelles et spécifiques à ces groupes et contribuant à leur développement citoyen et professionnel. D'autre part, cette expérience a également démontré qu'il est possible d'articuler la formation théorique à d'autres connaissances, à d'autres valeurs et à d'autres compétences présentes dans la réalité socioculturelle des étudiants. Du même coup, un profil particulier des diplômés a pu être construit. Ce sont des professionnels-citoyens, créatifs, engagés, critiques; démontrant une autonomie intellectuelle, une sensibilité à l'environnement. Ils ont une attitude de recherche, une capacité à résoudre des problèmes, une sensibilité sociale, une clarté épistémologique, une capacité de renouvèlement des connaissances et de recherche d'informations, une capacité à travailler avec de nouvelles ressources de communication, des habiletés d'expression écrite et orale, des compétences interpersonnelles, des connaissances technico-scientifiques et culturelles, des habiletés pour utiliser les nouvelles technologies, une ouverture pour le travail collectif et interdisciplinaire ainsi qu'un engagement éthique et politique dans la défense des droits et obligations.

4. Considérations finales

Le processus de formation initiale et continue des enseignants ne dépend pas seulement de l'offre et des possibilités de formation destinées aux futurs enseignants, mais également de la situation des formateurs universitaires et de leur engagement en faveur de l'éducation à la diversité tout comme de l'engagement social et politique de chaque futur enseignant. Ainsi, la formation initiale et continue dépend de « la somme d'expériences historiques et sociales diverses, de savoirs et de créations élaborés, d'art, de musique, de connaissances, de philosophies originales, construits au fil des millénaires par la recherche, la réflexion, la créativité, l'intelligence et la sensibilité de ses acteurs » (Brasil, 2005, p. 31, traduction libre). La variété et l'originalité de ces formations représentent un atout non seulement pour les enseignants eux-mêmes et pour le Brésil, mais, en fait, pour toute l'humanité.

Comme nous l'avons déjà mentionné, la formation des enseignants autochtones doit respecter l'organisation sociopolitique et territoriale des communautés, valoriser les langues et promouvoir le dialogue interculturel (Brasil, 2015). Par conséquent, la formation des enseignants autochtones, afin qu'ils puissent travailler dans les écoles situées dans les terres autochtones, est aujourd'hui l'un des principaux défis d'une éducation autochtone orientée par les principes de la différence, de la spécificité, du bilinguisme et de l'interculturalité. Comme le souligne également Fleuri (2002), l'école et la scolarisation des populations autochtones au Brésil représente l'un des enjeux actuels majeurs, afin de « de respecter les différences et de les intégrer dans une unité qui ne les annule pas » (p. 17, traduction libre).

Former des enseignants capables de prendre en compte toute cette diversité est une tâche complexe, partagée par diverses autorités éducatives, dont le *Secretaria de Educação Continuada, Alfabetização, Diversidade e Inclusão* (Secrétariat de l'éducation permanente, de l'alphabétisation, de la diversité et de l'inclusion, SECADI), le *Ministério da Educação* (Ministère de l'Éducation, MEC), les universités, les autorités éducatives municipales et régionales et les ONG (Organisation non gouvernementale). À cet égard, les universités ne sont pas les seules responsables du processus de formation des enseignants, car, selon Cavalcante (2003), « l'école est conçue non pas comme un lieu unique d'apprentissage, mais comme un nouvel espace et un nouveau temps éducatif qui doit s'intégrer dans le système plus large d'éducation de chaque peuple » (p. 22, traduction libre). De même, Fleuri (2003) rappelle l'importance de la diversité au sein du processus de formation, en affirmant que « [...] l'espace éducatif est pénétré par de multiples relations entre les différents cadres culturels qui tissent des toiles complexes de significations. Ces toiles de significations, qui s'établissent dans la relation entre sujets porteurs de cadres culturels spécifiques et différents, sont la substance de l'éducation interculturelle » (p. 71, traduction libre).

Sachant qu'il reste toujours beaucoup de choses à construire et de nombreux défis à relever, la contribution des études statistiques basées sur les politiques publiques de l'éducation autochtone pourrait permettre l'émergence de nouvelles recherches. Toutefois, il importe de rester vigilants afin de ne pas être engloutis par le discours des politiques éducatives ou des chercheurs dans le domaine, qui ne connaissent pas toujours la réalité des écoles autochtones. Il est tout de même souhaitable que ces derniers participent et contribuent au dialogue et à la réflexion pour améliorer les processus de formation des enseignants pour l'éducation autochtone.

Références

Brasil. (1988). *Constituição da República Federativa Brasileira*. Brasília: Edições Câmara.

Brasil. (1996). *Lei de Diretrizes e Bases da Educação Nacional 9394/96*. Brasília.

Brasil. Ministério da Educação. (1998). *Referencial Curricular Nacional para as Escolas Indígenas*. Brasília: MEC.

Brasil. Ministério da Educação. (2005) *Secretaria de Educação Continuada, Alfabetização e Diversidade. Capema – GuiaPrático*. Brasília: DFMEC/SECAD.

Brasil. Ministério da Educação. (2015). *Diretrizes Curriculares Nacionais para a Formação de Professores Indígenas*. Resolução 01, de 07 de janeiro de 2015.

Cavalcante, L. I. P. (2003). Formação de professores na perspectiva do movimento dos professores indígenas da Amazônia. *Revista Brasileira de Educação*, (22).

Fleuri, R. M. (Dir.). (2002). *Intercultura: estudos emergentes*. Ijuí: Editora da UNIJUÍ, RS.

Fleuri, R. M. (Dir.). (2003). *Educação intercultural: mediaçõ es necessárias*. Rio de Janeiro: DP&A.

Maher, T. M. (2006). Formação de professores indígenas: uma discussão introdutória. Dans L. D. B. Grupioni (Dir.), *Formação de professores indígenas:repensando trajetórias* (pp. 11-38). Brasília: MEC-SECAD.

Monte, N. L. (2000). E agora, cara pálida? Educação e povos indígenas, 500 anos depois. *Revista Brasileira de Educação da Associação Nacional de Pós-Graduação e Pesquisa em Educação*, (15).

Monte, N. L. (2003). Políticas curriculares e povos indígenas no Brasil recente. Dans A. C. Lopes & E. Macedo (Dirs.), *Políticas de currículo em múltiplos contextos* (pp. 205-218). São Paulo, SP: Editora Cortez.

---

[i] L'éducation de base correspond à trois niveaux du système éducatif brésilien, dont l'*educação infantil* (préscolaire entre 0-5 ans), l'*ensino fundamental* (enseignement fondamental entre 6 et 14 ans, obligatoire) et l'*ensino médio* (enseignement secondaire entre 14-17 ans).

[ii] Au Brésil, la *Licenciatura* et le *Bacharelado* sont deux diplômes de préparation à l'université et pouvant être obtenus lors d'un même cursus. La *Licenciatura* permet d'enseigner au collège ou au lycée.

PARTIE V

Pistes d'action novatrices: pour une formation intersectionnelle et interdisciplinaire

CHAPITRE XI

FORMATION À L'ENSEIGNEMENT DANS UNE PERSPECTIVE INCLUSIVE AU QUÉBEC: DE L'HÉGÉMONIE DU CLOISONNEMENT À UNE APPROCHE HOLISTIQUE

Corina Borri-Anadon
Luc Prud'homme
Katryne Ouellet
Marilyne Boisvert

La véritable inclusion implique de reconnaitre la pluralité des appartenances au sein de l'État et de ses institutions; elle n'équivaut pas à réclamer d'être toléré, bienvenu ou accueilli. (O'Donnell, 2015, p. 250, traduction libre)

1. Introduction

L'année 2014 a été marquée par le 50ᵉ anniversaire de la création du ministère de l'Éducation du Québec, dont l'une des responsabilités est, encore aujourd'hui, d'orienter la formation du personnel enseignant. Cette formation a subi plusieurs modifications, reposant aujourd'hui sur un cadre normatif défini successivement par différentes réformes. Dans les années 1960, la formation à l'enseignement s'est « universitarisée », se caractérisant notamment par une prédominance des savoirs issus des disciplines fondamentales (par exemple, la philosophie, la sociologie, l'histoire, l'anthropologie et l'économie) (Robichaud, 2015). En réaction à cette formation décriée comme trop théorique et déconnectée des réalités scolaires, plusieurs changements ont été apportés au cours des années 1990, entre autres l'allongement de la durée des études d'une année, le doublement du nombre d'heures accordées à la formation pratique, la mise sur pied d'un dispositif d'accréditation des programmes ainsi qu'un « meilleur équilibre entre la formation réservée aux disciplines et celle qui touche les aspects psychopédagogiques et sociaux de l'éducation » (Ministère de l'Éducation du Québec [MEQ], 1992, p. 12). Ces changements organisationnels témoignent du développement et de la reconnaissance de la spécialisation des facultés d'éducation et ont engendré une uniformisation des divers parcours de formation (Tardif, 2013). Au début des années 2000, une autre réforme a contribué à définir la formation des enseignants québécois, cette fois, sur le plan idéologique, en mettant de l'avant une double perspective: la professionnalisation et l'approche culturelle de l'enseignement (MEQ, 2001). D'une part, la professionnalisation se centre sur le développement d'enseignants compétents et reconnus comme tels, c'est-à-dire des professionnels autonomes et polyvalents, dont la formation répond efficacement aux réalités de la pratique en reposant sur des savoirs issus de la recherche. Il est également attendu que l'enseignant se comporte en praticien réflexif, « capable de réfléchir dans l'action et d'engendrer des savoirs à partir de ses actions » (MEQ, 2001, p. 127). D'autre part, l'approche culturelle met de l'avant le rôle de passeur culturel de l'enseignant qui est conscient, critique et médiateur face aux savoirs à construire. Cette seconde orientation implique l'appropriation de différents objets de savoir, mais aussi la reconnaissance des divers rapports au savoir impliqués (MEQ, 2001). Ces orientations témoignent d'une volonté de contrôle accru des autorités ministérielles qui cherchent à s'assurer de la cohérence des divers programmes de formation à l'enseignement au Québec (Tardif, 2013). Au niveau de la cohérence externe, elles s'assurent d'une certaine uniformité par le biais de leur accréditation en fonction d'un référentiel de douze compétences, alors que la cohérence interne est assurée par la valorisation d'une approche-programme, qui, bien que relativement mal définie, vise à relier les différentes activités offertes au sein d'un même parcours de formation (Comité d'agrément des programmes de formation à l'enseignement [CAPFE], 2007).

Soulignons que ces nouvelles orientations ne sont pas spécifiques au Québec. Plus encore, la professionnalisation, centrée sur une approche par compétences, s'inscrit dans une mouvance internationale où les attentes envers les systèmes éducatifs sont formulées notamment en termes de concurrence et de performance. L'enseignant y « est considéré comme un instrument [...] destiné à améliorer le rendement global des systèmes scolaires par le rehaussement de la performance des élèves » (Robichaud, Tardif et Morales Perlaza, 2015, p. 3) et sa formation, comme une condition pour y parvenir (Tardif, 2013). Ainsi, l'importance accordée à l'action des enseignants, et conséquemment à leur formation, est devenue « une véritable obsession internationale » réputée aujourd'hui comme étant le facteur le plus déterminant de la réussite des élèves (Tardif, 2013, p. 274).

Or, à l'heure où de plus en plus d'injonctions internationales orientent les décideurs en éducation de plusieurs pays vers le développement de politiques inclusives (UNESCO, 2017), force est de constater qu'encore à ce jour, les enseignants sont nombreux à se déclarer mal préparés pour vivre l'inclusion et pour répondre aux besoins de la diversité des élèves (Prud'homme et Bergeron, 2015). Si l'on accepte la proposition de Vienneau (2004), qui définit l'école inclusive comme « un système d'éducation "intégré", plus humain, ouvert à tous, un système qui non seulement tolère, mais accueille et célèbre la différence » (p. 129), des transformations majeures en formation initiale doivent toujours s'opérer pour réellement préparer les enseignants à œuvrer dans des écoles inclusives (Leblanc, Prud'homme, AuCoin, Guay, Mainardi et Forest, 2016; Slee, 2010).

Nous proposons d'abord de porter un regard critique sur les pratiques actuelles de formation à l'enseignement au Québec en ce qui concerne les attentes du projet inclusif. En essence, nous mettons en évidence le fait que, malgré la valorisation d'une approche-programme qui s'apparente à la vision d'un « système d'éducation plus intégré » associé à tout projet inclusif, les pratiques semblent encore largement orientées par ce que nous appelons l'hégémonie du cloisonnement. La formation s'organise par une juxtaposition d'objets et d'activités d'enseignement, laissant plus souvent qu'autrement la responsabilité à l'enseignant en formation initiale de tisser les liens entre le tout (enseigner) et ces composantes juxtaposées. C'est au départ de cette réflexion que nous relevons ensuite, à partir des écrits du champ de la formation initiale en enseignement et en inclusion scolaire, des pistes de réflexion et d'action pouvant orienter le travail d'innovation que réclame la formation à l'enseignement dans une perspective inclusive. Nous concluons ainsi, à l'instar de plusieurs collègues, sur la nécessité d'un changement radical de paradigme en formation des maitres, vers une approche holistique, plus systémique, globale et interdisciplinaire (voir entre autres Forlin, 2010; O'Donnell, 2015).

2. Les pratiques de formation actuelles: l'hégémonie du cloisonnement

Quoique le concept d'inclusion demeure encore à ce jour polysémique, et souvent malencontreusement amalgamé au champ de l'adaptation scolaire (Danforth et Naraian, 2015), c'est en nous attardant à ce qui se fait à l'égard de trois grands axes relativement consensuels en matière d'inclusion que nous illustrons comment l'hégémonie du cloisonnement nuit à la formation de l'enseignant inclusif. En effet, la formation initiale de ce dernier devrait lui permettre de développer un rapport inclusif à la diversité (Prud'homme, Vienneau, Ramel et Rousseau, 2011), une compréhension intégrée des finalités démocratiques d'équité et de justice sociale associées au projet inclusif (Danforth et Naraian, 2015;

Fillion, Bergeron, Prud'homme et Traver Marti, 2016; Slee, 2010) et un rapport au savoir subjectif, contextualisé et interconnecté qui prend en compte l'expérience et l'unicité de l'apprenant dans la situation pédagogique inclusive (Dolan, 2015).

2.1 Une formation découpée qui divise la diversité et les apprenants

Concernant le rapport à la diversité entretenu au sein de la formation actuelle, certains travaux font état d'un découpage par publics, centré sur les caractéristiques des individus et sur les défis qu'elles posent aux acteurs scolaires. Par exemple, à la suite d'une analyse des descriptifs des cours traitant explicitement de la prise en compte de la diversité ethnoculturelle, religieuse et linguistique en contexte éducatif au sein de programmes destinés aux futurs enseignants (Larochelle-Audet, Borri-Anadon, Mc Andrew et Potvin, 2013), plusieurs des cours analysés définissent la diversité en termes « culturels » ou « ethniques ». Les spécificités religieuses ou linguistiques se trouvent surtout mobilisées, dans les cours les abordant, à partir d'une perspective didactique (notamment dans les cours d'éthique et culture religieuse ou de langue seconde). De plus, les termes employés pour nommer cette diversité, dont « hétérogénéité », « disparités », « différences », « autres cultures », mettent l'accent sur les variations interindividuelles et intergroupes au détriment de termes faisant référence aux processus qui les construisent (dont les mécanismes d'exclusion ou le statut majoritaire/minoritaire des groupes en question). Adoptant une démarche similaire, Bergeron et St-Vincent (2011) ont procédé à l'analyse des descriptifs des cours en relation aux contributions attendues de la part des enseignants au regard de l'adaptation des services éducatifs en classe régulière. Parmi les huit thèmes analysés, celui traitant de la connaissance des élèves handicapés ou en difficulté d'apprentissage ou d'adaptation et des élèves à risque se trouve au second rang en termes d'importance, après les pratiques d'individualisation, et est présent dans tous les programmes à l'étude.

Ces constats traduisent, selon nous, une formation axée sur l'identification des différences distinguant les catégories d'élèves, quel que soit le schème explicatif mobilisé pour les définir. Dans cette perspective, la diversité est conçue comme une spécialisation, où les différences se présentent comme des conditions fixes, déterminées, sans lien entre elles et appréhendées par des cours spécifiques organisés dans une logique d'addition. Ainsi, une formation qui divise la diversité comporte une dérive essentialisante, pouvant enfermer l'élève dans une identité figée, résultant de ses caractéristiques intrinsèques et réifiant du même coup la catégorie qui les organise, voire les hiérarchise (Annamma, Connor et Ferri, 2013). En ce sens, on laisse entendre que la réussite ou l'échec de l'élève peut s'expliquer par des particularités indépendantes de la multiplicité des facteurs qui interviennent dans une situation pédagogique.

2.1 Une formation qui isole et qui détourne les finalités d'une éducation inclusive

En cohérence avec les volets de la *Politique d'intégration scolaire et d'éducation interculturelle* (MEQ, 1998) et les justifications sociales et éducatives de la mise en place d'une éducation inclusive (UNESCO, 2017), les enseignants sont appelés à « 1) préparer tous les apprenants à mieux vivre ensemble dans une société pluraliste et à développer un monde plus juste et égalitaire et 2) adopter des pratiques d'équité qui tiennent compte des expériences et réalités [...] des apprenants, particulièrement celles des groupes minorisés » (Potvin, Borri-Anadon, Larochelle-Audet, Armand, Cividini, De Koninck, Lefrançois, Levasseur, Low, Steinbach, Chastenay, 2015, p. 12). Souvent considérées en tension, opposant, par exemple, intérêt individuel et bien commun (Conseil supérieur de l'éducation [CSE], 2016), ces finalités sont ici considérées complémentaires, voire interdépendantes. En effet, la première, dite de transformation sociale, exige le recours à des pratiques d'équité, alors que la seconde, dite de différenciation, revendique des pratiques visant à réduire les dynamiques systémiques qui créent et maintiennent les obstacles à la participation des groupes minorisés et ce, afin d'éviter le *statu quo* et la cristallisation des différences en problèmes sociaux.

Cela dit, dans les pratiques de formation à l'enseignement, la relation de proximité entre ces deux finalités semble peu présente et un déséquilibre entre elles semble persister. En effet, les enquêtes consultées (Larochelle-Audet et al., 2013; Bergeron et St-Vincent, 2011) tendent à montrer que la formation des enseignants met surtout l'accent sur une finalité de différenciation, mais que celle-ci se trouve détournée d'une perspective inclusive au profit d'une perspective adaptative, focalisée sur la normalisation individuelle et désincarnée de la finalité transformative. Ce détournement se traduit par une formation qui se préoccupe essentiellement du développement de pratiques d'individualisation de l'enseignement de même que du développement d'attitudes, dont la tolérance, la compassion, voire l'empathie et la décentration, visant à améliorer les relations interpersonnelles sans interroger les rapports de pouvoir qui les traversent. Ainsi, la compréhension des rapports sociaux inégaux qui caractérisent les phénomènes éducatifs, leur prise en compte comme objet d'enseignement ainsi que les enjeux de participation sociale qui y sont liés représentent des éléments négligés dans la formation initiale actuelle. Ces éléments témoignent d'une lecture interindividuelle des processus d'exclusion des personnes minorisées dans l'espace scolaire ainsi que d'une occultation des dynamiques systémiques y participant.

Plus encore, la finalité de transformation sociale reposerait surtout sur un certain travail sur soi de la part du futur enseignant (par exemple, ses valeurs, son histoire personnelle, ses préjugés). Toutefois, comme le rappelle Robichaud (2015), « une formation universitaire, professionnalisante ou non, ne pourrait se limiter à la seule enceinte de l'esprit personnel, d'une centralisation de sa pensée sur ses propres pratiques individuelles ou d'une analyse professionnelle unilatéralement axée sur ses actions; elle ne pourrait viser qu'une simple expertise professionnelle (devenir un *spécialiste* de l'apprentissage) aux dépens d'un effort d'interprétation collectif sur le présent, les événements sociaux actuels et la réflexion sur l'action politique partagée » (p. 38-39). À cet égard, la réflexion sur/pour/dans la pratique ne peut faire l'économie de son lien avec la finalité de transformation sociale de l'éducation inclusive, sans quoi elle risque d'être entrainée dans une dérive techniciste et utilitariste (Boissinot, 2010).

Enfin, cette finalité de transformation sociale, qui s'associe à une reconnaissance par l'enseignant de son rôle d'agent de changement, semble moins traitée dans les activités très spécifiques et nombreuses qui relèvent par exemple de la didactique, de la pédagogie ou de la formation pratique. Tel que Pratt (2005) le démontre, les enseignants qui reconnaissent leur rôle d'agent de changement sont beaucoup moins nombreux que ceux qui se considèrent comme des transmetteurs de contenus. Il y a fort à parier que le rôle de l'enseignant quant au développement d'une société juste et équitable est trop éloigné des activités qui développent l'expertise de l'enseignant à l'égard des contenus et de l'apprentissage et que, de ce fait, cette dimension est souvent occultée lorsque les enseignants cherchent à analyser des problématiques d'enseignement. Le cloisonnement des activités s'inscrivant dans la finalité transformative et la présence discrète de cette finalité dans la formation initiale ne favorisent pas le recours à une grille d'analyse sociologique et critique pour comprendre les problématiques que les enseignants rencontrent et pour prendre les meilleures décisions pour reconnaitre, (re)valoriser et tirer parti de la pluralité et de la singularité de chaque élève. Tel que Chambers et Forlin (2010) nous le rappellent, tout projet d'inclusion scolaire « s'étaye sur la croyance que l'éducation est un pivot pour changer positivement les attitudes sociétales, que l'enseignant est l'acteur de premier plan dans ce processus et que les formateurs d'enseignants, quels qu'ils soient, doivent, par le fait même, insuffler chez les futurs maîtres une attitude inclusive appropriée avant qu'ils entreprennent leur carrière » (p. 81).

2.2 Une formation coupée des autres disciplines et morcelée selon différents objets d'expertise

Selon Tardif (2013), de nos jours, la formation à l'enseignement est organisée par acte professionnel, tant dans les textes prescriptifs que dans les descriptions de cours, ce qui engendre une centration sur les disciplines jugées plus contributives à l'agir (didactique, pédagogie, formation pratique) et une évacuation de ce que l'auteur appelle les disciplines fondamentales, dont la philosophie et la sociologie. L'analyse de la formation à l'éducation préscolaire et à l'enseignement primaire réalisée par Robichaud (2015) montre que la didactique et l'intervention occupent 62,5 % des cours de la formation comparativement aux disciplines fondamentales qui n'en représentent que 12,5 %. En outre, la formation est, encore à ce jour, traversée par une valorisation de la spécialisation des formateurs, où ces derniers sont des experts de contenus, ce qui relève, qu'on le veuille ou non, d'une perspective de transmission en formation (Pratt, 2005).

Ainsi, ce n'est pas seulement l'isolement disciplinaire du champ de l'éducation qui fait obstacle à la formation que réclame le projet inclusif, mais également la fragmentation des contenus héritée de cette perspective de transmission encore dominante en enseignement supérieur (Lison, Bédard, Beaucher et Trudelle, 2014). D'emblée, la formation est découpée par objets d'expertise issus de certaines disciplines contributives. Les cours sont relativement indépendants les uns des autres, pilotés par des experts de ces objets, spécifiques, c'est-à-dire abordant une dimension ou un aspect de la situation pédagogique et spécialisés dans la mesure où ils offrent un contenu approfondi. La formation est ainsi morcelée, sans aucune certitude que chacun des cours contribue explicitement au travail complexe d'enseignement/apprentissage dans une perspective inclusive. Malgré l'approche par compétences adoptée, où les cours doivent être liés à certaines des compétences professionnelles (MEQ, 2001), les dispositifs existants semblent encore largement orientés par une posture de transmission qui priorise l'acquisition de connaissances réputées être neutres de la part des futurs enseignants, sans les amener à les contextualiser et à les reconnaitre comme des produits sociohistoriques (Pratt, 2005).

Ainsi, par son cloisonnement disciplinaire à travers le morcellement des objets d'expertise et son maintien de la posture de transmission, la formation des enseignants, en tant que cristallisation de la forme scolaire du XIXe siècle, pourtant appelée à mourir depuis plusieurs décennies (Bouvier, 2012), est susceptible d'engendrer des inégalités (CSÉ, 2016). Or, si le poids de cette forme scolaire se voit de plus en plus reconnu comme un obstacle à l'éducation inclusive dans l'éducation obligatoire (CSÉ, 2016), pourquoi n'en est-il pas de même pour la formation des éducateurs? Plus encore, nombreux sont les auteurs qui cherchent à dépasser les modèles axés sur la spécialisation et la fragmentation, affirmant qu'ils font obstacle à la compréhension et à l'agir que réclament les problématiques contemporaines de plus en plus complexes (voir Maingain et Dufour, 2002). Or, à l'instar de l'appel lancé par le CSÉ (2016), il nous semble que de tels constats tardent à pénétrer la formation initiale à l'enseignement:

> « *Dans une société profondément différente de celle où s'est épanouie la forme scolaire, il est plus que temps de prendre conscience que si nous voulons collectivement une société qui favorise [...] l'épanouissement des valeurs de démocratie, d'égalité, de solidarité, de coopération, de créativité, d'émancipation ou de justice, il faut oser remettre en question cette forme scolaire vieillie et définir les contours d'une tout autre institution éducative commune.* » (Delvaux, 2015, p. 75, dans CSÉ, 2016, p. 15)

3. Pistes de réflexion et d'action pour une approche holistique de la formation initiale

La question d'un renouvèlement de la formation initiale à l'enseignement ne peut s'aborder en occultant la situation contemporaine dans laquelle elle est soulevée: l'éducation est un projet sociopolitique complexe qui ne peut faire fi de l'environnement dans lequel il se définit et s'actualise. L'hégémonie du cloisonnement provoque depuis quelques décennies déjà, de nombreux questionnements sur les « pratiques médiévales » (Béchard, 2001) qui occupent l'avant-scène en enseignement supérieur. À cet égard, quand on considère le projet inclusif dans ses ambitions et ses intentions (Fillion et al., 2016; O'Donnell, 2015; UNESCO, 2017), on ne peut plus parler de « rénovations » mais bien d'« innovations » (Dolan, 2015; Forlin, 2010). Plusieurs soutiennent que la complexité du projet inclusif, comportant de multiples situations chaotiques et paradoxales (Danforth et Naraian, 2015), réclame une approche holistique qui englobe un large éventail de dimensions (notamment morale, éthique, spirituelle, scientifique, écologique, existentielle, etc.) devant s'interpénétrer plutôt que se juxtaposer (Dolan, 2015; Forlin, 2010; Loreman, 2010). C'est dans cet esprit que nous présentons trois pistes d'action interconnectées, qui ont avantage à s'envisager globalement et de manière transversale pour tenter de *faire mieux et toujours mieux* (Cros, 1993).

3.1 Réfléchir sur la diversité à partir de l'expérience

Le rapport inclusif à la diversité, qui peut se traiter et s'approfondir autant auprès des futurs enseignants que de leurs formateurs, s'intéresse explicitement au processus de construction de la différence. Nous croyons, à l'instar de O'Donnell (2015), que ce traitement exige une reconnaissance et une (re)valorisation à la fois de la pluralité et de la singularité de tous, en cherchant à comprendre comment cette altérité se construit. Le rapport inclusif à la diversité reconnaît que tous les apprenants, et non seulement ceux qui proviennent d'une minorité ou d'une catégorie trop éloignée d'une norme qui les tolère ou qui accepte généreusement de les accueillir, sont des « nouveaux venus » dans un projet collectif et continu de devenir « autre ». Ainsi, dans une perspective constructiviste, le concept de marqueur permet de concevoir la diversité dans une logique d'articulation, soit comme la production d'une interaction et non comme une condition (Borri-Anadon, Potvin et Larochelle-Audet, 2015).

Les innovations en formation initiale pour soutenir l'inclusion scolaire doivent donc chercher à développer un langage de solidarité qui reconnaît de manière transversale la responsabilité de chacun à l'égard de l'autre. Ainsi, des situations avec lesquelles les étudiants en formation à l'enseignement sont familiers, qu'elles proviennent de leur vécu d'apprenant, de parent d'élève ou encore de stagiaire, constituent une ressource à potentiel élevé pour explorer, à travers l'expérience, ce rapport à la diversité. Les futurs enseignants, suivant une perspective d'apprentissage expérientiel (Kolb, 1984), selon laquelle ils doivent réfléchir sur des expériences antérieures qu'ils ont vécues ou sur des expériences proposées par le formateur, pourraient être amenés à analyser l'importance accordée à certains marqueurs de la diversité plutôt qu'à d'autres, dans une situation donnée. Dans la perspective que nous envisageons, cette analyse gagne à être réalisée de façon à considérer la diversité en fonction de l'articulation des marqueurs, selon une logique d'intersection plutôt que d'addition. Cette démarche permettrait de rendre visibles, aux yeux des futurs enseignants, les processus de construction de la différence qui orientent la lecture qu'ils font des individus et qui, parallèlement, orientent leurs actions. Comme le mentionne O'Donnell (2015), pour comprendre ce que veut réellement dire « une inclusion pour tous », tout futur enseignant doit explorer de l'intérieur les expériences de toutes ces personnes qui se sentent muselées, marginalisées ou exclues de l'une ou l'autre de nos institutions encore lacunaires. C'est dans ce contexte que les formateurs pourraient soutenir un rapprochement des finalités de transformation sociale et de différenciation tout au long du dispositif d'apprentissage de la profession dans toute sa complexité.

3.2 Offrir des espaces pédagogiques intégrateurs

Les innovations en formation initiale pour soutenir l'inclusion scolaire doivent permettre la construction d'une vision écologique, intégrée et systémique des enjeux éducationnels et pédagogiques. Nous estimons que c'est en s'appuyant sur les disciplines et surtout, en mettant celles-ci en relation, que les futurs enseignants développent, d'une part, leur conscience et leur compréhension de certains obstacles éducatifs et sociaux, notamment ceux que rencontrent les élèves, et qu'ils développent, d'autre part, des stratégies pour les contourner ou les surmonter et, de ce fait, soutenir l'apprentissage et le développement de tous. Ainsi, la formation initiale à l'enseignement permettrait de considérer et d'intégrer les finalités inclusives dans le travail d'analyse associé à la résolution des problèmes pédagogiques et didactiques.

Sans totalement faire disparaitre les activités transmissives, il s'agit, entre autres choses, d'augmenter significativement le nombre d'activités intégratives autour de situations complexes. Grâce à une démarche de résolution de problèmes, les futurs enseignants apprennent à tisser des liens entre les différents éléments nécessaires à prendre en compte pour réagir aux enjeux inhérents à ces situations complexes. Pour arriver à un tel gain, le formateur peut notamment proposer de travailler à partir d'un ilot interdisciplinaire de rationalité défini par Fourez (1997). Ce travail accompagné permet de reconnaitre que les connaissances spécifiques et spécialisées sont toujours provisoires, incertaines et approximatives selon les contextes où elles peuvent être mobilisées (Dolan, 2015). Plus encore, de tels espaces pédagogiques intégrateurs offrent des situations où les étudiants peuvent confronter la façon traditionnelle dont on envisage

218

les disciplines fondamentales et les disciplines jugées contributives, c'est-à-dire de façon cloisonnée, ces dernières étant prisonnières d'une grille considérée à tort comme imperméable, et ce, dans l'objectif de les amener à comprendre et à agir dans l'action.

3.3 Valoriser une formation qui prêche par l'exemple

Les acteurs des programmes de formation initiale à l'enseignement doivent envisager eux aussi des changements paradigmatiques, d'un modèle mécanique et fragmenté vers une approche écologique et holistique (Dolan, 2015), ce que Forlin (2010, p. 8) appelle une *Whole Faculty Approach*. Cette dernière, qui se rapproche d'une approche-programme rigoureuse, systémique et définie, doit incarner et illustrer ce que l'on voudrait trouver dans les écoles effectivement inclusives, à tout ordre d'enseignement. Dès lors, une formation inclusive à l'enseignement doit se préoccuper à la fois des questions de programmes et des questions pédagogiques (Forlin, 2010). Cette formation repose sur un « projet, où une ligne directrice est poursuivie par l'ensemble du corps professoral dans un esprit de collaboration et de collégialité » (Lison et al., 2014, p. 8). Il s'agit d'une visée qui s'apparente drôlement aux discours des formateurs à l'égard du travail en milieu d'enseignement obligatoire, mais qui demeure plutôt de l'ordre de l'utopie en enseignement supérieur. Or, « les universités en général, et les formateurs de maîtres universitaires en particulier, n'ont pas le droit de recommander aux enseignants des pratiques d'enseignement qu'ils n'ont pas eux-mêmes réussi à utiliser avec succès à l'université » (Russell, 1999, p. 220). Le formateur à l'enseignement a le devoir de modéliser et d'incarner dans son action les principes et les caractéristiques qui orientent les innovations pédagogiques recherchées par nos projets éducatifs nationaux inclusifs (Forlin, 2010).

4. Conclusion

Après avoir exposé certains écueils des pratiques actuelles de formation à l'enseignement au Québec, ce chapitre a tenté de proposer quelques pistes de réflexion et d'action pour une formation en plus grande cohérence avec le projet contemporain d'éducation inclusive. Nous souhaitons que ces pistes soient le début *de conversations courageuses* (Leblanc et al., 2016) impliquant les formateurs, les étudiants en formation et l'ensemble des acteurs du monde de l'éducation afin d'inventer des dispositifs éducatifs permettant de répondre aux impératifs d'une perspective inclusive, pour marcher ensemble vers un système « (…) professionnel et humaniste, aussi vigilant sur les apprentissages des élèves que sur les valeurs et l'éthique, donc assez éloigné de l'École du *statu quo* et de la bureaucratie » (Bouvier, 2012, p. 47).

Il s'agit d'un défi ambitieux, que nous associons à une approche holistique de la formation initiale à l'enseignement, et par ricochet, à une approche holistique de l'éducation inclusive, indépendamment de l'ordre d'enseignement où elle se matérialise. Inspirés par les travaux de Shulman (2004) à l'égard de la formation professionnelle et de Dolan (2015) concernant la formation initiale à l'inclusion scolaire, cette approche suggère que toute réforme en formation initiale devrait s'appuyer sur trois fondements inséparables ou constamment interconnectés: soit l'apprentissage de la tête (savoirs théoriques et capacités cognitives), l'apprentissage des mains (savoir-faire et compétences essentielles pour assumer les tâches et les rôles de l'enseignant) et l'apprentissage du cœur (attitudes, valeurs et croyances, dimensions éthiques et morales qui sont cruciales en relation aux finalités de la profession). Une approche holistique fondée sur ces trois grandes composantes présuppose que tous les formateurs pilotent leurs activités de formation en ayant une vision plutôt globale de l'être en formation pour orienter, contribuer et stimuler l'innovation:

« Innover serait faire mieux, toujours mieux, de manière autre, offrir du neuf, du jamais vu, quelque chose qui serait cependant à notre portée, qui calmerait nos envies profondes, et dont on n'oserait pas rêver (ou peut-être trop) » (Cros, 1993, p. 17).

Références

Annamma S. A., Connor D., & Ferri B. (2013). Disability critical race studies (DisCrit): Theorizing at the intersections of race and dis/ability. *Race Ethnicity and Education, 16,* 1-31.

Béchard, J.-P. (2001). L'enseignement supérieur et les innovations pédagogiques: une recension des écrits. *Revue des sciences de l'éducation, 27*(2), 257-281.

Bergeron, G., & St-Vincent, L.-A. (2011). L'intégration scolaire au Québec: regard exploratoire sur les défis de la formation à l'enseignement au primaire et préscolaire. *Éducation et francophonie, 39*(2), 272-295.

Boissinot, A. (2010). La formation des maîtres: débats et perspectives. *Revue internationale d'éducation de Sèvres, 55,* 27-36.

Borri-Anadon, C., Potvin, M., & Larochelle-Audet, J. (2015). La pédagogie de l'inclusion, une pédagogie de la diversité. Dans N. Rousseau (Dir.) *La pédagogie de l'inclusion scolaire, un défi ambitieux et stimulant* (pp. 49-64). Québec: Presses de l'Université du Québec.

Bouvier, A. (2012). Préparons l'École de 2030. *Futuribles, 388,* 51-72.

Chambers, D., & Forlin, C. (2010). Initial teacher education and inclusion: A triad of inclusive experiences. Dans C. Forlin (Dir.), *Teacher education for inclusion: Changing paradigms and innovative approaches* (pp. 74-83). New York: Routledge.

Comité d'agrément des programmes de formation à l'enseignement (CAPFE). (2007). *L'approche-programme: Définition et composantes.* Montréal: Comité d'agrément des programmes de formation à l'enseignement, Ministère de l'Éducation, des Loisirs et du Sport du Québec.

Conseil supérieur de l'éducation (CSE). (2016). *Remettre le cap sur l'équité: Rapport sur l'état et les besoins de l'éducation 2014-2016.* Québec: Conseil supérieur de l'éducation, Gouvernement duQuébec.

Cros, F. (1993). *L'innovation à l'école: forces et illusions.* Paris: Presses universitaires de France.

Danforth, S., & Naraian, S. (2015). This New Field of Inclusive Education: Beginning a Dialogue on Conceptual Foundations. *Intellectual and developmental disabilities, 53*(1), 70–85.

Dolan, A. M. (2015). Education for sustainability: An inclusive, holistic framework for teacher education. Dans A. O'Donnell (Dir.), *The inclusion delusion? Reflections on Democracy, Ethos and Education* (pp. 133-149). Bern, Suisse: Peter Lang.

Fillion, P.-L., Bergeron, G., Prud'homme, L., & Traver Marti, J.-A. (2016). Conclusion. L'éducation à la citoyenneté démocratique: un enjeu fondamental associé au projet d'inclusion scolaire et aux pratiques de différenciation pédagogique. Dans L. Prud'homme, H. Duchesne, P. Bonvin et R. Vienneau (Dirs.), *L'inclusion scolaire: ses fondements, ses acteurs et ses pratiques* (pp. 153-166). Bruxelles, Belgique: De Boeck Supérieur.

Forlin, C. (2010). Reframing teacher education for inclusion. Dans. C. Forlin (Dir.), *Teacher Education for Inclusion: Changing paradigms and innovative approaches* (pp. 3-12). New York: Routledge.

Fourez, G. (1997). Qu'entendre par « îlot de rationalité » ? et par « îlot interdisciplinaire de rationalité » ? *Aster, 25,* 217-225.

Kolb, D. A. (1984). *Experiential Learning.* Englewood Cliffs, NJ: Prentice-Hall.

Larochelle-Audet, J., Borri-Anadon, C., Mc Andrew, M., & Potvin, M. (2013). *La formation initiale du personnel scolaire sur la diversité ethnoculturelle, religieuse et linguistique dans les universités québécoises: portrait quantitatif et qualitatif.* Rapport de recherche du CEETUM/ Chaire de recherche du Canada sur l'Éducation et les rapports ethniques. Montréal, Québec: Ministère de l'Éducation, du Loisir et du Sport.

Leblanc, M., Prud'homme, L., AuCoin, A., Guay, M.-H., Mainardi, M., & Forest, N. (2016). Le formateur en enseignement face aux défis de l'école inclusive: pistes de réflexion et d'action. Dans L. Prud'homme, H. Duchesne, P. Bonvin et R. Vienneau (Dirs.), *L'inclusion scolaire: ses fondements, ses acteurs et ses pratiques* (pp. 103-118). Bruxelles, Belgique: De Boeck Supérieur.

Lison, C., Bédard, D., Beaucher, C., & Trudelle, D. (2014). De l'innovation à un modèle de dynamique innovationnelle en enseignement supérieur. *Revue internationale de pédagogie de l'enseignement supérieur, 30*(1), 1-20.

Loreman, T. (2010). A content-infused approach to pre-service teacher preparation for inclusive education. Dans. C. Forlin (Dir.), *Teacher Education for Inclusion: Changing paradigms and innovatives approaches* (pp. 56-64). New York: Routledge.

Maingain, A., & Dufour, B. (2002). *Approches didactiques de l'interdisciplinarité.* (G. Fourez, dir.). Bruxelles: De Boeck & Larcier.

Ministère de l'éducation du Québec (MEQ). (1992). *Faire l'école aujourd'hui et demain: un défi de maître. Renouvellement et valorisation de la profession.* Québec: Direction de la générale de la formation et des qualification, Gouvernement du Québec.

Ministère de l'éducation du Québec (MEQ). (1998). *Une école d'avenir: politique d'intégration scolaire et d'éducation interculturelle.* Québec: Gouvernement du Québec.

Ministère de l'éducation du Québec (MEQ). (2001). *La formation à l'enseignement: les orientations, les compétences professionnelles.* Québec: Gouvernement du Québec.

O'Donnell, A. (2015). Beyond Hospitality: Re-Imagining inclusion in Education. Dans A. O'Donnell (Dir.), *The inclusion delusion ? Reflections on Democracy, Ethos and Education* (pp. 249-270). Bern, Suisse: Peter Lang.

Potvin, M., Borri-Anadon, C., Larochelle-Audet, J., Armand, F., Cividini, M., De Koninck, Z., Lefrançois, D., Levasseur, V., Low, B., Steinbach, M., & Chastenay, M.-H. (2015). *Rapport sur la prise en compte de la diversité ethnoculturelle, religieuse et linguistique dans les orientations et compétences professionnelles en formation à l'enseignement.* Montréal, Groupe de travail interuniversitaire sur les compétences interculturelles et inclusives en éducation, Observatoire sur la formation à la diversité et l'équité (OFDE).

Pratt, D. D. (Dir.). (2005). *Five perspectives on teaching in adult and higher education.* Malabar, FL: Krieger.

Prud'homme, L., & Bergeron, G. (2015). Diversité, étude de soi et engagement professionnel en formation initiale à l'enseignement. Dans F. Merhan, A. Jorro et J.-M. De Ketele (Dirs.), *Mutations éducatives et engagement professionnel* (pp. 83-98). Bruxelles, Belgique: De Boeck Supérieur.

Prud'homme, L., Vienneau, R., Ramel, S., & Rousseau, N. (2011). La légitimité de la diversité en éducation: réflexion sur l'inclusion. *Éducation et francophonie, 39*(2), 6-22.

Robichaud, A. (2015). Une perspective habermassienne sur la diminution de l'apport des sciences sociales et humaines dans les formations à l'enseignement. Dans A. Robichaud, M. Tardif & A. Morales Perlaza (Dirs.), *Sciences sociales et théories critiques dans la formation des enseignants* (pp. 19-46). Québec: Presses de l'Université Laval.

Robichaud, A., Tardif, M., & Morales Perlaza, A. (2015). *Sciences sociales et théories critiques dans la formation des enseignants.* Québec: Presses de l'Université Laval.

Russell, T. (1999). The challenge of change in teaching and teacher education. Dans J. R. Baird (Dir.), *Reflecting, teaching, learning: perspectives on educational improvement* (pp. 219-238). Cheltenham, Australia: Hawker Brownlow.

Shulman, L.S. (2004). *The Wisdom of Practice: Essays on Teaching, Learning, and Learning to Teach.* San Francisco: Jossey-Bass.

Slee, R. (2010). Political economy, inclusive education and teacher education. Dans. C. Forlin (Dir.), *Teacher Education for Inclusion: Changing paradigms and innovative approaches* (pp. 13-22). New York: Routledge.

Tardif, M. (2013). *La condition enseignante au Québec du XIXᵉ au XXIᵉ siècle. Une histoire cousue de fils rouges: précarité, injustice et déclin de l'école publique.* Québec: Presses de l'Université Laval.

UNESCO. (2017). *A guide for ensuring inclusion and equity in education.* UNESCO: Paris. Repéré à : http://unesdoc.unesco.org/images/0024/002482/248254E.pdf

Vienneau, R. (2004). Impact de l'inclusion scolaire sur l'apprentissage et sur le développement social. Dans N. Rousseau et S. Bélanger (Dirs.), *La pédagogie de l'inclusion scolaire* (pp. 25-152). Québec: Presses de l'Université du Québec.

CHAPITRE XII

LA FORMATION DES ENSEIGNANTS ET L'ÉDUCATION À LA DIVERSITÉ AU BRÉSIL: DILEMMES ÉMERGENTS ET PRATIQUES DE RÉSISTANCE

Juliane di Paula Queiroz Odinino
Gustavo Gonçalves

1. Introduction

Dans ce chapitre, nous aborderons les défis qui se posent dans le contexte actuel brésilien en ce qui concerne la formation des enseignants à la diversité, en cherchant à mettre en évidence des pratiques et des stratégies novatrices visant à résoudre de manière créative les dilemmes liés au programme et à l'accès à l'éducation. Ainsi, nous aborderons certaines tensions ainsi que leurs conséquences, tant sur la création de politiques que sur la consolidation de la formation des enseignants à la diversité, en mentionnant de nouvelles pratiques de résistance face aux bouleversements sociaux et politiques actuels. Nous proposons trois tensions que nous estimons centrales dans la formation des enseignants à la diversité aujourd'hui:

a) La tension politique, qui s'exprime à travers les évènements ayant conduit à la destitution de la présidente en mai 2016, l'abandon progressif des politiques publiques inclusives et la restriction graduelle des droits sociaux;

b) La tension épistémique, qui se situe entre, d'une part, la tendance presque inévitable à l'assimilation et au déni d'épistémologies diverses par le savoir occidental hégémonique et, d'autre part, la création ou la reconnaissance de savoirs alternatifs en Amérique latine, en marge du contexte de la production des connaissances scientifiques;

c) La tension institutionnelle, qui découle de la volonté d'accueillir la diversité et du risque de la transformer, à travers son institutionnalisation, en une catégorie abstraite qui finit par occulter les différences et les différents processus historiques de construction de l'inégalité.

Comme nous le verrons, de nouvelles pratiques ont émergé en réponse à l'une ou l'autre de ces tensions ou encore, de manière transversale, à plusieurs d'entre elles. Ces pratiques agissent sur les hiérarchies qui contrôlent la production, la systématisation et la transmission des connaissances aux différents publics et créent aussi de nouvelles tensions. Dans ce texte, nous discuterons de chacun de ces noyaux de tension schématiquement identifiés en tentant de retracer leurs spécificités et leurs différentes articulations.

Ainsi, dans la première section, nous nous interrogeons sur la tension politique découlant de la conjoncture brésilienne actuelle et sur les défis qu'elle engendre dans le domaine de la diversité et de l'inclusion. Ensuite, nous discutons de certaines initiatives fondées sur l'affirmation de l'égalité dans la différence qui, malgré le fait qu'elles renvoient à des tensions politiques et institutionnelles, s'appuient notamment sur une « désobéissance épistémique », comme l'affirme Mignolo (2008). Nous poursuivons en problématisant les programmes de formation spécifiques à différents publics en explorant les potentialités et les limites de la tension institutionnelle. Pour ce faire, dans chaque section, nous présentons quelques initiatives et expériences que nous considérons comme innovantes, transversales, voire révolutionnaires parce qu'elles donnent un nouveau sens à l'organisation du système éducatif comme nous le connaissons (les enseignants, les étudiants, le programme, les savoirs, la gestion) et qu'elles sont engagées dans la promotion de la justice sociale et de l'équité à partir d'une perspective de la différence. Selon nous, ces expériences permettent la circulation de savoirs divers et considèrent que l'éducation doit répondre à la diversité et contribuer au vivre-ensemble. Nous n'avons aucune prétention ici quant à la représentativité de ces expériences, mais nous espérons que ces exemples puissent soutenir la réflexion sur des initiatives interdisciplinaires, intersectionnelles et interépistémiques visant à promouvoir une éducation pour les différences. Finalement, nous présentons quelques expériences essentiellement transversales aux trois tensions qui réclament une formation organique à l'écoute des différentes réalités sociales.

2. La tension politique: la formation des enseignants face aux bouleversements politiques actuels

Le Brésil a une histoire de ruptures dans la conduite des politiques publiques dont les effets sont directs dans le domaine de l'éducation et de ses stratégies pour accueillir la diversité. Le plus récent virage a été favorisé par la consolidation, par les médias de grande envergure monopolisés par un réseau national de télévision privée, d'un discours hégémonique d'attaques partisanes contre la présidente élue. Il a mené à l'interruption de son mandat à la suite de démarches de destitution dont la légitimité est remise en question de manière importante. Le groupe qui a pris le pouvoir est engagé dans la réduction draconienne des politiques et des droits sociaux, qui se consolidaient graduellement depuis la promulgation de la Constitution fédérale en 1988. L'imposition d'un nouvel agenda politique néolibéral met de l'avant des politiques sociales qui s'inscrivent dans des tendances méritocratiques, technicistes et assistencialistes. Dans le domaine de l'éducation, le Brésil suit les tendances mondiales identifiées par Ball (2014), dont les deux axes principaux d'action sont l'intensification du soutien public à l'enseignement privé et la réforme de l'enseignement public à partir de principes provenant principalement du domaine de la gestion. Ces tendances traduisent une perspective managériale visant à répondre principalement aux besoins du marché du travail, en adaptant le programme d'éducation de base à ces derniers.

À la suite de la mise en place de ce nouvel agenda politique, les réactions des secteurs les plus conservateurs de la société n'ont pas tardé à gagner de la visibilité. Le programme *Programa Escola Sem Partido* (École sans parti), ayant émané de mouvements de la société civile en 2004, représente un exemple clair des avancées de ces secteurs. Rejetant les politiques antérieures d'inclusion et de diversification du curriculum, le mouvement se dit opposé à l'instrumentalisation de l'enseignement pour des fins politico-idéologiques, partisanes et électorales et est l'initiateur d'un projet de loi actuellement débattu, visant à empêcher les enseignants de prendre position sur des questions sensibles qui divisent l'opinion publique. En effet, ce mouvement a créé des mécanismes pour restreindre l'action des enseignants et pour les punir lorsqu'ils abordent des questions liées à la religion, à la sexualité ou à la politique, entres autres. Mentionnons que ce mouvement est fortement critiqué par divers groupes revendiquant une éducation démocratique, tels que les mouvements sociaux, les syndicats et les associations professionnelles défendant des perspectives critiques.

Dans ce contexte, la défense d'une formation universitaire des enseignants, qui soit de qualité et socialement engagée, devient une pratique de résistance. En effet, à l'inverse de la perspective conservatrice du nouvel agenda politique qui précarise et contraint les enseignants, elle favorise l'autonomie de ces derniers ainsi que leur rôle face à la diversification du programme. Ainsi, nous estimons que le rapprochement entre les pratiques de formation et les réalités locales est une voie de résistance que l'on peut constater actuellement à travers différentes initiatives dans tout le pays. Toutes ces initiatives soutiennent la lutte des différents groupes qui cherchent à être reconnus dans leurs multiples identités et représentés dans cet espace légitime de production et de circulation de savoirs et donc, de production de sens, qu'est le contexte éducatif.

Certaines de ces initiatives sont de nature institutionnelle, liées à des programmes de formation des enseignants; d'autres se réfèrent à des expériences qui combinent de façon créative de nouvelles possibilités de dialogue entre l'école et la société, notamment à partir du travail en partenariat avec les municipalités.

Dans le premier cas, il s'agit par exemple des programmes de formation des enseignants au niveau universitaire en éducation autochtone et en éducation rurale, qui ont été développés dans plusieurs universités publiques au cours de la seconde moitié des années 2000. En outre, d'autres programmes de formation continue ou de cycles supérieurs, qui mettent l'accent sur la formation des enseignants pour la diversité ethnoraciale et la diversité de genre, ont également été mis sur pied. Ces exemples seront discutés dans la section destinée à l'analyse des tensions institutionnelles.

Dans le second cas, il s'agit d'initiatives directement associées à la démocratisation de la gestion scolaire, qui agissent avec force sur les relations de pouvoir à l'école et sur l'organisation du travail enseignant, ce qui a des implications pour la formation des enseignants à la diversité. Par exemple, des expériences novatrices de gestion scolaire contribuent à la formation des éducateurs à partir des expériences concrètes qui ont lieu en stage. En effet, pour l'enseignant en formation, le stage d'enseignement est un moment privilégié de contact et d'intervention dans différentes réalités scolaires ayant leurs propres dynamiques et leurs propres tensions et dont le but est de mettre en pratique des concepts et des principes sous les conseils de professionnels expérimentés.

Examinons l'expérience de l'*Escola Cidadã* (École citoyenne). Ce terme, inventé initialement par Paulo Freire dans les années 1990, repose sur la coresponsabilité dans la gestion de l'éducation publique partagée entre le gouvernement, l'école et la communauté, dans une véritable collaboration, comme le prévoyait la Constitution brésilienne de 1988. L'École citoyenne et le *Orçamento Participativo de Porto Alegre* (Budget participatif de la ville de Porto Alegre) sont des exemples concrets d'initiatives transformatrices étant donné la gestion horizontale qu'elles mettent de l'avant au sein même des écoles ainsi que dans les relations entre ces dernières et les autorités municipales, les universités (à travers la formation des enseignants) et les communautés. Ces expériences constituent une alternative aux solutions néolibérales basées sur le marché, en attribuant au mot « public » son sens véritable, puisqu'elles reposent sur la participation active de la communauté. Puisqu'il a été reconnu de manière consensuelle que la participation avait besoin d'être nourrie, l'implantation de ce système s'est accompagnée, dès le départ, d'un programme de formation et d'information fondé sur les principes de l'administration populaire et du budget participatif. En plus d'encourager la participation des enseignants, des autres acteurs scolaires, des parents et des administrateurs, la création d'un système visant à assurer le suivi et la mise en œuvre des décisions prises collectivement a permis la participation démocratique de toutes les personnes concernées, y compris les étudiants en formation. Un tel système a permis d'évaluer en permanence la politique, de décider de la façon d'investir l'argent dans les écoles, d'assurer la représentation de chaque unité d'enseignement par leurs délégués et « la création d'un modèle éducatif qui a établi des mécanismes d'inclusion pour lutter contre une société qui marginalise les étudiants pauvres et leur refuse l'accès à des connaissances précieuses » (Gandin, 2013, p. 381, traduction libre). Ainsi, les ressources financières ont été décentralisées et transférées directement aux écoles, ce qui a rendu possible la mise en place, par le projet École citoyenne, d'innovations contrehégémoniques. La gestion démocratique constitue une expérience de formation continue pour tous les employés de l'école. Pour les futurs enseignants en stage, elle permet également l'apprentissage de l'exercice de la démocratie par le contact direct avec les tensions et les négociations entre différents acteurs dans différents contextes et par la reconnaissance des principales requêtes locales.

3. La tension épistémique: des initiatives de formation qui émergent du dialogue avec des publics diversifiés

Dans cette section, nous présentons quelques initiatives en cours qui cherchent à décoloniser les programmes universitaires et à offrir une alternative aux réseaux mondiaux d'influence et d'homogénéisation des programmes de formation des enseignants. De telles pratiques sont, à notre avis, des pratiques de résistance par la valorisation des différences et par la reconnaissance de la pluralité d'identités et de savoirs. Nous analysons d'abord le programme *Encontro de Saberes* (Rencontre de savoirs) qui encourage la formation interculturelle au sein de l'enseignement formel, l'intégration des arts et des savoirs traditionnels dans les programmes scolaires ainsi que la participation des maitres traditionnels dans l'enseignement. Ce programme est apparu pendant le vaste débat sur les politiques de discrimination positive initié en 1999, lorsque l'*Universidade de Brasília* (Université de Brasilia) a proposé un système de quotas pour favoriser l'accès des populations d'origine africaine et autochtone à l'enseignement supérieur, qui a engendré la réflexion nécessaire à l'effet que l'inclusion de ces populations devait s'accompagner de l'inclusion de leurs savoirs. En 2014, sept universités brésiliennes avaient mis en œuvre la *Rencontre de Savoirs* selon différentes variantes (Instituto Nacional de Ciência e Tecnologia de Inclusão no Ensino Superior e na Pesquisa [INCTI], 2015).

Ce programme peut être défini comme une intervention théorique et politique de type transdisciplinaire visant à décoloniser les connaissances enseignées dans les universités:

L'intervention proposée par la *Rencontre de Savoirs* implique une interprétation en dissonance avec celle que privilégie l'institution universitaire: elle suspend temporairement les critères de scientificité, de prestige et de productivité établis et implique nécessairement la redéfinition de ces critères (Carvalho et Flórez, 2014, traduction libre).

Cette proposition repose sur le fait que chaque université produit et organise les savoirs et les relations en fonction de ses particularités, mais surtout sur l'invitation de maitres traditionnels d'origine autochtone et africaine à dispenser des cours dans les programmes universitaires, établissant ainsi un dialogue interculturel systématique avec le monde universitaire. Ce faisant, ce programme « ébranle le modèle de base de l'enseignement supérieur à partir de quatre dimensions – ethnoraciale, politique, pédagogique et épistémologique » (INCTI, 2015, p. 10, traduction libre). En établissant une rencontre entre différents paradigmes civilisationnels, l'universitaire se trouve à mettre en œuvre une pratique interculturelle qui place les savoirs traditionnels à côté des savoirs scientifiques, ce qui permet le dialogue entre eux. Ainsi, elle va à l'encontre des processus d'invisibilisation et d'exclusion en cours depuis la colonisation. En outre, le programme *Rencontre de savoirs* favorise l'*empowerment* des étudiants des programmes de premier cycle de ces universités qui appartiennent à des minorités sociales et ethniques et qui ont souvent développé eux-mêmes une base de connaissances associées aux savoirs traditionnels relatifs aux soins de santé, aux formes d'éducation, aux plantes médicinales, à l'alimentation, aux techniques de construction, etc.

Le fait d'amener des maitres des communautés à enseigner dans les universités crée une grande tension institutionnelle, notamment en ce qui a trait aux contraintes bureaucratiques liées à la forme des contrats et aux règles budgétaires. N'ayant pas de diplômes universitaires qui leur permettent d'enseigner, leur contrat de travail ne correspond pas aux exigences prévues par le secteur public. Bien que des solutions créatives soient suggérées, elles se trouvent confrontées à des contestations au sein même de l'université à propos des savoirs à privilégier et de leur enseignement, que ce soit par des arguments idéologiques (savoirs à enseigner) ou bureaucratiques (formateurs à embaucher). Les établissements universitaires se trouvent ainsi confrontés à cause de leur tendance à promouvoir la culture hégémonique. La *Rencontre de savoirs* contribue donc à valoriser les communautés qui cherchent à travers l'université à accéder aux biens matériels et immatériels desquels ils ont été historiquement privés par le paradigme des savoirs dominants.

Une autre initiative intéressante relative aux programmes d'études est le cours *Experiências do sensível* (Expériences du sensible), qui doit être suivi par tous les étudiants de premier cycle de l'*Universidade Federal do Sul da Bahia* (Université fédérale du Sud de Bahia, UFSB). Il s'agit d'un cours dans lequel les étudiants sont invités à partager leurs expériences, leurs sentiments et leurs regards de façon horizontale et sans pression liée aux évaluations. Le professeur y joue un rôle de médiateur et évite de répondre aux attentes quant à des explications ou à des classifications claires et précises. Ce cours de 60 heures a pour objectif la discussion, l'analyse, la comparaison et la construction d'expériences sensibles destinées à provoquer et à susciter la curiosité et l'élaboration interdisciplinaire des savoirs. La relation avec le territoire est le thème qui traverse les expériences du sensible et potentialise les subjectivités. Cet espace stimule la création de groupes de pairs, favorise le vivre-ensemble et les échanges horizontaux et fait la promotion d'une approche créative face aux différents savoirs que les étudiants apportent à l'université, selon leurs parcours de vie. Il s'agit d'un espace démocratique ayant pour but de cerner leurs regards sur eux-mêmes, de les confronter avec ceux qui sont présents dans la société ainsi que de réfléchir sur la culture scolaire et sur les problèmes d'inégalité au sein de la formation. Il est important de noter que ce cours ne se construit pas autour de la transmission des connaissances, mais qu'il vise, à travers l'échange d'expériences singulières, historiques et régionales, à faire surgir des problématiques qui rendent possible la construction de savoirs.

4. La tension institutionnelle: la diversité comme point de départ et les limites des programmes de formation spécifiques à différents publics

Au Brésil, les conditions politiques ayant prévalu avant 2016, spécialement dans les années Lula, ont été favorables à l'adoption, par la voie institutionnelle, de politiques gouvernementales visant l'inclusion dans divers domaines. Dans le domaine de l'éducation, cela s'est traduit par l'expérimentation de nouvelles propositions de formation au niveau universitaire, qui ont eu un impact sur le profil des nouvelles cohortes et sur leur vision du monde (McCowan, 2016) et sur la création de programmes spécifiques pour la formation initiale des enseignants autochtones, des enseignants en milieu rural et des enseignants pour l'éducation des adultes, entre autres. Elles ont également permis la mise en place de nouveaux programmes de formation continue pour les enseignants en exercice sur les questions ethnoraciales, sur le genre ainsi que sur les jeunes en situation de vulnérabilité sociale. En outre, elles ont permis le recrutement par les universités d'étudiants aux profils plus diversifiés, notamment par le biais d'une politique de quotas.

Ces propositions de formation au niveau universitaire ont été propulsées par des groupes autochtones, des mouvements politiques et sociaux ainsi que par des organisations non gouvernementales, en collaboration avec les réseaux d'enseignement. Bien qu'elles cherchent à s'attaquer à l'essence des inégalités éducatives et à mettre en place une critique radicale face aux problèmes sociaux contemporains, elles peuvent s'institutionnaliser et ainsi devenir des pratiques réformistes. En effet, ces propositions répondent à des demandes historiques de certaines communautés privées de l'accès à l'éducation et victimes d'un processus par lequel l'école contribue traditionnellement à leur marginalisation. Cependant, cette même école, quand elle les accueille, court le risque de transformer la diversité des différents sujets dans une catégorie abstraite qui finit par cacher leurs différences et les différents processus historiques de construction de l'inégalité qu'ils subissent encore aujourd'hui.

Nous voulons mettre en évidence le programme de perfectionnement *Estudos de Gênero* (Le genre et la diversité à l'école, GDE) offert entre 2009 et 2016 par *l'Instituto de Estudos de Gênero da Universidade Federal de Santa Catarina* (Institut d'études sur le genre de l'Université fédérale de Santa Catarina, IGE USFC). Ce programme a eu pour but de questionner les normativités en ce qui concerne la sexualité, de problématiser la naturalisation de la vie sociale de même que les idéaux, toujours présents au sein de l'école, qui homogénéisent les corps et les discours à partir d'une logique monoculturelle. Cette expérience avant-gardiste, axée sur les thématiques du genre, de l'orientation sexuelle et des relations ethnoraciales et destinée aux professionnels de l'éducation de base du système scolaire public au Brésil, a été offerte à distance et en présentiel. Selon Graupe et Grossi (2014), le GDE a permis la création d'un espace de discussion collective sur le genre, la sexualité et l'homophobie dans diverses écoles, dans les milieux de travail des étudiants de Santa Catarina et des enseignants en exercice. L'étude de genre dans le contexte scolaire a permis de « [...] comprendre que nous naissons et vivons dans des temps, des lieux et des circonstances différents et spécifiques et qu'il existe de nombreuses façons de définir et de vivre la féminité et la masculinité » (Graupe et Grossi, 2014, p. 30). Les études de genre ont été largement attaquées par les groupes défenseurs de l'École sans parti en raison de la remise en cause des normes préétablies, de l'accent mis sur l'établissement de relations plus égalitaires ainsi que de la lutte contre toutes les formes de discrimination. Ces travaux engendrent des discussions, considérées historiquement comme controversées pour le contexte scolaire, et mettent en évidence les relations de pouvoir qui sous-tendent les différents espaces sociaux.

L'une des critiques de ce type de programmes souligne le fait qu'en se limitant à aborder ces thématiques sans prendre en compte le sens que les groupes concernés leur accordent, il a un potentiel limité, par sa tendance à reproduire certaines conceptions de l'enseignement et du professionnel de l'éducation. Selon Arroyo (2008), l'ouverture de l'université à la diversité reste conditionnée à une logique globale qui court le risque de l'instituer en inégalité. Il suggère que le moyen d'échapper à ce risque serait de ne pas voir ces initiatives, notamment l'accession à l'université de groupes traditionnellement exclus du système scolaire, comme des concessions, mais plutôt de les considérer comme un point de départ, une ouverture pour promouvoir de nouvelles pratiques en recherche, en enseignement et dans les autres espaces de production de connaissances. Pour l'auteur, l'accès à l'université par ces groupes doit donner lieu à une critique radicale des processus sociaux qui convertissent la diversité en inégalités sociales, que ces dernières se déploient à la campagne, en banlieue, dans les forêts, dans les communautés noires, *quilombolas*, autochtones, etc. Au sein de ces processus, l'université, le système scolaire et l'enseignement jouent tous un rôle. Ainsi, l'approche rationnelle des représentations sociales des Noirs, des autochtones, des jeunes de la banlieue ou des femmes dans le contexte d'une société discriminatoire et inégale, semble insuffisante, puisque les institutions éducatives, qui prétendent contribuer à la déconstruction des représentations stéréotypées, sont elles-mêmes constituées par une logique qui crée des divisions et renforce les préjugés.

Il semble donc crucial, dans la formation des éducateurs, de promouvoir la compréhension des façons dont les institutions légitiment les différences entre les groupes comme une simple inégalité sociale, à savoir la façon dont les mécanismes de contrôle et d'évaluation à l'œuvre au sein de l'école et entre les systèmes scolaires contribuent, étant donné leur logique classificatoire, à la production et à la légitimation de ces inégalités. Dans ce contexte, une formation des éducateurs orientée par la transformation, empruntant une approche postcritique et de résistance et insistant sur le rôle que la langue, la représentation et la territorialité jouent dans les contextes de formation des enseignants, devient plus que pertinente. En cohérence avec le multiculturalisme critique et de résistance (McLaren, 1997), qui soutient que les représentations de race, de classe et de genre sont le résultat de luttes sociales plus larges sur leurs signes et sur leurs sens, leur mise en valeur au sein de la formation doit s'accompagner de la tâche centrale de transformer les relations culturelles, sociales et institutionnelles dans lesquelles elles sont générées. Ces considérations reflètent selon nous à la fois la tension institutionnelle et la tension épistémique.

En effet, malgré un consensus apparent sur la nécessité d'une transformation institutionnelle, il existe peu d'espaces dans lesquels les enseignants en formation peuvent réfléchir sur la ségrégation et l'exclusion à l'œuvre dans leur institution de formation, l'université, et dans le système scolaire. Lorsque ces espaces existent, ils sont bien souvent organisés selon une logique institutionnelle qui les rend impuissants à promouvoir des transformations significatives dans le système. Ces constats renforcent la critique pessimiste affirmant que l'institution universitaire favorise la culture hégémonique dans laquelle elle s'est constituée, en annulant les différences exprimées par les groupes minoritaires qu'elle cherche à valoriser.

Compte tenu de la nécessité d'élargir cet espace institutionnel de critique ou d'autocritique, il est important de s'ouvrir à la dimension politique des savoirs et de promouvoir une horizontalité accrue entre ces savoirs de même que dans la gestion. Ainsi, le déploiement de la critique du *statu quo* et de la connaissance hégémonique ainsi que la reconnaissance, à partir de langages et d'expressions artistiques multiples, d'autres formes de savoir historiquement exclues, sont des pratiques contribuant à la redéfinition de cet espace qu'est l'université. Ces actions occupent désormais une place de résistance dans la mesure où « la culture discriminée crée l'idéologie de résistance qui, en fonction de son expérience de lutte, explique des formes de comportement plus ou moins pacifiques ou rebelles, plus ou moins violentes ou critiquement tournées vers la recréation du monde » (Freire, p. 19, 2001, traduction libre).

Toujours en considérant l'élargissement de ces espaces institutionnels pour une formation des enseignants engagée dans la diversité, il convient de mentionner les limites des institutions éducatives pour promouvoir l'égalité, ce qui est dénoncé de manière énergique par Rancière (2002). Pour lui, la tâche quasi inexorable de l'enseignement est l'affirmation et la conservation d'une distance entre l'égalité future et l'inégalité actuelle qui finit par justifier le maintien de l'ignorant à sa place, grâce à des mécanismes apparemment innocents et apolitiques comme l'explication. Pour Rancière, l'explication finit par diviser le monde entre ceux qui la donnent et ceux qui la reçoivent. Ces derniers, reconnus comme « en ayant besoin », se trouvent conséquemment placés dans une situation de dépendance et de désavantage, alors que l'institution éducative promet de la réduire, voire de l'effacer. Comme alternative à cette impasse, Rancière (2002) suggère que l'égalité soit toujours le point de départ et jamais la visée, une sorte d'axiome ou d'hypothèse de travail qui favorise la pensée, l'expérience et l'invention.

5. Les nouvelles relations de pouvoir, les nouveaux savoirs et les nouvelles institutions éducatives: les initiatives transversales basées sur l'occupation radicale de l'espace comme expérience de résistance

Bien que les liens entre les exemples de pratiques innovantes et les trois tensions identifiées comme centrales dans l'état actuel de la formation des enseignants à la diversité au Brésil soient plutôt schématiques et qu'aucune expérience ne se limite à l'un d'eux, nous présentons dans cette section une expérience récente qui les articule de façon dynamique.

Le récent mouvement étudiant en résistance aux réformes éducatives autoritaires témoigne de nouvelles dynamiques d'appropriation de l'espace scolaire et de réflexion sur ce dernier. Les occupations des écoles et des universités par des étudiants depuis 2015 à Sao Paulo et dans tout le pays en 2016 ont instauré une nouvelle façon de discuter et de faire de la politique. En effet, les mouvements étudiants dans tout le pays ont unifié leurs luttes contre les réformes politiques. En 2016, plus de 1 000 institutions ont été occupées par les étudiants.

De nombreux formateurs-chercheurs universitaires ont suivi de près ce mouvement et l'ont considéré, de concert avec les étudiants, comme une occasion de production commune de savoirs et de discussions. En effet, selon Sordi (2016), ce mouvement s'est caractérisé par le passage des étudiants d'un état passif à un état actif, ce qui a créé un espace de liberté face aux exigences du système d'enseignement et à la politique d'austérité que l'État met actuellement en œuvre. Ses revendications abordent notamment le renforcement des principes de gestion démocratique et de flexibilité du programme scolaire, la création de nouveaux espaces de participation, des changements liés aux questions de genre ainsi que l'émergence d'une vision positive de la diversité (Campos, Medeiros et Ribeiro, cités dans Moraes et Ximenes, 2016), ce qui converge avec la recherche d'une formation pour la diversité encore plus inclusive et intégratrice. Les occupations ont également été marquées par l'émergence de revendications de participation et d'autonomisation, qui étaient jusqu'alors à peine perceptibles dans les espaces éducatifs publics historiquement marqués par la dévalorisation de l'éducation.

Un tel processus d'appropriation et de reconnaissance a développé chez les étudiants un sentiment d'appartenance et d'identification à l'espace scolaire, un fait rare compte tenu de leur perception de l'école, historiquement marquée par l'autoritarisme des savoirs, la violence symbolique et la légitimation de l'exclusion sociale. La consolidation d'une communauté organiquement constituée à l'initiative des étudiants, basée principalement sur la défense du droit à la connaissance représente un autre gain significatif de ce mouvement. Les jeunes femmes leaders ont été les premières à s'organiser et à être à la tête des mobilisations, accordant ainsi de la visibilité et de l'*empowerment* aux femmes revendiquant des structures plus démocratiques, politisées, diversifiées et inclusives pour cet espace de production de connaissances.

L'expérience d'occupation de l'*Universidade Federal Fluminense* (Université Fédérale Fluminense) par les étudiants en formation à l'enseignement a mis l'accent sur la production de savoirs relatifs à la diversité dans un moment de lutte. Lors de cette occupation, les principales revendications portaient sur la lutte contre toutes les formes de discrimination, notamment celles qui limitent l'accès et la rétention des étudiants appartenant à des groupes minoritaires à l'université et qui remettent en cause leurs droits acquis. Face à cette occupation, les activités de formation ont adopté une forme plus horizontale et incluent de nombreux moments d'échange et de nombreuses activités artistiques, dont du théâtre, du ciné-débat et des conférences, au cours desquelles les étudiants et les formateurs ont mis en pratique le dicton pédagogique voulant que celui qui enseigne, apprend et celui qui apprend, enseigne aussi. Par exemple, les étudiants, sous la responsabilité de la professeure Mylene Cristina Santiago, ont été invités à déposer le rapport des activités pédagogiques développées pendant l'occupation en tant que bilan de stage. Ce faisant, l'engagement des étudiants a été reconnu et les savoirs produits dans ce contexte de lutte, légitimés. La structuration de ce mouvement collectif au sein des activités permet de politiser la formation des enseignants et le profil de l'enseignant-éducateur, mais également de conduire à un processus de redéfinition de l'espace institutionnel en démontrant une résistance épistémique à la connaissance hégémonique transmise à l'école.

6. Considérations finales

Notre objectif initial était de problématiser les défis et de rendre compte, dans un contexte politique d'adversité quant à la mise en œuvre de politiques équitables, des possibilités de formation des enseignants face à la diversité. À partir des différentes initiatives présentées, quelques questionnements théoriques et pratiques, quoique non exhaustifs, émergent: la question épistémologique de la place des savoirs dans le contexte postcolonial brésilien et de ses implications pour le programme; la question de la diversité, de l'égalité et des différences sociales; la question de la hiérarchie des savoirs et des acteurs au sein des institutions d'enseignement; la question de l'exclusion historique de certaines communautés dans les décisions scolaires, notamment. Ces questions créent des tensions résultant de forces opposées qui cherchent à les diriger de différentes façons: d'un côté, une pression hégémonique visant à réformer l'enseignement public selon les principes strictement méritocratiques et adaptés aux exigences du marché du travail et de l'autre, des pressions pour une éducation ouverte à la diversité et à la promotion de la reconnaissance des besoins des groupes minoritaires.

Comme nous l'avons abordé de manière schématique, ces tensions opèrent sur les plans politique, épistémique et institutionnel, de façon plus ou moins forte pour chacun d'entre eux. En engendrant des pratiques innovantes qui cherchent à leur répondre, ces mêmes tensions se voient redéfinies. Ainsi, nous avons présenté une série d'expériences, dont certaines très récentes, avec l'intention de compiler ces cas singuliers plutôt que de les considérer comme exemplaires. Ces expériences nous permettent de souligner les possibilités de la créativité et de l'innovation dans la recherche d'alternatives viables et ouvertes aux défis d'une pratique d'enseignement axée sur la diversité. Les tensions qui règnent dans la formation des enseignants et dans les pratiques de ces derniers invitent à se tourner vers les dimensions contextuelles qui orientent l'action, à procéder à un examen continu des différents rôles des acteurs impliqués sans avoir une perspective de diffusion des savoirs définie au préalable. Cela rend possible la problématisation constante de cette perspective et constitue, par le fait même, une condition inhérente à une pratique enseignante qui tient compte des différentes variables culturelles, sociales et politiques.

Selon nous, cette problématisation est indispensable à une formation des enseignants à la diversité, dans la mesure où elle favorise une prise de conscience des conditions politiques et sociales de la production des savoirs dans un contexte donné, plus ou moins marqué par des pratiques de résistance ou de *statu quo* face à certaines tendances nationales ou globales. Compte tenu de la richesse des initiatives présentées et des multiples ajustements possibles face à la complexité sociale et politique de tout contexte, nous ne proposons pas de lecture universelle, ni de modèle. Nous cherchons plutôt à présenter ces initiatives avec l'espoir qu'elles puissent servir d'invitation à la réflexion et, peut-être, d'inspiration à des recherches, à des alternatives et à des inventions futures.

Références

Arroyo, M. (2008). Os coletivos diversos repolitizam a formação. Dans J. E. Diniz-Pereira, & G. Leão (Dirs.), *Quando a diversidade interroga e formação docente* (pp. 11-36). Autêntica.

Ball, S. (2014). *Educação Global S. A.: Novas redes políticas e o imaginário neoliberal.* Ponta Grossa: UEPG.

Carvalho, J., & Florez, J. F. (2014). Encuentro de saberes: proyecto para decolonizar El conocimiento universitário eurocéntrico. *Nómadas*, (41).

Freire, P. (2001). *Política e educação: ensaios* (5ᵉ éd.). São Paulo: Cortez.

Gandin, L. A. (2013). Democratização da gestão nas escolas municipais de Porto Alegre no contexto do projeto Escola Cidadã. Dans M. W. Apple, S. J. Ball et L. A. Gandin (Dirs.), *Sociologia da Educação: análise internacional* (pp. 380-389). Porto Alegre: Penso.

Graupe, M. E., & Grossi, M. P. (2014). Superando obstáculos: a implementação do GDE em Santa Catarina. Dans O. R. Z. Garcia, M. P. Grossi et M. E. Graupe (Dirs.), *Gênero e Diversidade na Escola: desafios da formação em Gênero, Sexualidades e Diversidades Étnico-raciais em Santa Catarina* (pp. 13-31). Tubarão: Copiart.

Instituto Nacional de Ciência e Tecnologia de Inclusão no Ensino Superior e na Pesquisa (INCTI). (2015). *Seminário Encontro de Saberes nas Universidades: Bases para um Diálogo Interepistêmico*. Documento Técnico.

McCowan, T. (2016). Forging Radical Alternatives in Higher Education: The Case of Brazil. *Other Education: The Journal of Educational Alternatives, 5*(2), 196-220.

McLaren, P. (1997). Multiculturalismo Crítico. São Paulo: Cortez.

Mignolo, W. (2008). Desobediência epistêmica: a opção descolonial e o significado de identidade em política. *Cadernos de Letras da UFF – Dossiê: Literatura, língua e identidade, 34*, 287-324.

Moraes, C. S. V., & Ximenes, S. B. (2016). Políticas Educacionais e a Resistência Estudantil: Apresentação. *Educação e Sociedade.*, Campinas, *37*(137), 1079-1087.

Rancière, J. (2002). O mestre ignorante: cinco lições sobre a emancipação intelectual. Belo Horizonte: Autêntica.

Sordi, D. N. (2016). Os estudantes ainda estão famintos! ousadia, ocupação e resistência dos estudantes secundaristas no Brasil. *Religacion, 1*(2), 25-43.

CONCLUSION

Corina Borri-Anadon
Marilyne Boisvert
Gustavo Bruno Bicalho Gonçalves

À première vue, la comparaison entre le Québec et le Brésil ne relève pas de l'évidence. Les deux contextes sont extrêmement différents sur plusieurs plans : social, démographique, géographique, économique, politique. Dans cet ouvrage, la formation des éducateurs en contexte de diversité ethnoculturelle a été examinée à la lumière de différentes contributions québécoises et brésiliennes. Il peut apparaitre complexe, voire délicat, d'établir une comparaison sans procéder à une simplification des deux contextes et, dans le cas qui nous intéresse, des rapports entretenus entre les orientations et les pratiques de formation des éducateurs et la diversité ethnoculturelle. Compte tenu de leur caractère situé, tant géographiquement que théoriquement, les chapitres constitutifs de cet ouvrage ne peuvent prétendre à un portrait exhaustif des deux sociétés. En effet, comme le mentionnent Perez, Groux et Ferrer (2002), l'éducation comparée exige une réflexion sur l'altérité, la connaissance et le respect de l'autre. Dans ce sens, afin d'éviter le risque de cristalliser, voire d'essentialiser, ce qui appartient à l'un ou l'autre des contextes, nous centrons cette conclusion sur des défis communs émergents, permettant d'amorcer une réflexion qui traverse les frontières.

Les textes de Mc Andrew et Audet (Québec) et de Kaschny Borges et Lunardi Mendes (Brésil) visaient à fixer des points de repère et à poser les jalons nécessaires pour soutenir la perspective comparative en présentant les spécificités des deux contextes en matière de diversité ethnoculturelle. La mise en parallèle de ces contributions témoigne que ces deux sociétés présentent des différences significatives, entre autres en ce qui concerne leur poids démographique et les groupes qui composent la diversité. En effet, la province de Québec, qui compte plus de 8 millions d'habitants (Institut de la statistique du Québec, 2015), se caractérise par une diversité ethnoculturelle provenant essentiellement de l'immigration récente, où l'esclavage n'a joué qu'un rôle mineur et où la population autochtone a été largement marginalisée sur le plan démographique. La diversité et la présence des groupes racisés émanent principalement de l'immigration relativement récente. En effet, le Québec est une société plurielle depuis son origine, mais qui connait plus récemment une diversification de sa population et qui affiche un très haut niveau d'immigration par habitant. À l'opposé, le Brésil, le plus grand pays de l'Amérique du Sud, regroupe 26 états fédérés et un district fédéral. Sa population, de plus de 203 millions d'habitants (*Instituto Brasileiro de Geografia e Estatísticas*, Institut brésilien de géographie et de statistique [IBGE], 2014), se caractérise par une grande diversité ethnique, culturelle et linguistique. Il s'agit du résultat de l'amalgame des peuples originaires avec les descendants d'Afrique et les flux migratoires européens, qui, pour l'essentiel, remontent à plusieurs décennies (IGBE, 2012). Ainsi, le contexte brésilien s'est préoccupé de l'inclusion sociale et éducative des groupes minoritaires, tout particulièrement des communautés noires issues de son passé esclavagiste et des communautés autochtones. Malgré ces différences, de nombreux points communs existent entre ces deux contextes, tant en ce qui concerne les encadrements généraux et les pratiques de terrain que les défis soulevés. Le Brésil et le Québec partagent des pouvoirs similaires relativement à l'élaboration de politiques éducatives sur leur territoire et se sont dotés de cadres normatifs quant à la prise en compte de la diversité dans l'éducation formelle et informelle. De plus, on constate des défis similaires quant à la mise en œuvre d'une école inclusive. Ces défis sont notamment liés à la reconnaissance de leur histoire coloniale, esclavagiste et assimilationniste ainsi qu'à leurs impacts contemporains sur les populations racisées et autochtones. La nécessité d'un espace de scolarisation commun, adapté à tous les élèves et qui s'inscrit réellement dans les visées d'équité de l'approche inclusive, constitue un questionnement dans les deux sociétés.

En abordant les convergences et divergences entre paradigmes interculturel et inclusif, les textes de Potvin (Québec) et dos Santos témoignent de leur incidence sur les discours normatifs au Québec et au Brésil. Alors que Potvin remet en question le maintien d'un discours normatif interculturel dans les politiques éducatives ne prenant qu'en partie en compte les orientations internationales, où est privilégiée l'approche inclusive plutôt basée sur le paradigme de l'équité et sur les droits de la personne, dos Santos met de l'avant la nécessaire articulation de ces deux paradigmes, notamment l'apport de l'interculturel permettant de prendre en compte des réalités spécifiques que le paradigme inclusif pourrait occulter. Ainsi, bien que le Québec et le Brésil semblent s'inscrire dans des dynamiques différentes, voire inverses, c'est l'articulation entre ces deux paradigmes qui émerge ici comme un défi qui leur est commun.

Les chapitres de Larochelle-Audet, Magnan, Potvin et D'Arrisso (Québec) et de Santiago et Fleuri (Brésil) ont fait ressortir des enjeux qui émanent de la formation des enseignants et des directions scolaires quant à la diversité ethnoculturelle. D'une part, les auteurs partagent le constat d'un effectif des enseignants et des directions scolaires peu représentatif de l'hétérogénéité qui marque chacun des contextes. D'autre part, on déplore des lacunes au plan de la formation dans les établissements universitaires, où l'offre de cours s'avère relativement limitée en ce qui concerne la prise en compte de la diversité ethnoculturelle. Au Québec, on attribue notamment ce problème à la maigre place occupée par la diversité dans les documents ministériels pour la formation initiale, alors qu'au Brésil, malgré des avancées dans les directives nationales, la situation sociopolitique rend difficile leur promotion et leur consolidation. Ainsi, certains défis communs se dégagent : d'une part, la faible répercussion des orientations pluralistes en matière de préparation du personnel scolaire dans les programmes de formation et, d'autre part, la dérive managériale qui uniformise le travail éducatif et son organisation, ce qui questionne du même coup la place attribuée à la diversité des pratiques professionnelles et celle des formateurs eux-mêmes.

À la lecture des contributions de Hirsch (Québec) et de Cecchetti et Fleuri (Brésil), qui se penchent spécifiquement sur la formation des enseignants à la diversité religieuse, il est possible de constater une divergence importante concernant la présence ou non d'orientations quant à la formation des enseignants à cet égard. Malgré cet écart important sur le plan normatif, les deux sociétés se rejoignent dans le fait que cette formation fait l'objet de débats sociaux tendus, ce qui exige des enseignants formés à traiter de la diversité religieuse de façon contextualisée et en regard d'autres problématiques sociales. En outre, dans les deux contextes, cette formation est confrontée aux défis de la sélection des réalités religieuses à aborder dans le curriculum ainsi que de la complexité et de l'étendue des connaissances nécessaires pour la traiter adéquatement.

S'intéressant tous les deux à des dispositifs de formation visant la préparation d'enseignants autochtones, les textes de Ouellet (Québec) et d'Orço et Dill (Brésil), rappellent qu'il est essentiel, bien qu'il s'agisse là d'un substantiel défi, que la formation des futurs enseignants autochtones soutienne la mobilisation des communautés dans une perspective d'autodétermination et de reconnaissance de leurs savoirs et expériences. Il devient ici évident que la diversité doit en effet prendre sa place et se présenter, plutôt que seulement être représentée.

De leur côté, les chapitres de Borri-Anadon, Prud'homme, Ouellet et Boisvert (Québec) ainsi que de Odinino et Gonçalves (Brésil) appellent à dépasser les modèles de formation actuels en proposant des approches novatrices capables de reconnaitre la complexité du monde dans lequel elles se déploient. Du côté brésilien, on démontre la pertinence d'une formation critique et de résistance, d'un élargissement des espaces de formation et d'une remise en question de la hiérarchie des savoirs et des acteurs dans les établissements d'enseignement. Au Québec, on remet en cause la tendance institutionnelle à se centrer sur les différences interindividuelles, sur une perspective adaptative et sur une logique d'addition des marqueurs de la diversité. Dans les deux contextes, l'innovation en formation initiale apparait autant comme un défi que comme une solution pour assurer l'adéquation des programmes de formation avec une perspective inclusive, à savoir des programmes qui mettraient en lumière l'intersection entre les différents marqueurs de la diversité et qui se voudraient interdisciplinaires et systémiques. On aspire ainsi à ce que des transformations institutionnelles aient lieu de sorte que les éducateurs puissent développer un esprit critique quant à la construction des différences et quant à leur(s) possible(s) intersection(s).

Finalement, en dépit de leurs différences à plusieurs égards, le Québec et le Brésil présentent certains défis convergents relativement à la prise en compte de la diversité dans la formation des éducateurs. Selon nous, ces défis s'organisent autour de trois articulations entre diversité et formation des éducateurs qui ont émergé des contributions :

1) une formation qui appréhende la diversité comme objet ou contenu, notamment à travers la prise en compte de ses différents marqueurs. Cette première articulation est traversée par des tensions épistémiques, concernant notamment la portée de la reconnaissance des réalités et savoirs des groupes minoritaires dans le curriculum;

2) une formation qui considère la diversité comme spécificité des publics, notamment par la prise en compte des groupes minoritaires en présence chez les élèves ou les éducateurs eux-mêmes. Cette seconde articulation met en lumière les tensions institutionnelles liées à la prise en compte effective

de la diversité dans les pratiques de formation, notamment à travers la représentation des éducateurs issus de groupes minoritaires, mais également à travers certaines contraintes et pratiques de gestion institutionnelles qui peuvent réduire la prise en compte de la diversité à un ensemble déterminé de pratiques jugées « efficaces »;

3) une formation qui conçoit la diversité en tant que finalité du dispositif formatif par la recherche et l'implantation de pratiques plus critiques et transformatives. Cette troisième articulation met de l'avant la tension politique, et plus particulièrement les défis toujours actuels qu'entraine la résurgence des discours conservateurs tant au Brésil qu'au Québec, auxquels est confrontée la formation des éducateurs en contexte de diversité.

Ces trois articulations et leurs tensions, qui s'imbriquent et se nourrissent mutuellement, traversent les contributions composant cet ouvrage. Ces constats confirment la pertinence de la perspective comparative annoncée en introduction, à la fois pour approfondir la compréhension des contextes à l'étude mais également pour mieux cerner les solutions adaptées pour chaque contexte. Nous souhaitons qu'ils puissent également servir à éclairer la situation d'autres contextes ou pays de même qu'à contribuer à la réflexion sur la formation des éducateurs en contexte de diversité, incluant d'autres marqueurs de la diversité sociale.

Références

Instituto brasileiro de geografia e estatisticas (IBGE). (2012). *Censo demografico 2010. Características gerais da população, religao e pessoas comdeficiência.* Brasilia: Ministerio do Planejamento, Orçamento e Gestao.

Instituto brasileiro de geografia e estatisticas (IBGE). (2014). *Pesquisa Nacional por Amostra de Domicílios Contínua.* Brasilia: Diretoria de Pesquisas, Coordenação de Trabalho e Rendimento.

Institut de la statistique du Québec (ISQ). (2015). Bilan démographique du Québec. Repéré à : http://www.stat.gouv.qc.ca/statistiques/ population-demographie/bilan2015.pdf. Québec : Gouvernement du Québec.

Perez, S., Groux, D., & Ferrer, F. (2002). Éducation comparée et éducation interculturelle: éléments de comparaison. Dans P. R. Dasen et C. Perregaux (Dirs.), *Pourquoi des approches interculturelles en sciences de l'éducation* (pp. 49-65). Paris : De Boeck Supérieur.

LISTE DES AUTEURS

Geneviève Audet
Geneviève Audet est professeure au Département d'éducation et formation spécialisées de l'Université du Québec à Montréal. Elle s'intéresse aux encadrements et aux programmes liés à l'intégration des immigrants et à l'éducation interculturelle, à la réussite scolaire des élèves issus de l'immigration et aux relations école-famille immigrante-communauté.

Marilyne Boisvert
Marilyne Boisvert est chargée de cours à l'Université du Québec à Trois-Rivières, où elle termine actuellement une maitrise en éducation. Elle s'intéresse à la didactique de la grammaire et de l'orthographe ainsi qu'aux pratiques inclusives d'enseignement de l'écriture en contexte de diversité linguistique.

Martha Kaschny Borges
Martha Kaschny Borges est professeure en didactique de l'enseignement supérieur à l'*Universidade do Estado de Santa Catarina*. Elle s'intéresse notamment à l'usage des technologies de l'information et des communications dans l'enseignement. Elle est chercheuse active et subventionnée dans le domaine de l'éducation interculturelle et inclusive.

Corina Borri-Anadon
Corina Borri-Anadon est professeure au Département des sciences de l'éducation de l'Université du Québec à Trois-Rivières. Ses travaux de recherche interrogent à la fois le champ de l'adaptation scolaire et celui des rapports ethniques en éducation et se développent autour de trois axes clés : la prise en compte de la diversité ethnoculturelle, religieuse et linguistique dans la formation du personnel scolaire, les

enjeux d'inclusion-exclusion en adaptation scolaire et les pratiques des professionnels paramédicaux dans l'espace scolaire.

Elcio Cecchetti

Elcio Cecchetti enseigne dans le programme de cycles supérieurs en éducation à l'*Universidade comunitária da Região de Chapecó*. Il détient un doctorat en éducation de l'*Universidade federal de Santa Catarina* et est co-directeur du groupe de recherche *Ethos, Alteridade e Desenvolvimento* de l'*Universidade regional de Blumenau*. Il s'intéresse notamment à la formation continue des éducateurs, à la diversité culturelle, à l'enseignement religieux, à l'interculturalité, à la laïcité et aux droits humains.

David D'Arrisso

David D'Arrisso est professeur adjoint au Département d'administration et de fondements de l'éducation de l'Université de Montréal. Il s'intéresse notamment à la formation du personnel scolaire, aux théories des organisations en éducation et à l'analyse des politiques éducatives.

Teresa Machado da Silva Dill

Teresa Machado da Silva Dill est professeure titulaire dans le domaine des sciences humaines et sociales de l'*Universidade comunitária da Região de Chapecó*. Ses intérêts de recherche portent sur les thématiques suivantes : développement régional, politiques publiques et gouvernance, inégalités sociales, diversités socioculturelles et pratiques éducatives.

Reinaldo Matias Fleuri

Reinaldo Matias Fleuri est professeur titulaire retraité de l'*Universidade federal de Santa Catarina* et actuellement professeur invité senior à l'*Instituto federal catarinense*. Il coordonne un réseau international de recherche développé par le groupe de recherche *Educação intercultural e movimentos sociais*.

Liste des auteurs

Gustavo Gonçalves

Gustavo Gonçalves est professeur adjoint à l'*Universidade federal do Sul da Bahia*. Ses projets de recherche s'intéressent aux politiques et à la gestion de l'éducation en ce qui concerne le travail enseignant, l'éducation rurale et l'éducation inclusive. Il a réalisé un postdoctorat sur l'inclusion scolaire à l'Université de Montréal.

Sivane Hirsch

Sivane Hirsch est professeure au Département des sciences de l'éducation à l'Université du Québec à Trois-Rivières. Elle s'intéresse à la prise en compte de la diversité culturelle et religieuse à l'école et à la formation initiale et continue des enseignants à cet égard, ainsi qu'au rôle que joue l'école dans la construction identitaire de jeunes qui font partie de cette diversité. Ses recherches actuelles portent sur le traitement des thèmes sensibles liés à des marqueurs religieux, sur le climat interculturel dans les écoles québécoises et sur la perception des jeunes adultes de la religion.

Julie Larochelle-Audet

Julie Larochelle-Audet est doctorante en éducation comparée et fondements de l'éducation à l'Université de Montréal. Ses travaux de recherche interrogent la prise en compte de la diversité ethnoculturelle relativement à la formation et au travail enseignants, ainsi que les rapports de pouvoir s'y articulant.

Marie-Odile Magnan

Marie-Odile Magnan est sociologue de l'éducation et professeure agrégée au Département d'administration et fondements de l'éducation de l'Université de Montréal. Ses intérêts de recherche portent sur l'analyse des enjeux culturels et linguistiques en éducation. Ses recherches portent sur les inégalités scolaires et sur les pratiques d'équité en milieu pluriethnique. Elle travaille également sur les parcours identitaires, scolaires et postsecondaires des jeunes issus de groupes minoritaires.

Marie Mc Andrew

Marie Mc Andrew est professeure émérite au Département d'administration et fondements de l'éducation de l'Université de Montréal. Elle est spécialisée dans l'éducation des minorités et l'éducation interculturelle et reconnue comme chef de file dans le domaine. Sa contribution à la compréhension des facteurs influençant la réussite éducative des élèves issus de l'immigration et des conditions favorisant l'adaptation institutionnelle à la diversité au Québec et dans une perspective comparative est significative ainsi que son apport au développement des politiques publiques en ces matières.

Geovana Mendonça Lunardi Mendes

Geovana Mendonça Lunardi Mendes est professeure associée à l'*Universidade do Estado de Santa Catarina*. Elle s'intéresse à la problématique du curriculum enseignant et aux pratiques scolaires, notamment en ce qui concerne les questions relatives aux changements et innovations curriculaires visant l'inclusion des élèves handicapés.

Juliane di Paula Queiroz Odinino

Juliane di Paula Queiroz Odinino est professeure et coordonnatrice de recherche et de formation continue à la *Faculdade municipal de Palhoça*. Elle est membre de *l'Instituto de estudos de gênero* de l'*Universidade federal de Santa Catarina* et chercheure à l'*Observatório de práticas escolares* de l'*Universidade do Estado de Santa Catarina*. Elle s'intéresse aux problématiques liées à l'anthropologie de l'éducation, l'étude de genres, les cultures de l'enfance, la technologie et les médias de masse.

Claudio Luiz Orço

Claudio Luiz Orço est professeur titulaire et directeur des études de premier cycle à *l'Universidade do Oeste de Santa Catarina*. Ses intérêts de recherche et projets en cours portent sur les thématiques suivantes:

multiculturalisme, éducation autochtone, politiques et gestion de l'éducation, éthique et société, politiques municipales d'éducation.

Katryne Ouellet

Katryne Ouellet complète actuellement une maitrise en éducation à l'Université du Québec à Trois-Rivières. Ses intérêts de recherche portent sur la didactique des sciences humaines, les pédagogies actives, les milieux non formels de l'éducation et la culture à l'école. Dans le cadre de son projet de maitrise, elle s'intéresse aux enjeux associés à l'appropriation de la plateforme numérique *ÉducArt* élaborée par le Musée des beaux-arts de Montréal par des enseignants du secondaire.

Sylvie Ouellet

Sylvie Ouellet est professeure titulaire à l'Université du Québec à Trois-Rivières, plus spécifiquement en adaptation scolaire et sociale. Elle s'intéresse à la relation authentique et à la créativité en éducation. Ses projets de type recherche-action-intervention portent principalement sur l'accompagnement de milieux scolaires autochtones atikamekw visant la réussite et la diplomation des jeunes. Elle dirige actuellement un projet de recherche sur l'évaluation des besoins des élèves autochtones par les acteurs scolaires.

Maryse Potvin

Maryse Potvin est politologue et sociologue de formation, professeure titulaire en sociologie de l'éducation à l'Université du Québec à Montréal, codirectrice de l'Observatoire sur la formation à la diversité et l'équité. Ses travaux portent sur le racisme et les discriminations, sur les médias et les discours sociaux, sur les questions identitaires et la radicalisation, sur les jeunes des minorités racisées, sur l'éducation et sur la formation antiraciste, inclusive et aux droits humains.

Luc Prud'homme

Après avoir œuvré comme enseignant, directeur d'établissement scolaire et conseiller pédagogique au Nouveau-Brunswick, au Yukon, en Alberta et au Québec, Luc Prud'homme est actuellement codirecteur du Laboratoire international de recherche sur l'inclusion scolaire et professeur au Département des sciences de l'éducation de l'Université du Québec à Trois-Rivières. Il s'intéresse au changement en éducation et à la perspective de différenciation pédagogique en enseignement. Ses champs de recherche sont la formation initiale et continue du personnel scolaire, les méthodes de recherche participative et les pratiques pédagogiques plus sensibles à la diversité des apprenants.

Mylene Cristina Santiago

Mylene Cristina Santiago est professeure au Département de Société, éducation et connaissances de l'*Universidade federale fluminen*se, où elle intervient en formation des enseignants et dans le programme de cycles supérieurs en éducation. Elle est chercheure à l'Observatório internacional de inclusão, interculturalidade e inovação pedagogica et se spécialise dans les études sur le curriculum et sur la problématique des politiques publiques en relation avec l'inclusion en éducation.

Mônica Pereira dos Santos

Mônica Pereira dos Santos est professeure associée à la faculté d'éducation de l'*Universidade federal do Rio de Janeiro*. Elle possède une ample expérience en enseignement et en recherche en éducation, notamment en ce qui concerne les thématiques suivantes : culture, politiques et pratiques d'inclusion, interculturalité en éducation, droits humains, formation des éducateurs.

Collection Education Inclusive et Partenariats

Inclusive Education and Partnerships Book Series

Book series editor: Danielle Zay

Publishing Books in English or French or Spanish

Cette collection vise à approfondir le sens et les mises en oeuvre de l'éducation inclusive. Elle part du principe que tout citoyen d'une société démocratique a droit à une éducation lui permettant d'exercer et de développer toutes ses capacités. La différence, biologique, psychologique, culturelle, ethnique, sociale, n'est pas conçue comme un stigmate qui exclut mais comme une ressource et une richesse pour le vivre et le faire ensemble. L'éducation inclusive est ainsi conçue au sens fort de partage et de partenariat. Partage des idées, partage des recherches, partage des actions entre partenaires de différentes disciplines, de différents statuts sont conçus comme plus aptes à saisir, dans une approche systémique, les problèmes liés à l'inclusion, et, à inventer les solutions susceptibles de répondre à la complexité croissante des sociétés aux technologies avancées.

La collection accueille des recherches sur les apprenants dont les différences visibles ou invisibles sont perçues et traitées comme des handicaps, ainsi que sur les politiques éducatives, les ressources et les dispositifs d'inclusion qui leur sont offerts. Elle a aussi pour objectif de traiter les questions et les problèmes que pose la normalisation à laquelle tendent les systèmes éducatifs, en vue de répondre aux besoins d'un marché mondial. Le potentiel de tout apprenant n'est pas strictement conforme au curriculum et aux méthodes de travail uniformément imposés à tous. De ce point de vue les partenariats entre les acteurs sociaux concernés, usagers (apprenants, se formants, familles), praticiens, éducateurs et professionnels de l'éducation, de la santé, des milieux culturels et associatifs apparaissent comme porteurs de solutions innovantes et efficaces.

Pour les versions anglaise et espagnole, voir deepeducationpress.org book series

LANGUAGE EDUCATION POLICY
BOOK SERIES

Language Education Policy (LEP) is the process through which the ideals, goals, and contents of a language policy can be realized in education practices. Language policies express ideological processes. Their analysis reveals the perceptions of realities proper to certain sociocultural contexts. LEPs further their ideologies by defining and disseminating the values of policymakers. Because Language Education Policies are related to status, ideology, and vision of what society should be and traditions of thoughts, such issues are complex, quickly evolving, submitted to trends and political views, and they need to be studied calmly. The way to approach them is to get comparative information on what has been done in many settings, which are working or not, which are their flaws and merits, and try to grasp the contextual variables that might apply in specific locations, without generalizing too fast.

Policy discourses and curricula reveal the ideological framing of the constructs that they encode and create, project, enact, and enforce aspects such as language status, power and rights through projective texts generated to forward and describe the contexts of their enactments. Policy documents are therefore socially transformative through their evaluative function that frames and guides action in order to achieve language reforms. While temperance and reflection are required to address such complex issues, because moving to fast may create trouble, nonetheless the absence of action in this domain may lead to systemic intolerance, injustice, inequity, mass discrimination and even, genocidal crimes.

deepeducationpress.org

DEEP LANGUAGE LEARNING
BOOK SERIES

Language learning needs to be reconceptualized in two ways: first, as an expression of dynamic planning prototypes that can be activated through self-directed projects. Second, integrating structure and agency to meet deeper, humane aims. The dynamism of human exchange is meaning-producing through multiple connected intentions among language task domains.

Language-learning tasks have a cross-cultural purpose which then become meaningful within broader projects that meet higher values and aims such as deep ecology, deep culture, deep politics and deep humane economics. Applied semiotics will be a tool beyond the linguistic in favor of value-loaded projects that are chosen in order to revolutionize the current state of affairs, in increasing our sense of responsibility for our actions as humans vis-à-vis our fellow humans and our home planet. In this respect, deep instructional planning offers a grammar for action. Understanding adaptive and complex cross-cultural situations is the prime focus of such a hermeneutic inquiry.

For more, see: deepeducationpress.org

OUT OF HAVANA

Memoirs of Ordinary Life in Cuba

Dr. Araceli Alonso
University of Wisconsin-Madison

Out of Havana provides an uncommon ordinary woman's insight into the last half century of Cuba's tumultuous recent history. More powerfully than an academic study or historical account, it allows us intimately to grasp the enthusiasm, commitment and sense of promise that defined many average Cubans' experience of the 1959 Revolution and the first triumphant decades of the Castro regime. As the story shifts into the final decades of the last century (the 1980s Mariel Boatlift, the so-called "special period in time of peace" [from 1991 to the end of the decade], and the 1994 Balseros or Rafters Crisis), it starts gradually to reveal, with understated yet relentless eloquence, an ultimately insuperable rift between the high-flown official rhetoric of uncompromising struggle and revolutionary sacrifice and the harsh conditions and cruelly absurd situations that the protagonist, along with the majority of Cubans, begin routinely to live out. It is a rare and important document, a unique personal chronicle of an everyday Cuban reality that most Americans continue to know only fragmentarily.

Dr. Araceli Alonso is a 2013 United Nations Award Winner for her activism on women's health and women right. Associate Faculty at the University of Wisconsin-Madison in the Department of Gender and Women's Studies and in the School of Medicine and Public Health, she is the Founder and Director of the award-winning non-profit organization Health by Motorbike.

deepeducationpress.org

PERFORMING THE ART OF LANGUAGE LEARNING
Deepening the Learning Experience through Theatre and Drama

Dr. Kelly Kingsbury Brunetto
University of Nebraska-Lincoln, USA

Truly innovative, *Performing the Art of Language Learning* delivers an exhaustive account of the role theater can and should play in second language acquisition. Kingsbury-Brunetto makes a compelling case for the integration of the performing arts within foreign language and literature departments. This will surely be an influential study for the advancement of the field.

– Florent Masse, Director, L'Avant-Scène,
The French Theater Workshop, Princeton University, U.S.A.

This is a well-researched and beautifully written text investigating how engagement with theater in courses designed for language acquisition and development can enhance undergraduate university students' learning. Grounded in Bakhtinian notions regarding discourse practices and Van Lier's ecological approach to second language acquisition, Professor Kingsbury Brunetto has produced a theory-rich book that also is highly readable and enjoyable. The text is methodologically rigorous and rich in detail concerning students' understandings and interactions with one another, their faculty members, the plays they enacted, and their audiences. Also included after each chapter are questions for readers' critical reflection that should produce complex discussions among readers, and especially will be helpful in graduate classes in both second language acquisition and theater.

–Mary Louise Gomez, Professor, Languages and Literacies,
Teacher Education, University of Wisconsin-Madison, U.S.A

I find the book very inspiring and valuable. I have been using drama and theatre in language courses for fifteen years and I still continue to expand my comprehension of their enormous potential for learning. Dr.Kingsbury Brunetto's thoroughly crafted work is a much appreciated addition to my growing understanding of the manifold processes that make the learning happen. We absolutely need research projects like this one to help drama and theatre assume a more central position in the language teaching world.

–Barbara Müller Dočkalová, Faculty of Education, Charles University in
Prague, Czech Republic
http://www.deepuniversitypress.org/performing.html

SCIENCE TEACHERS WHO DRAW

The *Red* Is Always There

Dr. Merrie Koester
Project Draw for Science
Center for Science Education
University of South Carolina

This book documents the ways in which science teacher researchers used drawing to construct semiotic spaces inside which students acquired significant aesthetic capital and agency. Many previously failing students brokered this new capital into improved academic achievement and a sense of felt freedom.

Science Teachers Who Draw: The Red is Always There is a book which asks, "What happens when science teachers adopt an *aesthetic* approach to inquiry, using drawing to communicate deep understanding?" This narrative inquiry was driven by quantitative studies which reveal a robust positive correlation between students' test scores in reading and science, beginning at the middle school level. When the data are disaggregated, there exists a vast achievement gap for low income and English language learners. Science teachers are faced with a semiotic nightmare. Often possessing inadequate pedagogical content knowledge themselves, science teachers must somehow symbolically *communicate* often highly abstract knowledge in ways that can be not only be decoded by their students' but later used to construct deeper, more differentiated knowledge, which can be applied to make sense of and adapt successfully to life on Planet Earth.

An invaluable resource for teachers, teacher educators, and qualitative researchers.

deepeducationpress.org

SIGNS AND SYMBOLS IN EDUCATION
EDUCATIONAL SEMIOTICS

François Victor Tochon, Ph.D.
University of Wisconsin-Madison, USA

In this monograph on Educational Semiotics, Francois Tochon (along with a number of research colleagues) has produced a work that is truly groundbreaking on a number of fronts. First of all, in his concise but brilliant introductory comments, Tochon clearly debunks the potential notion that semiotics might provide yet another methodological tool in the toolkit of educational researchers. Drawing skillfully on the work of Peirce, Deely, Sebeok, Merrell, and others, Tochon shows us just how fundamentally different semiotic research can be when compared to the modes and techniques that have dominated educational research for many decades. That is, he points out how semiotic methods can provide the capability for both students and researchers to look at this basic and fundamental human process in inescapably transformational ways, by acknowledging and accepting that the path to knowledge is, in his words "through the fixation of belief."

But he does not stop there – instead, in four brilliantly conceived studies, he shows us how semiotic concepts in general, and semiotic mapping in particular, can allow both student teachers and researchers alike insights in these students' development of insights and concepts into the very heart of the teaching and learning process. By tackling both theoretical and practical research considerations, Tochon has provided the rest of us the beginnings of a blueprint that, if adopted, can push educational research out of (in the words of Deely) its entrenchment in the Age of Ideas into the new and exciting frontiers of the Age of Signs.

Gary Shank
Duquesne University

For REVIEWS SEE: deepeducationpress.org

TRANSFER OF LEARNING AND THE CULTURAL MATRIX
Culture, Beliefs and Learning
in Thailand Higher Education

Dr. Jonathan H. Green
University of Southern Queensland

The field of quality teaching and learning is a complex and dynamic one. Jonathan Green's book on the transfer of learning makes an original contribution to this field in that it adds value to the discourse on influences and forces impacting on quality student learning. Learning is not a one-directed process, characterised by teacher-centeredness, but one where students are at the centre. Understanding how students perceive and experience their own learning is a key to unlocking their potential. This is a long-overdue publication.

—*Professor Arend E. Carl, Vice-Dean: Teaching, Stellenbosch University, South Africa*

Through this research, Jonathan Green has contributed to the body of knowledge about transfer of learning. His rigorous research investigates transfer in the context of learners' personal epistemology and culture, yielding a culturally relative understanding of transfer that is highly relevant in today's increasingly diverse classrooms. The findings, which have implications for educators in a wide range of educational contexts, will be of particular interest to those who teach in internationalized and multicultural institutions.

—*Alexander Nanni, Director, Preparation Center for Languages and Mathematics at Mahidol University International College, Thailand*

Original thought provoking, high quality research that extends our knowledge of transfer of learning in relation to multicultural tertiary students in international education settings. Deep insights are gained, through use of the researcher's Measure of Academic Literacy (MALT), a new tool that explored issues of context and cultural values and beliefs, and metacognitive knowledge in transfer of learning.

—*Associate Professor Shirley O'Neill, Applied Linguistics Discipline Coordinator, School of Linguistics, Adult and Specialist Education, University of Southern Queensland*

deepeducationpress.org

EDUCATIONAL IMPERIALISM

Schooling and Indigenous Identity in Borikén (Puerto Rico)

Dr. Kristine M. Harrison

University of Wisconsin-Madison, USA

This timely book has a method and message that is applicable to many people around the world. It focuses on the role of education and imperialism in the formation of not only the public school system, but potentially Puerto Rican identity vis a vis U.S.-imposed ideology about history, culture, language, and identity. In Puerto Rico both language and the indigenous—usually considered 'Taino'—element are endlessly debated. In the category until today of 'problem population' along with Native Americans and other 'dependent' peoples, Puerto Ricans have fiercely resisted being assimilated into the U.S. ideology of language and values through education. In the process, the language—initially considered bad Castillian Spanish was standardized and English imposed in schools for many years; and the indigenous element was made into a static and 500-year extinct Indian, mostly after 1952. Controversy surrounds versions of history that translate into identity through school textbooks. The book analyzes this process by looking at past and current policies at both the Puerto Rican and federal level, curriculum, and interviews the author conducted with teachers in the mountain regions. The book concludes with recommendations on bilingualism, the re-writing of textbooks to reflect the rural history and oral traditions including music, and goal of educational sovereignty.

deepeducationpress.org

FROM TRANSNATIONAL LANGUAGE POLICY TRANSFER TO LOCAL APPROPRIATION

The case of the National Bilingual Program in Medellín, Colombia

Dr. Jaime Usma Wilches
University of Antioquia

Drawing on the example of Medellín, Colombia, Jaime Usma's book does a magnificent work at dismantling one of the most pervasive grand narratives in globalized transnational foreign language policies: proficiency in English as one of the strongest pillars of a vibrant modern knowledge society, associated with higher economic gains for all. The author cogently demonstrates how apparently neutral and technically sound transnational and national policymaking fails to properly address structural inequality and social and economic injustice, while being creatively reenacted by local schools and actors that appropriate them according to their own goals, needs, and desires towards a more just and humane society.

—Maria Alfredo Moreira, University of Minho, Portugal

World wide there is a growing awareness that properly explanatory accounts of language education policy must fuse national and local perspectives, questions of structure and argument, evidence and debate and of course the various interests of the diverse players involved.

Dr Jaime Usma has made a notable contribution to this more sophisticated approach to LP with this excellent and internationally relevant analysis of Colombia's national government policy, the appropriation/adaptation of central policy in the city of Medellín and the views, experiences and accounts of teachers, officials, experts and communities and transnational agencies. In addition to its LP relevance the book has much to say about how English is constituted in an increasing number of settings globally and how claims and counterclaims about global English resonate at different levels and among different interests. All in all an excellent and worthwhile volume.

—Joseph Lo Bianco, Professor of Language and Literacy Education, The University of Melbourne, Australia

deepeducationpress.org

269

Guide for Authors

What our Publishing Team can offer:

- ➤ An international editorial team, in more than 30 universities around the world.

- ➤ Dedicated and experienced topic editors who will review and provide feedback on your initial proposal.

- ➤ A specific format that will speed up the production of your book and its publication.

- ➤ Higher royalties than most publishers and a discount on batch orders.

- ➤ Global distribution through Amazon and Barnes & Noble in the U.S., UK, Australia, Europe, Russia, China, South Korea, and many other countries with Expresso Book Machines, printed in minutes on site for in-store pickup.

- ➤ Fair recognition of your work in your area of specialization.

- ➤ Quality design. Using the latest technology, our books are produced efficiently, quickly and attractively.

- ➤ Dissemination through Deep Education campuses.

- ➤ Book Series: Deep Education; Deep Language Learning; Signs & Symbols in Education; Language Education Policy; Deep Professional Development; Inclusive Education; Deep Early Childhood Education; Deep Activism.

- ➤

deepeducationpress.org

Contact: publisher@deepeducationpress.org

Deep Institute Online

For updates and more resources
Visit the Deep Institute Website:

deepinstitute.org

Deep Education Press

Poiesis Creations
10657 Mayflower Road
Blue Mounds, WI 53517 USA

Contact:

publisher@deepeducationpress.org

Correspondance pour ce volume:
Corina Borri-Anadon

corina.borri-anadon@uqtr.ca

www.ingramcontent.com/pod-product-compliance
Lightning Source LLC
Chambersburg PA
CBHW050704280326
41926CB00088B/2528